想法

万法源于思考

信息隐私

制度议题与多元理论

戴昕○著

Information Privacy

Problems and Perspectives

北京大学出版社
PEKING UNIVERSITY PRESS

图书在版编目(CIP)数据

信息隐私：制度议题与多元理论/戴昕著. —北京：北京大学出版社，2024.4
ISBN 978-7-301-34968-7

Ⅰ.①信… Ⅱ.①戴… Ⅲ.①隐私权—研究—中国 Ⅳ.①D923.04

中国国家版本馆 CIP 数据核字(2024)第 068306 号

书　　　名	信息隐私：制度议题与多元理论
	XINXI YINSI: ZHIDU YITI YU DUOYUAN LILUN
著作责任者	戴　昕　著
责 任 编 辑	王　晶
标 准 书 号	ISBN 978-7-301-34968-7
出 版 发 行	北京大学出版社
地　　　址	北京市海淀区成府路 205 号　100871
网　　　址	http://www.pup.cn
新 浪 微 博	@北京大学出版社　@北大出版社法律图书
电 子 邮 箱	编辑部 law@pup.cn　总编室：zpup@pup.cn
电　　　话	邮购部 010-62752015　发行部 010-62750672
	编辑部 010-62752027
印 刷 者	北京中科印刷有限公司
经 销 者	新华书店
	965 毫米×1300 毫米　16 开本　16.25 印张　246 千字
	2024 年 4 月第 1 版　2024 年 6 月第 2 次印刷
定　　　价	69.00 元

未经许可，不得以任何方式复制或抄袭本书之部分或全部内容。
版权所有，侵权必究
举报电话：010-62752024　电子邮箱：fd@pup.cn
图书如有印装质量问题，请与出版部联系，电话：010-62756370

目录

导论　超越定义,不求分类 …………………………………… (1)

第一编　隐私:多元规制与社会规范

第一章　公众人物隐私:基于多元规制的分析框架 ………… (23)
　　杨女士、杨女士和杨女士 ………………………………… (23)
　　"类型化"加"平衡论"? …………………………………… (29)
　　隐私保护的实质分析:分配视角下的福利影响 ………… (39)
　　多元规制 …………………………………………………… (48)
　　多元规制视角下的隐私保护 ……………………………… (52)
　　与普通人何干? …………………………………………… (62)
　　小结 ………………………………………………………… (67)

第二章　隐私规范:"看破不说破" …………………………… (69)
　　"源于生活,高于生活" …………………………………… (69)
　　"非礼勿视""非礼勿言"与"看破不说破" ……………… (73)
　　隐私规范的价值基础 ……………………………………… (79)
　　局限与边界 ………………………………………………… (85)
　　从社会规范到法律 ………………………………………… (89)
　　小结 ………………………………………………………… (96)

第二编 数据：经济结构与法律关系

第三章 数据隐私的法律经济学：议题维度的展开与转进 ……… (103)
    个体权益维度的经济分析 ……………………………………… (104)
    企业竞争维度的经济分析 ……………………………………… (109)
    生产关系维度的经济分析 ……………………………………… (117)
    论题转向：机制设计 …………………………………………… (122)
    小结 ……………………………………………………………… (131)

第四章 数据"确权"？ …………………………………………… (132)
    数据法形式主义 ………………………………………………… (132)
    数据不是石油 …………………………………………………… (135)
    到底什么是"界权" ……………………………………………… (139)
    一个例子：基于"安全港"规则的数据界权 …………………… (143)
    小结 ……………………………………………………………… (150)

第五章 关系界权 ………………………………………………… (152)
    权利作为关系 …………………………………………………… (153)
    个体权益维度的关系界权 ……………………………………… (157)
    企业竞争维度的关系界权 ……………………………………… (161)
    公共数据体制的界权 …………………………………………… (168)
    小结 ……………………………………………………………… (173)

第三编 声誉：私人处遇与社会信用

第六章 声誉机制：损害与修复 ………………………………… (181)
    "好名声乃命中至宝" …………………………………………… (181)
    声誉利益与声誉损害 …………………………………………… (184)
    "声誉修复" ……………………………………………………… (188)
    声誉信息的修复机制 …………………………………………… (194)

声誉修复的当代场景:"信用修复" ………………………… (201)
小结 …………………………………………………………… (208)

第七章　社会信用与声誉国家 ……………………………… (211)
如何理解"社会信用体系" ……………………………… (211)
自由主义叙事:"法治分散" ……………………………… (215)
国家主义叙事:"德治集中" ……………………………… (221)
发展和现代化叙事:"规制强化" ………………………… (227)
张力与演进:从"黑名单"到"智慧城市" ……………… (233)
作为"数据宪制"的社会信用立法 ……………………… (238)
小结 …………………………………………………………… (244)

后　记 ……………………………………………………………… (247)
致　谢 ……………………………………………………………… (251)

导论　超越定义，不求分类

本书旨在就"信息隐私"(information privacy)这一议题展开有发散性的讨论，藉此为日益强调"精耕细作"的法学界提供若干有助于拓展视野、想象和论域的思路。在本书中，"信息隐私"指关涉自然人的信息在物理和虚拟空间中以不同形式、在不同程度上被他人获取、使用的状态和过程，以及由此产生的一系列社会、经济、政治后果。[1]

在中国当代的法律学术语境中，"信息隐私"不是一个常用的说法，非但不受欢迎，甚至是有追求的主流法学学者力求清算的概念[2]——听上去，又是"信息"，又是"隐私"，二者有什么区别？有什么关系？混搭在一起算个啥？未免太过模糊、宽泛了，更难以直接用作建构具体法律规则的核心构成概念。毕竟，普通人对法律的期待，说到底还是其能为行动提供可据之作清晰规范判断的准绳；法律中使用的概念一旦失于宽泛，边界伸缩过于灵活，"是"还是"不是"，就很难有个准数。

我当然完全理解法律人对清晰定义的追求和对模糊范畴的担忧。但本书的问题意识和主体讨论，都并不分享这种专业内常见的定义焦虑。在导论部分，我不求说服读者也放下执念。但为开宗明义，并预先帮助读者管理阅读预期，我希望至少为本书所整体采取的反形式主义立场——

---

[1] 这个定义综合了 Paul Schwartz & Daniel Solove, *Information Privacy Law* (Fifth Edition), Wolters Kluwer, 2014, pp. 2-3; Neil Richards & Jonathan King, "Big Data Ethics," *Wake Forest Law Review*, Vol. 49, 2014, p.395; 以及 Neil Richards, *Why Privacy Matters*, Oxford University Press, 2021, pp. 21-34.

[2] 参见张新宝:《从隐私到个人信息:利益再衡量的理论与制度安排》，载《中国法学》2015年第3期；许可、孙铭溪:《个人私密信息的再厘清——从隐私和个人信息的关系切入》，载《中国应用法学》2021年第1期。

无论这会被认为是基于现实主义,还是实用主义,抑或二者的杂糅——给出必要的交代和铺陈。

如何定义隐私?

不妨先暂且把"信息隐私"中的"信息"搁在一边,从多数读者恐怕更熟悉、表面看来也算已被法律接纳的"隐私"概念说起。[①] 无论是狗仔队偷拍明星[②],还是邻里街坊安装互相针对的摄像头[③],抑或是微信群聊被截图转发[④],一旦事关"隐私",争执都很容易随即发生。此时,"局内人"保不齐相约法院,而"局外人"则很可能要抓住自己身边的法律专/砖家评评理——你说说,这是不是侵犯"隐私"?这难道不算"隐私"?或者,这难道还能算"隐私"?

身为法律人,或任何人,感到被需要,甚至被期待一锤定音,当然颇可自得。但仔细想想,人们会指望在隐私的问题上受法律人指点迷津,恐怕说明他们头脑中有至少三点未言明或未被留意到的假定:其一,围绕隐私产生的争执获得何种解决,取决于"隐私"的含义到底会如何获得界定;其二,对解决争议而言,最终具有决定性的"隐私"定义,是由法律作出的;其三,法律上对"隐私"作出的最合适定义,是、或应当是法律人通过妥当认知、理解隐私的本质属性后制作出来的。

对于一些信仰并因此执着于概念或定义确定性的法律形式主义者而言,上述三点假定,不但在隐私议题上,而且在几乎所有议题上,都是成立的,或至少应该成立。但事实真的如此吗?本书的讨论,几乎都是从对这

[①] 接纳的时间也不能算长,即使在美国也只有 100 多年的时间。See Samuel Warren & Louis Brandeis, "Right to Privacy," *Harvard Law Review*, Vol. 4, 1890-1891, pp.193-220.

[②] 例如,汪峰诉北京新浪互联信息服务有限公司等名誉权纠纷案,北京市朝阳区人民法院民事判决书(2015)朝民初字第 21871 号。

[③] 例如,盛某与陈某隐私权纠纷案,安徽省合肥市中级人民法院民事判决书(2017)皖 01 民终 8523 号;陈某诉李某隐私权纠纷案,上海市第一中级人民法院民事判决书(2018)沪 01 民终 257 号;金某等隐私权纠纷案,北京市第一中级人民法院民事判决书(2018)京 01 民终 488 号。

[④] 例如,郑直:《微信群聊天内容被截屏外泄,大佬怒了:悬赏 1 个比特币找人》,载微信公众号"每日经济新闻",https://mp.weixin.qq.com/s/A6wuxN7W85qEjkG-bZlyOw,最后访问日期:2023 年 5 月 14 日。

些假定的质疑和舍弃出发的。在我看来，是否将特定信息或相关事项界定为隐私，远远不足以解决由其引发的争议。而尽管法律是现代社会争议解决的终极权威，但对于"隐私"这样难以界定的概念，法律无法、也没太大必要指望通过作出清晰定义本身去解决与之相关的争议。即使法律尝试为操作之便，提供一些定义，这类工作定义（working definition）也并不以人们把握隐私的某种确切、稳定、唯一的本质为前提——因为这种"本质"，很可能是不存在的。

实际上，就"隐私有无本质定义"这一点，美国学界曾有过数十年非常集中的探讨，期间也量产了"甲说""乙说""丙丁戊说"①，但最终全都落得为人作嫁衣：在前人讨论的基础上，当代知名隐私法学者索洛夫（Daniel Solove）直接抛出了"家族相似"（family resemblance）说，借力维特根斯坦，一巧拨千斤，"终结"争议，指出"隐私"最好被理解为"一系列相互关联的问题和规范的集合"。② 索洛夫的这种概念化处理（conceptualization），老实说有点儿"不讲武德"，但却让人无法拒绝。"隐私"的议题之所以引人入胜，其实就在于其牵连的议题极宽泛，范畴要远宽于市面上任何一种看上去更"精细"的隐私定义能够对应涵盖的问题范畴。不仅如此，即使是以严谨自命的法律人，将精细探求唯一正确的概念定义设定为毕生追求，碰到"隐私"这样的课题，不只是凹造型，而是真正尝试动手，也会发现，此处要想追求精确定义，难度实在太高。

——比如，《中华人民共和国民法典》（以下简称《民法典》）的起草者们，对此恐怕会感同身受。毫不意外，他们当然要尝试在法典中对"隐私"作出定义；毕竟，"人格权编"是《民法典》的重大亮点，而隐私则是《民法典》出台前民法学界乃至整个法学界都期盼已久，需要"有更明确规定"的重要当代权利。③ 那么，这部举世瞩目的"21世纪具有代表性的民

---

① See Daniel Solove, "Conceptualizing Privacy," *California Law Review*, Vol. 90, 2002, pp. 1087-1156.
② Daniel Solove, "A Taxonomy of Privacy," *University of Pennsylvania Law Review*, Vol. 154, 2006, pp. 477-564.
③ 参见王利明：《使人格权在民法典中独立成编》，载《当代法学》2018年第3期。

法典"①,对"隐私"下了个怎样的定义?

> 第一千零三十二条　自然人享有隐私权。任何组织或者个人不得以刺探、侵扰、泄露、公开等方式侵害他人的隐私权。
> 隐私是自然人的私人生活安宁和不愿为他人知晓的私密空间、私密活动、私密信息。

如果拿出形式主义者崇尚的"精确""严谨""契合本质"等尺度,此条中以列举"四大私密"的方式给出的定义,恐怕很难令人满意。最起码,一眼看去,该条对其所做列举是否具有穷尽性,在文字上处理得实在模糊,不够干净——"私密信息"之后没加个"等",是真的没有了吗?于是,继续往下看:

> 第一千零三十三条　除法律另有规定或者权利人明确同意外,任何组织或者个人不得实施下列行为:
> (一)以电话、短信、即时通讯工具、电子邮件、传单等方式侵扰他人的私人生活安宁;
> (二)进入、拍摄、窥视他人的住宅、宾馆房间等私密空间;
> (三)拍摄、窥视、窃听、公开他人的私密活动;
> (四)拍摄、窥视他人身体的私密部位;
> (五)处理他人的私密信息;
> (六)以其他方式侵害他人的隐私权。

与前一条的正面列举式定义相比,第1033条是反向切入,从禁止侵权行为的角度,对隐私包含的权利内容再做逆向定义。同一个意思"翻来覆去",虽嫌繁冗,但将心比心,可知起草者的难处——定义隐私太困难了,生怕正面说得不够,表达不到位,只好求助冗余,重要的事情"说两遍"!

但是,这正说反说的两条,照理本应是硬币的正反两面;可细看之下,

---

① 王利明:《构建〈民法典〉时代的民法学体系——从"照着讲"到"接着讲"》,载《法学》2022年第7期。

竟不能严丝合缝:第1033条(四)中的"私密部位",又是哪儿来的?第1032条的"四大私密",没这项啊……

——需要强调,我无意和《民法典》起草者较真。在概念问题上"较真",是教义学者的使命,根本轮不到我。我想表达的是极为真诚的同情理解:为没有确定本质的东西,下一个能精确反映其本质的法律定义,原本就是不可能完成的任务;而《民法典》起草者在此面临的最大挑战,恐怕就是有太多人期许他们对隐私作出一个反映本质的法律定义——尽管,他们能追求给出的,至多是在操作层面够用的法律定义。

就"隐私"而言,什么是通过法律可以提供的、"操作层面够用的定义"?在我看来,不论"四大"还是"五大"私密,其实都足够。甚至,仅仅规定"隐私权受法律保护",也完全够用。这是因为,在法律规范中对"隐私"作出定义,无论粗细,都只能作为法律机器介入社会生活中各类隐私争议的起点,而不可能构成隐私争议解决的全部方案。本书第一编中,我试图提出并剖析展示的一个核心命题,就是有关隐私的法律干预具有高度嵌入性(embeddedness)——脱离了由包括市场、社会规范和物质技术等因素构成的背景和语境,我们其实无法理解,法律是以何种方式调处隐私争议的;甚至,单凭法律,我们根本无法有意义地确定什么是隐私。

举个最简单的例子:参照第1033条(四)的说法,什么是"私密部位"?法律(无论条文还是教义)如何以探求本质的方式,进一步明确界定,人身上的任何部位,是"私密"的?尤其是,脸是不是"私密部位"?一位女性的面容,若是在一些戒律严格的伊斯兰国家,其被面纱罩住,那么即便是在公共场所,人们恐怕也会接受这张脸具有高度私密性。但一位非伊斯兰国家的女明星,在机场用口罩遮脸,试图躲避(或实际上吸引)粉丝和狗仔队,人们通常也不会接受她的脸有任何私密性;甚至在未经许可的情况下,旁人对着她猛拍照①,也未必会受到法律限制。都是同样的"部位",私密与否,换了情景,竟全然不同,那么作出此判断的要害不可能藏在法条之中,当属一目了然。而即使在各自场景中,人们结合语境的认知仍有不同,由此若产生争议,这类冲突显然也没法回到法律的概念定

---

① 但也别拍得太猛。例如 *Galella v. Onassis*, 487 F. 2d 986 (2d Cir. 1973).

义中寻求化解。而这当然不能怪罪条文(例如《民法典》中的条文),因为法律文本的作用,原本只是将问题提出、将探究开启而已。

不过,既然连如此基本的问题,仅靠法律概念及其定义,都给不了超出"不能一概而论"的答案,那么作为法律人,我们就必须承认,和其他"吃瓜群众"相比,自己无非是凑热闹的时候多些专业或职业利益相关的角度而已,并没有比旁人更能一锤定音的知识。承认"工夫在诗外",首要目的当然是摆出以诚相待的姿态,避免他人错付了信任和期待。本书中,我希望指出,法律人可以并且应当摆脱形式化思维的束缚,用更多元的理论视角,丰富、深化我们对隐私问题的理解。如前所述,法律规范提供了问题的起点,法律人没有答案,但确实肩负着调动所有可能资源探求解决方案的制度职责。

哪些算个人信息?

既然采用"信息隐私"这一宽泛说法,本书的论域自然不仅包括狭义的传统隐私问题,也包含由公共和商业机构以各种方式处理个人信息数据的活动引发的政治、经济、法律和伦理问题。后者尤其是第二编的侧重。

与传统隐私问题相比,个人信息和数据问题在当前时期受到的关注显然更多。在讨论这类议题时,主流法学论说的形式主义惯性仍然很强,或者更甚。这首先还是体现在论者对清晰界定概念的执着追求。许多论者不但下了大量功夫,力求在"隐私"与"个人信息"之间划清界限,而且更尝试建立能够细致区分"信息"与"数据"、"个人信息"和"非个人信息(数据)"、"敏感个人信息"与"非敏感个人信息"的概念体系。[1] 如前所述,对他们来说,"信息隐私"(information privacy)或"数据隐私"(data privacy)这样的提法,实在是太不精细、确切了。而我国《民法典》和《个人信息保护法》等法律,已然明确选择仿照欧盟模式,在条文规范层面将隐

---

[1] 参见张新宝:《从隐私到个人信息:利益再衡量的理论与制度安排》,载《中国法学》2015年第3期;梅夏英:《信息和数据概念区分的法律意义》,载《比较法研究》2020年第6期;宁园:《敏感个人信息的法律基准与范畴界定——以〈个人信息保护法〉第28条第1款为中心》,载《比较法研究》2021年第5期。

私和个人信息做明确区分,并具体使用了"匿名化数据""敏感个人信息"等概念。① 在这种背景下,若还将数据、信息、隐私等"混为一谈"、搞得"边界不清",那么哪怕只是作理论探讨,也要被认为"业余"过分、无法见容于同行了。

在一般意义上,我不反对分类或所谓类型化,甚至不反对"类型化思维"。区分、分类或类型化,固然是法学研究引以为豪的习惯操作,但显然不是法学的发明,也不为法律研究所独有。在一团乱麻式的现象中,抽丝剥茧,一根根梳理出线索,具体问题具体"分""析",对于认知者来说是必要的。而面对复杂、千头万绪的决策,从自身利害考量出发,最终将之简化为非此即彼的取舍,对实践中的决策者来说显然也有必要。进而,对于世间千千万万认知者和决策者来说,某种容易掌握、容易使用、可在不同语境中迁移的区分方法,其积极价值不言而喻——否则,遇到任何问题,每个人每次都要自己动手,先发明判别什么是车身、什么是车轮的方法,才能造车上路,这种负担是无人能够承受的。

法律领域中,对不同概念进行必要区别和分类,其意义也莫过于此。但在承认这一点的前提下,本书不追求、甚至反对通过界分概念的方式,对信息隐私的宽广问题域作过于精细的切割。这是因为,在我看来,那样做不但可能使人们忽视相关议题之间的深层关联,还会导致将本是工具属性的概念本质化,进而误以为全凭形式层面的概念辨析,即可化解存在于实质层面的更重要矛盾和问题。

此处再以"隐私""个人信息"和"不包含个人信息的数据"(有时也叫"非个人信息数据")这三个概念之间的区分为例,具体解释下,我为什么觉得没必要过分细抠概念。务实地看,这三者之间在规则层面作一定程度的区分之所以必要,主要是因为法律对会产生不同社会影响的信息处理活动意图采取不同程度的干预。根据流行理解,隐私具有最强的人身和人格属性,以及相对较弱的社会性,因此其处理应受最严格限制。个人信息虽也带有很强人身属性,但又有鲜明社会属性——个人参与社会

---

① 参见《中华人民共和国民法典》第1032条、第1034条,以及《中华人民共和国个人信息保护法》第4条、第28条。

的前提,是允许他人处理自身个人信息(例如,允许他人为各种各样的目的使用其姓名、证件号码、联系方式信息等)。因此,个人信息保护制度总体上更强调保障信息在自愿基础上获得处理,且允许其在有足够公共利益理由时被非自愿处理。而不包含个人信息的数据,则被认为是应当甚至必须鼓励流转起来的;如果不能打通、共享,反倒有妨碍效率或抑制竞争之虞。正是鉴于上述常见的务实(区别于"本质")考量,人们寻求在法律概念层面将需要规制的数据处理问题一分为三,各自套上不同规则,是完全合理的思路。

但问题在于,若忘记分类不是目的、只是手段,在建构分类的过程中下意识地以为分类对应着事物的本质,而解决问题取决于形成周延、完善、正确的分类,那就难免陷入缘木求鱼的境地。实际上,隐私、个人信息和非个人信息数据这三者之间,若硬要画出清晰的概念界线,无论如何都必然是武断的,划线的依据也只能在纯粹的概念逻辑之外找到。例如,隐私和个人信息的区分,虽在定义上以所谓"私密性"为核心标准,即前者有"私密性"而后者没有,但正如前文所指出的那样,私密性是非常语境化的判断;我们甚至没法一般性地在法条层面界定,"人脸"到底属于隐私,还是只能归入个人信息。毫无疑问,人脸识别技术的应用会引发诸多需要法律回应的争议。但各类争议的实质,是此类技术应用在不同场景中对多重社会利益的影响,以及相关影响之间的矛盾、对立甚至冲突。[①]这些矛盾、对立和冲突,需要人们投入精力正面思考,不能指望仅靠摆弄法律定义——不管是《民法典》和《个人信息保护法》中给出的定义,还是任何其他"更理想"的定义——就能迂回化解。

至于"个人信息"与"非个人信息数据"之间的概念辨析问题,就更是大可玩味了。仅前后脚出台的《民法典》和《个人信息保护法》,实际上就对"个人信息"作出了两种定义,即所谓的"识别说"和"有关说"。而在不少论者笔下,这两个定义在逻辑层面,被认为存在有差异的覆盖范围,后

---

① See Genia Kostka, Léa Steinacker & Miriam Meckel, "Between Security and Convenience: Facial Recognition Technology in the Eyes of Citizens in China, Germany, the United Kingdom, and the United States," *Public Understanding of Science*, Vol. 30, 2021, pp. 671-690.

者比前者更宽①：

>《民法典》第一千零三十四条　个人信息是以电子或者其他方式记录的能够单独或者与其他信息结合识别特定自然人的各种信息，包括自然人的姓名、出生日期、身份证件号码、生物识别信息、住址、电话号码、电子邮箱、健康信息、行踪信息等。
>
>《个人信息保护法》第四条　个人信息是以电子或者其他方式记录的与已识别或者可识别的自然人有关的各种信息，不包括匿名化处理后的信息。

但仔细想想，在逻辑上，真有任何个人信息，是被《个人信息保护法》的"有关说"包含、却无法被《民法典》的"识别说"涵盖的吗？恐怕未必。毕竟，识别说中的"识别"，是"能够单独或与其他信息结合识别"。而"能够……与其他信息结合识别"个人这一点，几乎所有信息都会符合——无非是与哪些其他信息结合识别、使用何种数据处理技术进行这种识别而已。如果这个道理不错，那么应当看到，《民法典》中的个人信息概念，其实已经无所不包了：这世上几乎没有任何信息不是个人信息。而《个人信息保护法》若只是为扩大管辖范围，将"识别"改为"有关"，其实多此一举。

相比之下，《个人信息保护法》对个人信息所做的重新界定，稍微更有意义的部分，是加上了"不包括匿名化处理后的信息"这样一个排除条件。这表明，立法者或许意识到，个人信息的法律定义可能存在的问题，不是涵盖不足，而是范围过大。可落到实践层面，"匿名化处理"，想来所指不仅是一个动作，更应指向处理的效果——但什么样的效果才是充分的？在现有技术条件下，或任何现实可能的技术条件下，有没有绝对不可逆、不可攻破的匿名化？如果没有，什么样的匿名化效果，就足以使信息

---

① 例如，王利明、丁晓东：《论〈个人信息保护法〉的亮点、特色与适用》，载《法学家》2021年第6期。

不再落入个人信息定义了？这些问题，显然无法仅依靠逻辑回答。①

而自《民法典》和《个人信息保护法》出台以来，个人信息的法律定义可能过宽的问题，已在真实纠纷中被人们注意到。就此，我认为有代表性的两个事例，一是广东互联网法院在 2021 年审理的一起案件中，尝试判断历史车况信息是不是个人信息②；另一是 2022 年上半年国家网信办出台政策，要求社交媒体平台显示发言用户的 IP 地址属地（省或境外国家/地区）信息，而这种做法引发公共舆论争议后，部分法律学者寻求判断 IP 地址属地信息是不是个人信息。③ 在前一个事例中，法院认定历史车况信息并非个人信息，其理由是此类信息"与其他信息结合识别自然人所需的技术门槛、经济成本、耗费时间等都较高"④。而在后一个事例中，尽管少数立场强硬的学者一上来就咬定 IP 地址属地显然可结合其他信息识别个人，因此必须按个人信息适用保护规则，但更多学者试图论证，基于一般人掌握的技术，或者可以付出的成本，IP 地址属地不足以被用来识别自然人。⑤

这两个事例都非常有意思，与之相关的法律争议也不能算是已有定论。仅就个人观点而言，我并不认为上述事例中涉及的两类信息应适用通常的个人信息保护规则，特别是要求被处理前须获得个人同意等规则。

---

① See Paul Ohm, "Broken Promises of Privacy: Responding to the Surprising Failure of Anonymization," *UCLA Law Review*, Vol. 57, 2010, pp. 1701-1778; Paul Schwartz & Daniel Solove, "The PII Problem: Privacy and a New Concept of Personally Identifiable Information," *New York University Law Review*, Vol. 86, 2011, pp. 1814-1894.

② 余某诉北京酷车易美网络科技有限公司隐私权纠纷案，广州互联网法院民事判决书（2021）粤 0192 民初 928 号。

③ 例如，程啸：《平台到底凭什么可以公开 IP 地址信息？答案在这里》，载微信公众号"合规 LAB"，https://mp.weixin.qq.com/s/nI4pSpVXEi-S9GVZPt-bzw，最后访问日期：2023 年 5 月 14 日。

④ 余某诉北京酷车易美网络科技有限公司隐私权纠纷案，广州互联网法院民事判决书（2021）粤 0192 民初 928 号。

⑤ 例如，程啸：《平台到底凭什么可以公开 IP 地址信息？答案在这里》，载微信公众号"合规 LAB"，https://mp.weixin.qq.com/s/nI4pSpVXEi-S9GVZPt-bzw，最后访问日期：2023 年 5 月 14 日；左晓栋：《微博、微信公布用户 IP 属地之我见》，载微信公众号"uncle 莱斯利"，https://mp.weixin.qq.com/s/MlkaXFG3NI7Yaet8kcCyYw，最后访问日期：2023 年 5 月 14 日。

但在我看来,根据现有的法律,这两类信息,几乎没有可能不算个人信息——仔细对照法条、反复查看,所谓基于"难度"或"成本"判断是否"可识别"的规则,在条文中是根本找不到的;非要把这些限定条件读进文本,实在有点太生硬、牵强了。然而,即使无法通过定义,将上述两类信息排除在"个人信息"之外,我们就无法对有关信息的适当处理规则形成合理思路了吗?就不能借助相关法律中定义性条文之外的其他规则,对此作出适当安排了吗?

本书中,借助针对信息隐私议题的探讨,我希望同读者一起反思,对于法律中的任何概念,我们是应当将其功能视为设置议程、开启探究更为适宜,还是真要指望借"厘清概念",一举为法律争议提供确定、终局的判断标准?在我看来,只要问题足够复杂,形式主义其实从来都是指望不上的。有效的思考和论说,还是需要跳出形式的藩篱,实事求是地进入利益冲突发生的实质场域,并坦诚地在其中进行权衡。

为什么还要加上声誉?

本书第三编以"声誉"为主题。如果说"信息隐私"将"隐私"和"个人信息"一勺烩,由此导致的宽泛和含混已足够恼人,那么本书再将"声誉"这个自身原本也没界定清晰的概念塞进来,恐怕就更要让有概念洁癖者抓狂了。

但我还是要这么做,而这也不只是"寻衅滋事"。读者在读过前两编以隐私和数据为主题的讨论之后,就应当会意识到,声誉本就是信息隐私论域中绕不开的话题。事实上,即使仅就个体的主观偏好与需求而言,"隐私"之所以重要,并非只因其涉及维护乃至捍卫一个消极、不被打扰的独处空间。人们关注其个人信息如何被他人处理,很大程度上是由于相关处理活动会产生声誉后果——其会影响人们在社会生活各类场景中获得何种私人、商业和公共待遇。尤其是,在现代信用及相关制度兴起后,声誉信息的采集、存储、传输、加工和使用日益系统化并数据化,声誉对个体造成的影响也显然进一步加重,并在维度上扩展。正因为如此,在金融及其他领域中,才生发出了对超出传统隐私规则的信息处理规范的需求,即法律需要借助更有针对性的信息保护规范,才可能回应社会主体保护其声誉利益的诉求。① 例如,在隐私和个人信息规则之外,《民法典》不但明确将"信用"利益包含在受保护的名誉权项下,还原则性地规定民事主体有权对自身信用评价进行查询、提出异议乃至请求更正、删除信息。② 而包括公共治理在内的各领域数字化建设进程中,此前其实已经开始逐渐形成了上述查询、异议、更正、删除等程序性的声誉信息保护和修复机制。例如,在《民法典》出台前后,上述机制已经由《网络安全法》《个人信息保护法》《征信业管理条例》以及地方信用立法等法律法规获得了正式法律地位。③ 换言之,声誉利益对各类社会主体的重要性不断提高,这一趋势本身也已成为信息隐私领域权益保护规则扩展乃至进化的重要动力。

当然,说"声誉"不好定义,不意味着相关议题无从把握。"声誉"这个说法,可能有些过于"文绉绉"了。如果直白些,将声誉大致理解为人们常说的"名声""口碑"之类,也不算错。朋友们说你热心仗义,说他精打细算,说这家餐馆量大料实,说那个商店缺斤短两……诸如此类,都是这里所说的声誉。因此,这个概念在直观上并不难理解。但若要在理论层面展开辨析讨论,那么"声誉"确实得用足够繁复的方式加以阐释、分析。本书所讨论的"声誉",指向一类具有互动建构性的社会机制。具体来说,声誉机制包含社会群体中生成、存储和传播的有关个体——包括自然人、社会组织和企业组织(下称"声誉主体")——属性特征和过往行为的描述与评价信息(下称"声誉信息"),以及他人基于声誉信息作出的针对声誉主体的决策。换言之,声誉存在于我们时时刻刻都在做的一种认知决策活动之中:结合有关个体的过去与现在,来预测其未来行为倾向,并由此决定是否以及如何与之交往。

---

① 例如,参见《征信业管理条例》第三、四章。
② 参见《中华人民共和国民法典》第 1029 条。
③ 例如,《中华人民共和国网络安全法》第 43 条、《中华人民共和国个人信息保护法》第 46 条、《征信业管理条例》第 25 条、《上海市社会信用条例》第 36 条、《山东省社会信用条例》第 39 条。

对声誉的上述理解,显然比其出现在传统法律术语体系中时要宽泛得多。而值得留意的是,"声誉"这个概念,其实原本就没有像"名誉""隐私""商誉"甚至"信用"等相关概念那样,在法律领域中获得登堂入室的待遇:截至目前,在中国法上,它并未被直接认定为一种"权利",至多是一项可基于其他权利规范加以保护的宽泛、含混的利益。而涉及声誉的传统法律讨论,不出意外,也确实主要以权益保护为核心内容,主要的论题是相关利益如何被涵盖(或不能被涵盖)在形式化规范体系中的名誉、隐私等权利的保护范畴之中。①

本书第三编对声誉问题的讨论,首先也会从法律对声誉利益的保护和对声誉损害的救济这些读者最容易想象与理解的角度入手。但本书有关声誉保护和救济的论说,同样不会主要在规范辨析层面展开,更不会限定在有关声誉的某种有限的形式化范畴中。在本书中,我所关注的是声誉损害及其救济发生的实质性原理与机制。通过这种讨论,我的目的仍是向读者展示,声誉问题,以及声誉背后的信息隐私问题原理,如何能将形式规范层面看似割裂的各类法律部门及其论域打通,并因此具有一般性。

特别是,在我看来,尽管法律人对声誉的关注,往往聚焦在与之有关的权利保护和救济等问题,但声誉这一议题绝佳地呈现出法律的微观运作如何在宏观和具整体性的社会层面产生重要后果。如前所述,在社会层面,声誉机制的核心,是各类决策主体出于对不同个体进行认知、评价等目的,以多种方式对其个人信息进行的收集、分析、披露和传播等处理活动。而这意味着声誉是支撑各类市场机制、社会组织以及政府公共机构能够有效运转的基础设施(infrastructure)。② 这种基础设施功能的核心内容,可以归结为两点。第一,声誉机制的存在,总体上降低了社会经济交往过程中的信息不对称。这有助于实际发生的交易和交往能够反映双

---

① 例如,胡弘弘:《论公职人员的名誉权救济》,载《法学》2009年第2期;范进学:《我国隐私权的立法审视与完善》,载《法学杂志》2017年第5期。
② 参见胡凌:《数字社会权力的来源:评分、算法与规范的再生产》,载《交大法学》2019年第1期;胡凌:《功能视角下个人信息的公共性及其实现》,载《法制与社会发展》2021年第5期。

方的真实意愿,并由此促进社会资源的有效率配置。以资金借贷为例,声誉机制——在现代主要呈现为征信制度——的存在,有助于可供放贷的资金,与能有效利用资金的贷款人这供需两端获得更好匹配。通过调查资信,正规金融机构能够更可靠地预测,借款人拿到资金后,是会去肆意挥霍、赌博、卷款跑路,还是会去投入有价值的生产活动,以此保障按约定还款。这可以使得有限的信贷资金,被配置给那些最能发挥其价值的人。

第二,由于人们意识到声誉机制的存在和作用,明白自身在社会经济交往中从他人那里获得的待遇,会受到自己以往行为建立的声誉影响,因此他们会有动力经营好声誉,而这又意味着他们会选择那些通常有助于帮他们带来好名声的亲社会行为。比如,为了在未来能够继续顺利地获得贷款,借款人会有意识地按时偿还当前的贷款,以避免影响自己的信用。换言之,声誉机制有助于对贷款人违约的机会主义倾向加以约束。

上述两点,可分别称为声誉的"信息功能"和"激励功能"。而不夸张地说,人类社会中的个体自利与群体共善这两套价值系统之所以能够维持联结,一个重要的因素,便是声誉机制存在、并持续发挥着前述两种功能。前面用作示例的征信机制,在当代具有高度系统化特征,很多人听起来会觉得有些"高大上"。但我们生活中更常见的声誉机制,未必都有这等水平的系统化,却发挥着相同的信息功能和激励功能。例如邻里、朋友、同学、同事、同行之间,最常见的声誉机制无非就是流言蜚语、坊间议论,以及人们以此为基础选择为特定个体提供的亲疏远近待遇:在熟人群体中名声不好、口碑不佳,这事说来似乎不大,其实也并不能算小——而虑及这一点,人们在行为层面就会表现得更加循规蹈矩。

甚至,如今高度系统化的征信制度,在其萌芽时期,与邻里、朋友或者同行之间的流言蜚语和口碑传闻,也没有什么差别。以 19 世纪的北美为例,最初的征信从业者,无非是本地经常放贷的人。他们在自己的小本子上,记录下借款人的言行操守,日积月累,就不只是一本,而是很多本,只放在自己手里就有点可惜,索性开张营业,别人上门付费,也可以取出来翻看。久而久之,各地征信社跨区域联合,信息共享,就出现了所谓"信用联盟""信用合作社",经营地域范围扩大,信息格式和评价方法就日益标准化。而当计算机技术普及之后,便有了今日的规模化和系统化。① 类似地，如今各大网络平台，都运行数字化的评价和评分系统，这同样是由非正式的线下声誉机制发展而来。在传统线下市场环境中，无论是购买商品和服务，消费者本来都会从旁人那里打听相应商家的口碑评价。这些评价一方面便利了消费者选择，另一方面也是对商家的约束，让他能够抵挡在一锤子买卖中宰客的诱惑。而网络环境中系统化的评价和评分机制，使得商家的声誉信息可以在更大范围内、以更大规模收集、传播，并且处理为综合评分等标准化的格式，以更便利横向比较。这使得此类声誉机制受商家重视，也在一定程度上成为平台治理的一种重要抓手。

基于此，对于以群体乃至公共利益为其决策依据的决策者而言，其对声誉机制的参与，包括对声誉信息的生产与使用，本身是社会意义上的效率与公正得以实现、或无法实现的基本凭据。在这个意义上，声誉也是将当代信息隐私的研究，从个体权益保护的狭窄论域，推向更为宏观的价值生产与公共治理论域的一条关键路径。

主动封闭，还是被动开放

和法学界许多年龄相近（或不相近）的同仁一样，我对信息相关法律议题产生兴趣，是从二十年前"非典"疫情防控期间关注谣言传播现象开始的。——多说一句，时至今日，"谣言规制/治理"（或者，更时髦的说法，"假新闻"治理）仍是一个本科新生都会觉得能写上两笔的题目，并且写完也常会有理有据地认为，自己的作品与知网上成名学者发表的成果相差无几——无非都是"复杂归因"（社会根源）加"简洁应对"（坚持法治）的套路。而经由这样基本无门槛的谣言议题"入坑"，随后年月中，我又发现了与之相邻、且同样没什么介入门槛的隐私、数据乃至其他一些相关问题，产生了较为持久的兴趣，也找到若干自己觉得还算有意思的研究角度，完成了几项初步的研究工作。本书的主体内容即是基于汇集上述探索的部分成果所得。

---

① See generally Josh Lauer, *Creditworthy: A History of Consumer Surveillance and Financial Identity in America*, Columbia University Press, 2017.

干学术这一行，发现问题的难度通常比完成命题作文更高。而在我看来，信息相关法律议题，之所以在近十年间成为热点中的热点，主要是因其以非常直观、任何人都能理解的方式，为法律研究者提示了近乎无穷无尽的有价值——无论是学理价值还是实用价值——选题。按照人们对当下传播规律的流行理解，任何热点的产生都离不开跟风和炒作。信息法治（或更广泛的新科技法律议题）研究领域确实一直有跟风催生的泡沫。但平心而论，仅靠跟风和炒作，未必足以保证话题热起来，更无法使热度延续。现实世界中，特别是在专业研究领域之外的公众生活经验中，数字通讯、互联网、新媒体乃至各类智能应用的出现、普及和不断迭代，以及相关争议和困扰的层出不穷，是"信息"作为法治议题能够从幕后走向前台的真正基础。在生存压力的消磨下，大多数人（当然包括我自己）在大多数时候都不那么敏锐。借苏力常用的说法，很多情势中的道理，"日用"尚且"不知"，若再没了"日用"，恐怕就更难有什么觉悟。从这个角度看，法律人在信息议题上的问题意识，固然看上去积极活跃，实际上只是时代语境下的被动产物。

但这种"被动"不一定是坏事——对法学研究而言，或许尤其不是。法律人常以为生活提供基于分类的秩序感为己任。但若不能先耐心地观察、思考社会生活的演进，等待变动不居的现象"结晶"出足以获得学术处理的一般问题，而只是急切地操起法律概念或教义的三板斧，忙不迭地对生活加以"修理"和"规范"，这不仅会在务实层面导致削足适履，也会在智识层面强化对于系统性封闭的自满心理——如果法律人日益真诚地相信，坚持法律分类的规整，就足以应对甚至控制生活实践基于无限联结而涌现无限可能的开放性，那么积极追求封闭，就会是一种"变被动为主动"的策略。在最近几年中，我不止一次、听到不止一位同样研究信息或新科技相关法律议题的年轻学者诉苦。他们说，自己本心希望能够将研究做得有意思、实质化、甚至有发散性，但奈何自己从读书之时起，就在学术体制内早早被严丝合缝地"分类"，归入民法、刑法或行政法等某个"部门法"学科。在这样的环境中，如果研究者不循规蹈矩，有意识地将主要研究精力放在讨论如何将本部门已有规则、概念或教义套用于某类新兴技术或商业活动的议题上，其研究作品就很难被本学科接受——而这将导致其很难在由部门法分科主导的学术发表体制中得见天日。

对这些同行的困境,我深表同情,并由衷感到幸运。我本科毕业后便出国读书,在几乎完全没有稳固至于僵化的部门法分科体制的学术环境中,接受了研究生阶段的教育和学术训练。到国内高校从事学术工作以来,我在现有学科体制内被归入"法学理论",而这应该是法学界十几个二级学科中最缺乏主导范式的一个,学者在研究选题和进路方面,也因此享有最高的自由度。尽管时不时也会有人明里暗里指点、质疑我的研究甚至教学活动能不能算是"传统法理学",但至少到目前为止,我还未感到有什么压力,需要去论证、辩解自己在"法学理论"的专业槽中吃饭的适当性,甚至正当性。

而在我看来,研究与信息有关的法律议题(其实也包括当代所有足够重要的法律议题),恰恰最不应当因循法律人觉得习惯、容易"主动"把握的方式,否则我们几乎一定会在刚有希望进入开阔地时,就又被拽回好不容易才要走出的死胡同。如霍姆斯所说,至高的智性体验,是觉察到手中具体活计与浩渺宇宙之间存有微妙联结。[1] 越是在"精耕细作"的现代性学术体制中,一般性、延展性和发散性,就越是研究者值得坚持的志趣。与信息相关的法律议题,之所以在过去十多年中令我感到兴味盎然,其实不仅因为"信息"对应一系列具有直接制度指向的研究议题,更因为其本身构成一条可以让人充分体会到以点带面、触类旁通的研究线索。从古至今,信息都可以被视为几乎所有法律制度发生、作用、变化的基础和凭借。甚至,说得极端些,所有法律规则,不是为了促进生产信息,就是为了替代难以被有效率生产出来的信息;不是为了限制信息处理活动的特定后果,就是为了谋求推动有望带来另一些效果的信息处理活动。[2]

鉴于此,本书也希望提示所有自诩研究"信息相关法律议题"的学

---

[1] Oliver Holmes, "The Path of the Law," *Harvard Law Review*, Vol. 10, 1896—1897, pp. 457-478.

[2] 例如,〔美〕理查德·A. 波斯纳:《正义/司法的经济学》,苏力译,中国政法大学出版社 2002 年版,第 149—178、239—316 页。

人,与其孜孜以求地为"信息"耕耘出也要用护栏围起的部门法一亩三分地,不如安心接纳这一研究场域的低进入门槛和开放性,接受"信息"这一线索的牵引,使自身的研究被带着延伸、扩展到各类乃至一切有意思的议题。

第一编

隐私
多元规制与社会规范

第一编有关隐私法问题的讨论，将重点结合一个有助于形成更丰富视角的理论框架——多元规制，以及这一理论框架中一个极具解释力和洞见力的概念——社会规范。二者不但有助于深化人们对传统隐私问题的理解，而且能够指示新的思考方向。

　　第一章将从公众人物隐私保护问题切入。这是信息隐私领域中最为人津津乐道、却又似乎已被"嚼烂"的话题。仅就中国语境而言，近三四十年来，媒体行业的自身格局发生了天翻地覆的变化，其所处规制环境也时有起落，但从业者其实从未曾间断过对官员、明星挖料、爆料、吃瓜、"周一见"[①]——只是法学界和新闻学界的相关思考，却基本停滞了。[②] 晚近时期，即使仍有兴趣就此写作者，也往往采重复套路，如援引"纽约时报诉苏利文案"（New York Times Co. v. Sullivan[③]，以下简称"苏利文案"）一类比较法"旧闻"，或复述平衡"私权"和"公共利益"的"通说"，却少见更具深度或新意的探讨。这也难怪：相比"大数据""物联网""云存储"带来的各类新型隐私挑战，公众人物隐私保护问题已算不上"前沿"[④]，学者缺乏兴趣为其投入更多智力资源。但结合多元规制框架，第一章将提出重新审视公众人物隐私保护问题的一个框架性思路。如此展开论说的主要

[①] 有关该网络流行语所出自的背景事件，参见"周一见"词条，载快懂百科网，https://www.baike.com/wikiid/2248647607142288672?view_id=4wzd7xv03mlreo，最后访问日期：2023年5月21日。

[②] 可比较不同时期的相关论文，例如张新宝：《隐私权研究》，载《法学研究》1990年第3期；张新宝：《言论表述和新闻出版自由与隐私权保护》，载《法学研究》1996年第6期；王利明：《公众人物人格权的限制和保护》，载《中州学刊》2005年第2期；李新天、郑鸣：《论中国公众人物隐私权的构建》，载《中国法学》2005年第5期；洪波、李轶：《公众人物的判断标准、类型及其名誉权的限制——以媒体侵害公众人物名誉权为中心》，载《当代法学》2006年7月；王骁、李秀娜：《"周一见"事件引发的公众人物隐私权思考》，载《新闻与传播》2015年第11期。

[③] New York Times Co. v. Sullivan, 376 U.S. 254 (1964).

[④] 除非像2015年"好莱坞艳照门"那样同时牵涉新技术因素。该事件介绍，See "iCloud leaks of celebrity photos", Wikipedia, https://en.wikipedia.org/wiki/ICloud_leaks_of_celebrity_photos（last visited 2023/5/21）.

目的,并非是想再度唤起学界对特定法律问题本身的兴趣。借助这类为最多读者所熟悉的隐私问题,本章试图剖析传统隐私法学说与实践的学理局限,并展示如何借助更有力的理论工具,识别此前未获充分揭示的重要规范与实证问题。

第二章则将致力于呈现社会规范概念能够为隐私议题带来的理论创意。本书中,"社会规范"主要被理解为国家正式制度之外的一种社会控制现象。① 社会规范以人际和群体影响为基础,调整个体的认知、行为和决策。作为社会控制系统,社会规范与法律在结构和内容上常有相互对应②;特别是,法律规范的内容常常不是来源于对社会规范的吸纳和参照,就是来自对特定社会规范的回应。③ 因此,认知、分析社会规范,为有效理解法律提供了一个重要进路——所谓"通情"方能"达理"。在传统意义上,信息隐私法与其所处语境中的社会规范贴合最紧;隐私法规则要么直接反映社会规范,要么需要结合社会规范加以理解。例如,无论是判断执法机关刑侦活动收集嫌疑人信息是否过度,还是判断媒体对特定报道对象的爆料是否失当,司法机关都需判断,相关信息收集和披露行为是否背离了所谓"合理隐私期待"(reasonable expectation of privacy)——这种期待包含何种内容,必然要参照社会规范方可得知。但在这些有关隐私法与社会规范的既有理解之上,第二章试图指出,关注社会规范可以为法律理论持续提供新的启发:经由社会规范,我们可以找到既有法律中尚未得到提炼的规范性资源,识别出真正处于制度底层的基础性规范。

---

① See Robert C. Ellickson, *Order Without Law: How Neighbors Settle Disputes*, Harvard University Press, 1994.
② Ibid., pp. 123-136.
③ 参见戴昕:《重新发现社会规范:中国网络法的经济社会学视角》,载《学术月刊》2019年第2期。

第一章　公众人物隐私：基于多元规制的分析框架

杨女士、杨女士和杨女士

公众人物隐私保护作为一个专门法律话题获得讨论，始自欧美。1980年代后期，中国学界开始引介美国隐私权学说时，已留意到公众人物问题。① 1986年制定的《民法通则》并未将隐私权单列为公民人身权的一种②，但1988年最高人民法院确立了通过名誉权间接保护隐私的司法实践③，将当时已成社会时髦话题的隐私侵权全面纳入法制轨道。④ 而基于名誉权的隐私诉讼，甚至比最高人民法院的司法解释还要更早出现；早期最受人关注的隐私诉讼，正与"公众人物"有关。

---

① 按照王利明教授的说法，在他1987年赴美国访问之前，国内法律界"并没有隐私的观念"，而他是在美国才"对隐私这个概念产生了浓厚的兴趣"。王利明：《没有隐私就没有真正的自由》，载中国民商法律网，链接 http://old.civillaw.com.cn/article/default.asp?id=62557，最后访问日期：2023年5月21日。张新宝等学者在早期论文中均参考了我国台湾学者吕光1985年出版的《大众传播与法律》一书，其中对公众人物隐私问题有所讨论。参见张新宝：《隐私权研究》，载《法学研究》1990年第3期；张新宝：《言论表述和新闻出版自由与隐私权保护》，载《法学研究》1996年第6期；魏永征、张鸿霞：《考察"公众人物"概念在中国大众媒介诽谤案件中的应用》，载《中国传媒报告》2007年第7期。
② 《中华人民共和国民法通则》（1986年）第五章第四节。
③ 最高人民法院《关于贯彻执行〈中华人民共和国民法通则〉若干问题的意见（试行）》第140条。
④ 参见夏平：《尊重他人隐私权》，载《思想政治工作研究》1987年9月。

1987年1月，哈尔滨文联主办的《小说林》杂志刊登了《杨沫的初恋》一文，其中对时年已逾七十的著名女作家、全国人大代表杨沫青年时期的感情生活大加描写。在其于1950年代出版的半自传体小说《青春之歌》中，杨沫曾颇为大胆地展示了本人较为私密的情感经历。① 《杨沫的初恋》一文，显然是想借个"还原小说真实原型"的噱头。② 而杨认为这对其隐私造成严重侵犯。在寻求主管《小说林》杂志社的黑龙江省委宣传部门协调未果后，杨沫向黑龙江当地法院起诉杂志社，并最终胜诉。③

作为《民法通则》正式施行后有记载的第一起公众人物隐私案，法院对杨沫案进行裁判时，并无意外地采取了保护当事人隐私、限制媒体自由的立场。事后回看，杨沫案可作为"前传"，被同时编排进媒体市场化和人格权利兴起这两条内含张力的中国法治发展叙事之中。1990年代，传媒娱乐业进入全面商业化的快车道，名人名誉、隐私纠纷诉诸法律的情况日益普遍，媒体从业者甚至一度抱怨出现了所谓"告记者热"。④ 寻求进一步扩大其市场化运营空间的新闻业界及一些法律学者，通过引介苏利文案等美式新闻表达自由判例，试图说服中国立法和司法权威考虑采纳类似规则，降低新闻单位和从业人员面临的诉讼风险。⑤

---

① 包括与初恋分手并卷入婚外情等。参考《青春之歌》中有关林道静和余永泽婚姻的描写。杨沫：《青春之歌》，人民文学出版社1958年。

② 1987年杨沫与《小说林》杂志诉讼的判决书并未公开，相关描述可见王利明、杨立新主编：《人格权与新闻侵权》，中国方正出版社2009年版，第606页；Hilary Josephs, "Defamation, Invasion of Privacy, and the Press in the People's Republic of China," *UCLA Pacific Basin Law Journal*, Vol. 11, 1993, p.194。一说该文之所以惹恼杨沫不仅因为内容，还因其尺度（"色情"）。参见张诗蒂：《新闻侵权、舆论监督与隐私权保护》，载《现代法学》1998年第2期。杨沫本人实际上在1990年代初多次允许媒体报道其早年的私生活，并出版自传。

③ See Ibid., Josephs, p.209.

④ 魏永征：《被告席上的记者》，上海人民出版社1994年版，转引自魏永征、张鸿霞：《考察"公众人物"概念在中国大众媒介诽谤案件中的应用》，载《中国传媒报告》2007年第4期。

⑤ Ibid. 但或许是出于担心损害中国法建构民事人格权体系的努力，民法学界这一时期对移植"新闻自由/公众知情权高于私权"的法理有所保留，1996年围绕"《秋菊打官司》的官司"引发的争论是其时法学界两类思路的一次典型对立。例如，张新宝：《言论表述和新闻出版自由与隐私权保护》，载《法学研究》1996年第6期；苏力：《〈秋菊打官司〉案、邱氏鼠药案和言论自由》，载《法学研究》1996年第3期。

经历美式自由主义意识形态持续洗礼,法律界广泛接受了以苏利文案为标杆的言论保护理念。[1] 到 2002 年,在"范志毅诉文汇报新民晚报联合报业集团侵犯名誉权"一案(以下简称"范志毅案")的判决中,中国版本的"公众人物人格权保护限制"规则终于登场。[2] 尽管在此前的一个司法解释中,最高人民法院已将隐私侵权设置为区别于名誉权的精神损害赔偿请求权基础[3],但在 2008 年隐私权纠纷成为独立案由[4]、2009 年隐私权在《侵权责任法》中被确认为具体人格权之前[5],名誉和隐私两类人格利益,在司法实践中并非泾渭分明。因此,虽然范志毅案涉及的具体纠纷性质实为诽谤——媒体通过报道、传播虚假事实信息损害公众人物名誉(此案中的报道影射作为著名球星的范志毅打假球),但该案中司法机关创制的中国式"公众人物规则",被学者理解为同样适用于隐私纠纷案件。[6] 虽然中国并非判例法国家[7],但"范志毅案"的判决,在当时及之后,对"行动中的法"(law in action)产生的影响,无疑超出了个案。

不过,根据魏永征等的粗略整理,范志毅案后,"公众人物规则"在人格权纠纷案件中的适用,充斥着不一致和不确定性。[8] 就狭义的隐私权纠纷而言,2002 年至 2009 年之间,能够找到的明确适用"公众人物规则"的判决并不太多。但或许正因为法律条文只字未提,司法判例屈指可数,而舆论争议性事件又不断出现,才使得社会对法律不确定性的感知尤为强烈。由此看来,与其说中国法院自范志毅案后引入了一个"公众人物规则",不如说是引入了一系列"公众人物问题":如果公众人物隐私保护应受限制,那么,谁是公众人物?何时限制?怎么限制?

---

[1] 例如,贺卫方:《传媒与司法三题》,载《法学研究》1998 年第 6 期。
[2] 范志毅诉文汇新民联合报业集团名誉权纠纷案,上海市静安区人民法院一审民事判决书,(2002)静民一(民)初第 1776 号。
[3] 最高人民法院《关于确定民事侵权精神损害赔偿责任若干问题的解释》(2001 年)第一条。
[4] 《民事案件案由规定》(2008 年)第一部分(一)。
[5] 《中华人民共和国侵权责任法》(2009 年)第 2 条。
[6] 例如王利明:《隐私权概念的再界定》,载《法学家》2012 年第 1 期。
[7] 直到近年才有了较为正式的由最高人民法院主导的指导性案例制度。
[8] 参见魏永征、张鸿霞:《考察"公众人物"概念在中国大众媒介诽谤案件中的应用》,载《中国传媒报告》2007 年第 7 期。

2008年杨丽娟母女诉《南方周末》一案①，是中国法院在隐私语境中寻求回答公众人物问题的一次失败尝试。广州法院两审均认定杨丽娟及其父母为"自愿型的公众人物"，以此为由驳回了原告的隐私侵权诉请。②当痴狂追星的杨丽娟在香港单独求见刘德华失败、杨父羞愤之下跳海自尽后，《南方周末》刊登专题报道③，披露了杨氏一家相当私密的信息，试图以此解释这个"不正常家庭"的诸多癫狂举动。④两审法院在判决中均承认，"涉讼文章表面看确是涉及了[原告]的个人隐私"，但对这些隐私利益"可能的轻微损害"，法院要求原告"予以容忍"。法院认为，杨家三口之前四处接触媒体"搏出位"，成为"自愿型的公众人物，自然派生出公众知情权"；而媒体为满足这种公众知情权（"引导公众对追星事件有真实的了解和客观认识"），报道时会"自然涉及杨丽娟及其父母的社会背景、社会关系、成长经历，相关隐私是揭示追星事件悲剧性和反常态的关联要素"。⑤

两个"自然"，彰显了法院对其说理的高度自信。但从旁观者的角度来看，杨家三口遭受的隐私损害，是否只是"可能""轻微"？公众对杨家生活史的"知情权"范围，是否真有必要如此之大？相比于早二十年的杨沫，杨丽娟一家进入公众视野的"自愿"程度，未见得更高⑥，但遭受的隐私伤害却应大于前者；两起案件一出一入，"公众人物规则"的威力显而

---

① 法院分为三个并行的案件处理，即杨丽娟诉《南方周末》、杨丽娟代杨勤冀诉《南方周末》及陶菊英诉《南方周末》，三个案件的判决内容基本一致。
② 杨某与南方周末报社等名誉权纠纷上诉案，广州市中级人民法院二审民事判决书，(2008)穗中法民一终字第3871号。除此之外，法院判决的理由还包括《南方周末》并无侵犯隐私的主观过错。
③ 袁蕾：《你不会懂得我伤悲——杨丽娟事件观察》，载《南方周末》2007年4月12日第10版。
④ 如杨父兄弟"争妻弑母"、杨母多次"出轨"等。同上。
⑤ 参见魏永征、张鸿霞：《考察"公众人物"概念在中国大众媒介诽谤案件中的应用》，载《中国传媒报告》2007年第7期。"自然"着重号为笔者所加。
⑥ 按照杨丽娟七年后的说法，她认为媒体当时的炒作是事态进入疯狂的主因。当然不能将说法视为客观，但至少值得注意。参见《"追星狂"杨丽娟时隔11年再谈刘德华："父亲的死跟媒体和对方的冷漠有关！"》，搜狐，https://yule.sohu.com/a/700150174_121641968。对杨丽娟说法的一个支持，参见魏永征：《杨丽娟名誉权案与知情权》，载《国际新闻界》2009年10月刊。

易见。正如杨氏母女在上诉时提出的,中国成文法并未明确规定"公众人物隐私权克减规则",而法院判决结论的基础,只反映其自身所做的利益平衡。① 既然如此,法院在该案中对新闻自由和知情权特别宽厚、对隐私利益轻描淡写的"平衡"方式,是否具备充分的合法性与合理性?

2009 年颁布的《侵权责任法》,及之后出台的一系列有关隐私和个人信息保护的规范,使隐私权话题总体上在中国的热度持续上升。但有关公众人物隐私问题的学术讨论,却如本章开头所说,几乎"冰封"在了更早的年代。在《侵权责任法》生效后最受关注的公众人物隐私案件——2014 年"钱锺书书信手稿拍卖案"②(以下简称"钱锺书案")——的判决中,"公众人物问题"甚至隐匿无形了。③ 该案因拍卖公司策划、组织公开拍卖已故著名学者钱锺书及家人书信手稿而起。时年逾百岁的钱锺书遗孀杨绛,在获知拍卖等活动安排后,愤然起诉拍卖公司和书信手稿原保管人李国强,控告其侵犯了钱杨一家的著作权和隐私权。一、二审法院均认定二被告行为构成侵权。④ 尽管表面看,该案重头内容是著作权纠纷,但真正惹得百岁老人"不淡定"以至于要打这场官司的,还是待拍卖书信牵涉的隐私利益。杨绛认为相关书信当属至为私人、私密之物,李国强受托保管却外传已属背信,拍卖公司公开展览、拍卖,导致文人"私房话"曝光天下,更让杨绛"思想上完全无法接受"。⑤

根据媒体报道及法院判决中的描述,书信中"不便公开"的内容,主要指钱杨夫妇私下对鲁迅、茅盾、沈从文和杨宪益、戴乃迭夫妇等文坛名

---

① 参见魏永征、张鸿霞:《考察"公众人物"概念在中国大众媒介诽谤案件中的应用》,载《中国传媒报告》2007 年第 7 期。
② 中贸圣佳国际拍卖有限公司诉杨季康(笔名杨绛)等侵害著作权及隐私权纠纷案,北京市高级人民法院二审民事判决书,(2014)高民终字第 1152 号。
③ 此案两审判决中均未出现对公众人物概念的提及。案情见下文第四部分中的进一步介绍。
④ 后拍卖公司上诉,李国强放弃上诉。
⑤ 赵婀娜:《钱锺书书信将被拍卖 杨绛质问:个人隐私岂容买卖》,载《人民日报》2013 年 5 月 27 日,http://culture.people.com.cn/n/2013/0527/c22219-21621804.html,最后访问日期:2023 年 5 月 21 日。

流的议论。以当今"口德"标准观之,这些内容算不上敏感。① 但案件热议时专程参与会商论证的法律学者,均认为此处以通信秘密为内容的隐私权事关人格尊严,当事人意愿为大,客观意义上的敏感、私密性考量并不重要,因为"[被公开的隐私]信息无所谓好的或者是不好的"。② 应属显而易见的公众人物问题却无人提起③。而法院同样斩钉截铁地认定,涉案书信"内容包含学术讨论、生活事务、观点见解等,均为与公共利益无关的个人信息、私人活动"④,由此将公众人物问题排除在讨论范畴之外。

但"遁形"不意味着"消失"。实际上,直至《民法典》起草的过程中,也仍有学者提出,可考虑在法典有关隐私权的条文中,专门就公众人物隐私问题——例如权利限制或"克减"规范——作出单独规定。⑤ 甚至,有学者曾将"侵权法无法[对公众人物隐私问题]作出全面规定",视为主张"人格权法"单独立法的理由之一。⑥ 民法典立法体例的争论或许已经成为过去时。而《民法典》对公众人物隐私最终并未选择作明文规定。⑦ 但

---

① 不光被告争辩说其实无伤大雅,看过信件者也多只赞赏相关文字呈现了钱氏精致诙谐的文品、文风。例如:当时《广角镜》刊登了秦德君回忆茅盾的文章,钱锺书看到后很感叹,于 1985 年的信中写道:"历史从来出于胜利者手笔,后死即胜利之一种方式。三年前鲁迅纪念时出版之传记,即出敝所人撰著(应指社科院文学所刘再复、林非所著《鲁迅传》——编者注),中间只字不道其原配夫人,国内外皆有私议而无声言者。"1981 年的信中谈到《红楼梦》的英译本,曾写道:"因思及 Hawkes 近以其新出译本第三册相赠,乃细读之,文笔远胜杨氏夫妇(杨宪益与戴乃迭——编者注),然而此老实话亦不能公开说,可笑可叹。"在为《广角镜》杂志推荐采访对象时,在信中写道:"先暂定五人:俞平伯、吕叔湘、朱光潜、杨荫浏(中国音乐史创始者)、夏承焘;皆海外闻名相报导不多者,且'江湖气'较少。"'潜德发幽光'、'闇然而日章',悄悄地流布比较少惹是非。像从文先生那封信的牢骚,我是不发的,恐引起一些不愉快的注意而已。"

② 赵婀娜:《钱锺书书信将被拍卖 杨绛质问:个人隐私岂容买卖》,载《人民日报》2013 年 5 月 27 日,http://culture.people.com.cn/n/2013/0527/c22219-21621804.html,最后访问日期:2023 年 5 月 21 日。

③ 同上。

④ 中贸圣佳国际拍卖有限公司诉杨季康(笔名杨绛)等侵害著作权及隐私权纠纷案,北京市高级人民法院二审民事判决书,(2014)高民终字第 1152 号。

⑤ 参见王叶萍:《民法典人格权编的规则设计》,载《政治与法律》2017 年第 8 期。

⑥ 王利明:《使人格权在民法典中独立成编》,载《当代法学》2018 年第 3 期。另见,王利明:《人格权的积极确权模式探讨——兼论人格权法与侵权法之关系》,载《法学家》2016 年第 2 期。

⑦ 参见《中华人民共和国民法典》第四编第六章第 1032-1033 条。

在最近十余年社交媒体平台成为主导传播媒介的背景下，涉及公众人物隐私保护的民事争讼，虽少有形成受广泛关注的判决，但实际上更为活跃，特别是还增加了平台中介责任的维度。① 不仅如此，相关问题在制度呈现方面的重心，还从民事权利救济转向行政主导的信息治理。以网信办于2019年公布的《网络信息内容生态治理规定》为例，其将"炒作绯闻、丑闻、劣迹等的"网络信息内容，明确界定为"不良信息"。这种内容治理规则，客观上同样具有公众人物隐私规范的属性：当执法者依此执法时，公众人物隐私保护诉求的满足，无疑就多了另一重保障。

换言之，钱锺书案以来，公众人物隐私问题不仅仍然存在于中国人的生活中，而且还变得更加丰富、多样了。与此同时，有关公众人物隐私的法律理论却并无新的进展。法学领域对公众人物隐私问题能够提供的智识贡献，始终没有超出对公众人物进行类型划分以及对"私权—公益"冲突进行平衡考量的粗糙教义。之所以说这类规范教义粗糙，是因为只要人们不满足于基本的形式化法律分析，稍微要将思考向更具纵深和实质性的层面推进，这些教义就无法提供多少帮助。

更麻烦的是，与法律理论中其他类似的规范教义一样，在公众人物隐私这一议题上，运用传统的教义套路展开分析，很容易让人有满足感。在这个意义上，教义分析的天花板往往像玻璃一样透明；对于不求超越形式化思考的法律人来说，只是远远抬头，可能会误以为其智识功用"上不封顶"。

"类型化"加"平衡论"？

如前所述，中国法上，所谓"公众人物规则"，即便有，至今也仍是司

---

① 例如，闫某与北京新浪互联信息服务有限公司、北京百度网讯科技有限公司侵犯名誉权、隐私权纠纷案，载《最高人民法院公报》2015年第9期。

法创设的"不成文"的裁判规则。① 而中国法律界在这一问题上广泛接受的规范教义学说,主要是对比较法材料的复述。基于此,本节将直接针对欧美法域公众人物隐私制度的核心规范展开分析和评述。我希望指出,尽管公众人物隐私的主流教义表面看来思路清楚,核心内容也已相当"成熟",但细想之下,其实非常粗糙、含混。因此,中国法律界将其拿来,也难免处处似是而非,很多流行的认知都经不住细想。

类型化规则?

在引介相关比较法材料时,一个比较普遍的情况,是论者将"公众人物规则"在当代西方法制中的确立笼统描述为始自美国的苏利文案。② 但实际上,"公众人物"或类似概念的出现,比苏利文案早得多。现代西方社会的隐私法,其实本就起源于"公众人物"(public figures)——上流社会——的隐私诉求。根据惠特曼(James Q. Whitman)的描述,十八、十九世纪西欧法律早期隐私保护的抓手,主要是贵族阶层维护自身尊荣的诉求。③ 而弗里德曼(Lawrence Friedman)对十九世纪美国法的考察则揭示,北美社会有关隐私的道德和法律规范,同样也主要服务于维护新贵的体面。④ 到十九、二十世纪之交,面对新近被柯达照相机武装起来的"黄色小报"(yellow journalism),名流贤达们更难以掩饰内心恐慌。至今被奉为现代隐私权法理奠基之作的名篇——美国人沃伦(Samuel D. Warren)和布兰代斯(Louis D. Brandeis)于1890年发表的论文《隐私权》

---

① 据杨立新教授介绍,民法学者曾建议就有关限制公众人物隐私权保护作明确立法,但该建议并未被采纳。参见杨立新:《公众人物与媒体暴政》,https://www.wenmi.com/article/q0406q01e421.html,最后访问日期:2023年7月23日。
② 例如,谢慧:《私权平等与身份制》,载《现代法学》2010年第3期。
③ See James Q. Whitman, "The Two Western Cultures of Privacy: Dignity Versus Liberty," *Yale Law Journal*, Vol. 113, 2004, pp. 1172-89. 对Whitman说法的反对,见Matthew W. Finkin, "Some Further Thoughts on the Usefulness of Comparativism in the Law of Employee Privacy," *Employee Rights & Employment Policy Journal*, Vol. 14, 2011, p. 31.
④ See Lawrence Friedman, *Guarding Life's Dark Secrets: Legal and Social Controls over Reputation, Propriety and Privacy*, Stanford University Press, 2008, pp. 66-80.

（Right to Privacy）①，正反映了北美社会上层人士持有的类似旧大陆贵族的心态。② 而惠特曼还指出，隐私在德国法上逐渐从贵族诉求推广为普遍法权，主要也是因为在社会夷平化的趋势面前，贵族无法继续将隐私利益以特权形式予以维护，因此只好选择政治上更可行的"普世权利"方式。③

可随着隐私权的普世化，社会精英隐私获得的法律保护，却自20世纪上半叶开始进入萎缩态势，而这在美国相比西欧更加明显。流行的说法是这与新闻自由在美国的进一步发展有关；通过苏利文案等一系列中国知识界耳熟能详的著名判例④，美国最高法院建构了"公众人物"规则框架；一个人可能因被归入"公共官员""自愿型公共人物""非自愿公共人物""有限目的公共人物"等不同法律上的类型，而在人格利益受媒体报道侵害时，只获得比普通人更为有限的法律救济。

这样一种根据原告身份类型区别法律保护待遇的"公众人物规则"，其理据通常被解释为可以降低新闻媒体面临的诉讼风险，避免新闻自由受损于所谓"寒蝉效应"（chilling effect）。中国新闻界、法律界乃至一般知识界，正是受这一自由主义叙事吸引，将苏利文等案代表的美式公众人

---

① Samuel Warren & Louis Brandeis, "Right to Privacy," *Harvard Law Review*, Vol. 4, 1890—1891, pp. 193-220.

② See James Q. Whitman, "The Two Western Cultures of Privacy: Dignity Versus Liberty," *Yale Law Journal*, Vol. 113, 2004, pp. 1206-1208; James H. Barron, "Warren and Brandeis, The Right to Privacy, 4 Harv. L. Rev. 193 (1890): Demystifying a Landmark Citation," Suffolk University Law Review, Vol. 13 (1979), p. 904.

③ 惠特曼更具争议性的观点是德国法上为人格尊严权所包含的隐私权，其真正实现普世化乃是在"国家社会主义"（纳粹）时期。See James Q. Whitman, "The Two Western Cultures of Privacy: Dignity Versus Liberty," *Yale Law Journal*, Vol. 113, 2004, p.1187；这与传统上认为欧洲战后德国法上隐私权的兴起源于对纳粹的回应一说完全相反，例如，Gerald L. Neuman, "On Fascist Honour and Human Dignity: A Sceptical Response," in Christian Joerges & Navraj Singh Ghaleigh（eds.）, *Darker Legacies of Law in Europe: The Shadow of National Socialism and Fascism over Europe and its Legal Traditions*, Hart Publishing, 2003, p. 289.

④ 国内介绍较多的其他案例如 *Curtis Publishing Co. v. Butts*, 388 U.S. 130（1967）、*Rosenbloom v. Metromedia*, Inc., 403 U.S. 29（1971）、*Gertz v. Robert Welch, Inc.*, 418 U.S. 323（1974）等。见郭春镇：《公共人物理论视角下网络谣言的规制》，载《法学研究》2014年第4期。

物规则奉为新闻自由和媒体法治的"理想型"。而范志毅案后,尽管中国法院对所谓公众人物规则的适用并不坚决①,但"公众人物的人格权应受限制和克减"这一说法却深入人心,甚至有了某种政治正确的意味。

不过,讨论隐私法时仅关注苏利文案,在教义层面其实未必确切:苏利文案等美国宪法判例的原始诉讼语境,是诽谤/名誉侵权,而非隐私侵权。虽然二者在学理上藕断丝连,但各自适用的侵权规则有所区别:以美国普通法为例,诽谤侵权成立的要件之一是侵权言论与事实不符,而隐私侵权通常涉及对有关权利人真实信息的收集和披露。② 苏利文等案中确立的"公众人物规则",改变了普通法上原先针对诽谤侵权"事实虚假性"要件所适用的严格责任标准。③ 在该规则确立后,诽谤案原告需证明,侵权人就诽谤信息的事实虚假性具有某种主观过错;而如果原告被认定为"公众人物"身份,则其更需证明被告主观过错达到"实质恶意"(actual malice)程度。④ 这大大增加了原告——特别是公众人物——的起诉难度⑤,从而事实上起到保护媒体的作用。

但以上述方式具体适用的公众人物规则,在不以侵权信息事实虚假性为要件的隐私诉讼中并无抓手,因此严格意义上不能直接适用于隐私

---

① 参见魏永征、张鸿霞:《考察"公众人物"概念在中国大众媒介诽谤案件中的应用》,载《中国传媒报告》2007年第7期;以及黄卉:《关于判例形成的观察和法律分析——以我国失实新闻侵害公众人物名誉权案为切入点》,载《华东政法大学学报》2009年第1期。

② See Paul Schwartz & Daniel Solove, *Information Privacy Law* (*Fifth Edition*), Wolters Kluwer, 2014, p. 179. 美国隐私侵权法被普洛瑟(Prosser)总结为四种形态,其中以虚假事实侵害隐私(false light invasion of privacy)和诽谤的区别很小,经常重合。William L. Prosser, "Privacy," *California Law Review*, Vol. 48, No. 3, 1960, p. 400。但隐私侵权最主要的形态,包括侵入私人生活(intrusion into privacy)和公开披露隐私(public disclosure of private facts),与被人诽谤还是有重要区别。当代学者甚至认为只有 intrusion 和 disclosure 两类真正属于隐私侵权。Lior Jacob Strahilevitz, "Reunifying Privacy Law," *California Law Review*, Vol. 98, 2007, p. 2012.

③ Laurence H. Eldridge, *The Law of Defamation*, Walter Kluwer, 1978, § 5, p. 15.

④ New York Times Co. v. Sullivan, 376 U.S. 254 (1964).

⑤ See Randall P. Bezanson, "The Developing Law of Editorial Judgment," *Nebraska Law Review*, Vol. 78, 1999, pp. 774-775, 763-764.

案件。① 类似地,尽管范志毅案判决时中国法尚未在规范和诉讼程序层面将隐私权与名誉权分开,但尤其在《侵权责任法》通过后,名誉权案件语境中形成的虽不具约束力、但很有影响力的中国式公众人物规则,能否及如何在隐私案件中适用,似乎也未被仔细考虑过。

而若回到美国法,其隐私法上,真的有"公众人物规则"吗?这其实也很难一概而论。就公众人物身份如何限制原告隐私保护这一问题,普通法法院起初的处理并不完全清晰。② 主流规则逐渐形成后,非法披露隐私侵权(public disclosure of private facts)诉讼中,被告的一个基本抗辩是其所披露事实"有新闻价值"(newsworthy);而有无新闻价值,则需综合考虑诸如被披露信息的社会价值、信息主体的公共性以及信息采集和披露行为侵入私人生活的严重程度等多项因素。③ 换言之,美国法上有关隐私保护限制的核心规范,应是被披露信息是否涉及"公共利益",而"公众人物"身份只是衡量公共利益时考虑的因素之一,对裁判后果不具有独立决定意义。以公共利益而非公众人物身份为主要判断依据的进路,也符合沃伦和布兰代斯最初的设计:《隐私权》中构想的普通法隐私侵权,本已明确包含了公共利益抗辩,而公职人士的隐私保护范围小于普通人,则是这一抗辩可预见的适用后果。④ 但沃伦和布兰代斯强调,任何人都应享有一些基本隐私保护;他们不愿看到,只要个体深度涉入公共生活就完全丧失隐私。⑤ 虽然脱不开"物伤其类"的嫌疑,但这种观点倒也符合权利学说常采取的康德主义立场,即人必须被作为目的获得尊重,而不能仅被视为公共利益的手段。

由此看来,在教义层面,美国诽谤法和隐私法就公众人物权利保护限

---

① Diane L. Zimmerman, "Requiem for a Heavyweight: A Farewell to Warren and Brandeis's Privacy Tort," *Cornell Law Review*, Vol. 68, 1983, p. 346.

② Samantha Barbas, "The Sidis Case and the Origins of Modern Privacy Law," *Columbia Journal of Law & Arts*, Vol. 36, 2012, pp. 42-44.

③ See Michaels v. Internet Entertainment Group, Inc., 5 F. Supp. 2d 823 (C.D. Cal. 1998).

④ See Samuel Warren & Louis Brandeis, "Right to Privacy," *Harvard Law Review*, Vol. 4, 1890—1891, pp. 214-215.

⑤ Ibid.

制采取的规范形式有所不同,其差别甚至有点"规则"对"标准"("rule versus standard")①的意味。虽然二者实质上都在对围绕特定信息产生的私权与公益作权衡取舍,但理论上,诽谤法侧重辨识原告身份类型的公众人物规则,可相对降低②守法者和裁判者在个案中进行利益平衡所需的信息和决策成本——尽管这有时以牺牲个案判决适当性为代价。而隐私法号称使用的"公共利益"或"新闻价值"标准,虽会增加守法者事前面临的不确定性和裁判者事后判断的难度,但也为个案权衡留出了更大弹性空间。若此种差别的确存在,这倒也符合包括沃伦和布兰代斯在内的许多隐私法学者的理想,并呼应了苏利文等案的逻辑:公众人物可借助自身较强的公共影响力进行"辟谣",削弱虚假诽谤信息的影响③,但真实的隐私被揭露后,受害者无从辟谣,因此需要更灵活的法律救济空间。

利益平衡?

然而,上述辨析在理论上或许成立,但放入现实语境则是另一回事。实践中,美国隐私法上的"公共利益"标准,未必真的足够灵活又"善解人意"。绝大多数案件中,涉及各类公众人物的信息一旦被发表,法院很难也很少认为其没有新闻价值。④ 这种倾向自普通法隐私诉讼出现之初即被注意到⑤,而在1940年的 *Sidis v. F-R Publishing Corp.* ⑥一案中,则更显现得明白无疑。该案原告西迪斯(William James Sidis)曾是1920年代美国家喻户晓的神童,但青年后沦于平庸,甚至行事古怪。《纽约客》(New Yorker)杂志记者采访中年西迪斯之后,发表了"伤仲永"题材的报道。西

---

① See Louis Kaplow, "Rules versus Standards: An Economic Analysis," *Duke Law Journal?*, Vol. 42, 1992, pp. 557-629.

② 而不是取消,因为严格来讲,诽谤法的规则有时也要求公众人物判断之外考虑事项的公共性。

③ Gertz v. Robert Welch, Inc., 418 U.S. 323 (1974).

④ Scott J. Shackelford, "Fragile Merchandise: A Comparative Analysis of the Privacy Rights for Public Figures," *American Business Law Journal*, Vol. 49, 2012, pp. 145-146.

⑤ Samantha Barbas, "The Sidis Case and the Origins of Modern Privacy Law," *Columbia Journal of Law & Arts*, Vol. 36, 2012, pp. 42-43.

⑥ Sidis v. F-R Publishing Corp., 113 F.2d 806 (2d Cir. 1940). Sidis 案较为详细的背景描述见上注。

迪斯向法院诉称自己多年来低调以求回避关注,个人生活不应再受曝光。但法院认为西迪斯既然年少成名,社会基于对天才儿童教育问题的关心,对其发展轨迹有兴趣,因此西迪斯必须继续容忍媒体对他的报道。① 此案中,法院表面似乎在作公共利益标准下的权衡分析。但正如大多数研究者指出的,该案判决反映了"一朝公众人物,永世公众人物"(once a public figure, always a public figure)这一具有鲜明美国特色的司法立场②:西迪斯少时本是被其父强行拖到聚光灯下,一经成年便竭力退出公众视野,难道媒体以真名实姓炒作二十年前"冷饭"的"新闻价值",对二十年后的公众仍如此重要,以至于牺牲无辜者安宁也在所不惜?③ 显然,西迪斯作为曾家喻户晓的明星人物这一身份,对法院的公共利益判断产生了十分强劲的"锚定效应"(anchoring effect)。④

苏利文案后,当媒体成为隐私诉讼被告时,美国法院更不可能无视公众人物规则这一彰显新闻自由价值的宪法规范。在公共利益考察中,法院甚至往往接受媒体对信息利害重要程度的判断⑤;而媒体对名人的趋之若鹜,则意味着原告的公众人物身份成为隐私判决事实上最重要、甚至具有决定性的因素。对此最好的证据,不是美国隐私诉讼中公众人物胜诉之少见,而是进入诉讼乃至经法院作出最终判决的纠纷之少——原告高薪聘请的律师,无疑能理智地判断其客户因特殊身份难有胜诉机会。⑥ 因此,美国隐私法上看似灵活、体贴的"公共利益标准",在现实中并未真

---

① *Sidis v. F-R Publishing Corp.*, 113 F. 2d 806 (2d Cir. 1940). Sidis 案较为详细的背景描述见上注。

② Scott J. Shackelford, "Fragile Merchandise: A Comparative Analysis of the Privacy Rights for Public Figures," *American Business Law Journal*, Vol. 49, 2012, p. 146.

③ Sidis 在诉讼结束后不久于 1944 年离世。

④ Tversky, A., & Kahneman, D., "Judgment under Uncertainty: Heuristics and Biases," *Science*, Vol. 185, 1974, pp. 1124-1131.

⑤ 所谓的"听任媒体"模式(leave-it-to-the-press model)。*See* Diane L. Zimmerman, "Requiem for a Heavyweight: A Farewell to Warren and Brandeis's Privacy Tort," *Cornell Law Review*, Vol. 68, 1983, pp. 353-355.

⑥ Lior Jacob Strahilevitz, "Toward a Positive Theory of Privacy Law," *Harvard Law Review Forum*, Vol. 126, 2013, p. 2014.

能通过个案权衡,避免对公众人物过于严苛。① 在这个意义上,可以认为,美国隐私法实际适用的同样是突出身份类型识别的公众人物规则。

一些希望提高美国隐私法保护水平的学者由此呼吁,美国隐私法不如采纳类似欧洲的包含更细致身份类型的公众人物规则,并对不同类型的公众人物真正给予不同待遇。② 以德国为例,其民法上区分永久公众人物(如资深政客、官员)、名流(文体明星)和临时公众人物(公共事件主角),三者获得的隐私保护水平被认为从低到高依次有别③,这样的立法模式似乎可至少保证政客官员外其他人获得更多保护。这一建议延续了沃伦和布兰代斯的价值追求,但认为适当的法律规范进路,不是恢复更灵活的标准,反倒是将规则进一步细化。

可正如比较法学者注意到的,欧洲法与美国法有关公众人物隐私保护的分歧是更深层而全面的。实际上,无论是政治人物、娱乐明星还是焦点事件主人公,欧洲法域的隐私保护都超过美国——涉及法国总统密特朗、摩纳哥公主卡洛琳、F1赛事老板莫斯利(Mosely)乃至食人狂魔梅维斯(Meiwes)等人的著名案例均为明证。④ 就算美国隐私法采纳欧洲的公众人物类型化规则,美国法院也未必会在类似案件中,作出与欧洲法院相同的有利于公众人物的裁判结果。就此,不妨参考美国诽谤法:尽管其理论上已采纳了类型化公众人物规则,但审判实践中,不同类型公众人物的维权效果,并不像理论预想中那样明显有别;为了达到保护媒体的目的,法院甚至会在无法严格借助公众人物规则时,将更模糊的公共利益讨论搬出来,支持其拒绝为原告提供法律救济的结论。⑤

按照惠特曼的解释,欧美隐私法的差异根源于"文化":欧洲法院对

---

① 如果说美国隐私法公共利益标准还有"灵活性",那反倒是社会精英之外的普通人"躺枪":他们有更大机会因恰好卷入公共事件而遭到类似社会精英的隐私保护克减待遇。例如 The Florida Star v. B. J. F., 491 U. S. 524 (1989); McNamara v. Freedom Newspapers, Inc., 802 S. W. 2d 901, 905 (Tex. App. 1991).

② Scott J. Shackelford, "Fragile Merchandise: A Comparative Analysis of the Privacy Rights for Public Figures," American Business Law Journal, Vol. 49, 2012, pp. 199-203.

③ Ibid., p. 185.

④ Ibid., pp. 181-199.

⑤ 例如 Hustler Magazine, Inc. v. Falwell, 485 U. S. 46 (1988).

隐私和人格尊严有更强烈的偏好,对新闻自由却不像美国人那样执着。① 后续研究更精细地指出,所谓欧美"文化"差异,在隐私法问题上,主要体现为两地法律精英群体——而非一般社会公众——之间。② 换言之,行动中的隐私法取决于规则形式以外一些更深层的价值或利益判断。当某种实质判断被社会中的司法裁判者普遍分享时,"标准"和"规则"的教义形式区别,就不再是决定性的。

如前所述,中国语境中公众人物隐私问题的教义论说,总体上脱胎于比较法借鉴。上述比较法分析则表明,公众人物隐私问题在司法领域获得裁处的过程中,决策者实际上从来都没法指望通过形式层面的操作回避实质判断。

当然,有人会说,法律界在公众人物隐私讨论时,毕竟进到了利益平衡这一层,因此不能算是忽略了实体价值问题。但实际上,这类论说的主要内容,无非是"一边是个体人格权利,另一边是新闻自由与公众知情权""二者不能偏废、务求兼顾"的思维定式。这种"持平之论",近似沃伦和布兰代斯的老调,逻辑上无懈可击,却很容易流于空洞甚至托词③——论者往往是没法或懒得真正说明白天平两端孰轻孰重,才以"平衡兼顾"交差了事。而司法裁判的实际结果,其实只能要么偏向人格权,要么偏向新闻自由——但没人能说清这究竟是如何"平衡"得出的。在立法层面,"为社会公共利益进行舆论监督,可以披露社会公众人物的有关隐私",是民法学者在《民法典》起草前提交的建议中,曾经使用的规则表述。④ 这固然也体现了形式化的利益平衡思路,但却并不能真正为实践者提供清晰指导:即便有此规则,司法者仍需在回答什么是公共利益、什么是舆论监督、是不是只要有关公众人物就都涉及公共利益和舆论监督等问题时,依赖自己的实质判断。因此,无论未来立法采取何种体例和规范形

---

① See James Q. Whitman, "The Two Western Cultures of Privacy: Dignity Versus Liberty," *Yale Law Journal*, Vol. 113, 2004, pp. 1160-1164.

② Scott J. Shackelford, "Fragile Merchandise: A Comparative Analysis of the Privacy Rights for Public Figures," *American Business Law Journal*, Vol. 49, 2012, p. 199.

③ 按照 Julie Cohen 的说法,甚至是有些言不由衷的(lacks visceral force)。Julie E. Cohen, "What Privacy is For," *Harvard Law Review*, Vol. 126, 2013, pp. 1904-1905.

④ 参见王利明:《使人格权在民法典中独立成编》,载《当代法学》2018 年第 3 期。

式——明确制定公众人物身份类型规则,或采用概括性的公共利益标准——仅此都不足以理顺公众人物隐私的制度实践。

教义分析的玻璃天花板

法律论说中的教义分析,并不简单等同于法条分析。前者承认法律文本常有字面意思模糊、缺漏的问题,并试图借助法条中没有、但存在于论者头脑中的某种教条,在探究文本意涵的过程中获得更高的清晰、确定性。甚至,即使字面意思足够清晰,但论者只是不赞同字面意思对应的法律适用结果,教义分析也仍能成为论者的有力工具——只不过,此时的教义操作,是通过引入法条之外的教条,先消解文本原有的确定性,再祭出文本之外的教条,以足够"确定"的方式,达致自身想要的法律适用效果。

我在此前一些文论中,曾较为具体地批评过教义分析,指出其操作层面存在的问题,不仅是追求确定答案的方式本身时常不合逻辑,而且其对确定性或"正确答案"的追求,本身更像是一种"执念"——通过教义操作求得的确定性,说到底来自法律规范之外的某种主观信念(例如对某种权利原则优先性的坚持),但论者对此要么没有意识,要么不愿直面,执意认为这些仍然都是从法律内部捣鼓出来的。① 而如此的智识态度,便是这里所谓的"玻璃天花板":教义分析有用武之地,但相当有限,而论者往往拒绝承认其限度,并一定要"强努",由此不但无法真正在问题解决上实现突破,还可能对此毫无自知,满足于借助教义分析获得的虚妄的确定性。

而就公众人物隐私这一问题而言,法律界若意识到有必要突破现有粗糙教义的局限,就需要放弃在形式原则层面尝试界定权利、强求规范排序的老路数,转向实质分析。实际上,真正有意义的权衡,在以权利规范为核心概念的教义学理框架内,是无法作出的,因为后者或明或暗都预设了不同权利原则之间不可通约。相比之下,将眼光下移到更具体的社会

---

① 参见戴昕:《"教义学启发式"思维的偏误与纠正——以法学中的"自杀研究"为例》,载《法商研究》2018年第5期;戴昕、张永健:《比例原则还是成本收益分析:法学方法的批判性重构》,载《中外法学》2018年第6期;戴昕:《"开弓没有回头箭":再议比例原则的方法缺陷》,载《地方立法研究》2021年第6期。

福利后果层面,关注不同规则在特定社会分层语境中,对不同利益群体的可能影响,更有助于人们更具象地理解制度选择中的利益博弈,并识别出决策者真正需要作出的实质判断。

隐私保护的实质分析:分配视角下的福利影响

在实质而非形式层面,公众人物隐私保护问题,之所以不断引发社会和制度争议,首先因为相关规则会给社会不同群体造成差异化的福利影响。这是本章所谓"实质"分析的入手处。此前,有民法学者已意识到公众人物隐私保护与社会利益分化、分配乃至隐私多元规制等实质问题之间的关联,但所做讨论浅尝辄止。① 然而,就公众人物隐私保护而言,福利影响差异化这一点,本是显而易见的——毕竟,这一问题及其规则,字面上指向对"公众人物"、而非"所有人"的隐私保护。更一般而言,即便是那些表面上号称"一体适用"的规则,如果存在实际适用后果层面的差异化,法律人也应有近乎本能的敏感,意识到其中会出现值得思考和探讨的问题。

同时,就像不纠结隐私的定义一样②,这里我也不会纠结"公众人物"如何界定——尽管围绕这个概念,确实存在一系列不大重要的教义讨论。③ 在讨论公众人物时,我将大致借用社会学意义上的精英与社会分层概念④,由此直接切入相关隐私规则的福利后果。社会学意义上的"精英"概念以权力和资源占有为核心内容。不同社会中,可被归入精英阶层

---

① 例如,张新宝:《言论表述和新闻出版自由与隐私权保护》,载《法学研究》1996年第6期。

② 参见本书"导论:超越定义,不求分类"。

③ 理论上,只要为法律规则要求人为划线,总会要么划得过宽、要么划得过窄。边际上的影响并非不重要,但在关注边际之前,应首先考虑核心问题。

④ 相关社会学理论,See Vilfredo Pareto (Arthur Livingston trans), *The Mind and Society*, Nabu Press, 2011; C. Wright Mills & Alan Wolfe, *The Power Elite*, Oxford University Press, 1/18/00 edition, 2000; Pierre Bourdieu (Tony Bennet trans.), *Distinction: A Social Critique of the Judgment of Taste*, Routledge, 2010.

者,当然并不都相同。但在任何社会中,与大多数人——本章中为简化处理而称之为"普通人"——相比具有各类资源占有优势的少数,总体上都不难被可靠地识别出来。同时,观察当代法律制度和学说中对"公众人物"所做的常见界定,也能看到,除因被动卷入公共事件而"出名"者之外,其他通说范围内的公众人物——"政府公职人员;公益组织领导人;文艺界、娱乐界、体育界的明星;文学家、科学家、知名学者、劳动模范等知名人士"[①]——正是社会学意义上的政治、经济、文化精英。

此外,分析开始前,或许还需简单交代一下本书中所用的"福利"概念。本章认为,隐私法规则的核心目标,是影响特定隐私信息被非自愿获取和披露的范围及难易程度——这也可被指称为隐私信息的可及性(accessibility)。而公众人物隐私保护的强弱,会直接影响社会精英隐私信息的可及性,并由此对精英与普通人产生不同的福利影响(welfare consequences)。这里所说的"福利",是福利经济学意义上的概念,其在社会层面,指所有社会成员个体福利的汇总;而在个体层面,则指每个社会成员主观偏好或价值诉求的满足、实现程度(又叫"福祉",即 well-being)。[②] 基于上述定义,"福利"是对社会主观价值状态的客观描述:人们各自珍视、追求的东西实际上互不相同;无论这些东西是什么,从福利视角出发,我们试图观察的是,人们想要的东西在何种程度上满足了,以及谁的偏好满足了、谁的又没能满足。

公众人物隐私获得保护的程度,及其所对应着的公众人物隐私信息的可及性,会如何以在分配意义上并不均匀——甚至某种意义上,未必"公平"——的方式,影响社会精英自身与普通人的福利?[③] 基于既有研究,这首先可从以下几个角度入手分析。

[①] 参见王利明:《公众人物人格权的限制和保护》,载《中州学刊》2005年第2期。
[②] Louis Kaplow & Steven Shavell, *Fairness Versus Welfare*, Harvard University Press, 2002, pp. 18-38; Matthew D. Adler, *Measuring Social Welfare: An Introduction*, Oxford University Press, 2019, pp. 1-30.
[③] 除了这两个互为对应的社会利益群体之外,下文分析中还会自然涉及媒体这一具有独立利益诉求的利益集团围绕信息可及性所扮演的角色和受到的影响。但对媒体利益的分析不是本书的重点。

人格尊严(dignity)

隐私保护最直观的效果，无疑是满足特定个体对尊严等主观人格价值的需求和偏好。事实上，欧洲法律传统中的主流，将隐私法几乎完全立基于人格尊严价值之上。而我国民法学者倡导的人格权理论，很大程度上也反映了这种将尊严视为隐私权本体价值的思路。这类学说逻辑通常并不复杂，甚至可被简化为"因为隐私，所以隐私"。

福利主义视角虽然与绝对化的价值原则并不相容，但在福利分析框架中，个体对人格尊严的偏好和追求，可被视为其效用函数的一个自变量。[1] 即便对隐私保护制度的正当性曾持高度怀疑态度的波斯纳法官都承认，有时个体对隐私的偏好是完全主观、无需解释的[2]，而隐私保护可以通过避免尊严伤害来改善个体福利。不过，需要注意的是，虽然精英可能相比于普通人尤其关注自身尊严，但精英因隐私泄露而遭受主观尊严伤害的同时，也恰恰可能因获得关注而受益——正所谓"任何曝光都是好的曝光"(any publicity is good publicity)。

2016年，美国ESPN电视台前知名女主播安德鲁斯(Erin Andrews)曾作为受害人提起过一场当时极受关注的隐私侵权诉讼。在该案中，安德鲁斯在酒店房间更衣时被他人偷拍，而被诉的酒店辩称，他们的管理固然有失误，未能防止偷拍，但安德鲁斯在偷拍事件后知名度大涨，事业发展更顺，因此其实并没有法律上值得救济的损失。安德鲁斯对此并不否认，但强调偷拍事件给她造成的身心伤害是真实、持久的。[3]

基于人格尊严理论，显然不能以其事后因知名度获利为由，拒绝保护

---

[1] 福利经济学的福利(well-being)概念内涵是宽泛的。See Louis Kaplow & Steven Shavell, *Fairness versus Welfare*, Harvard University Press, 2002, p.18.

[2] 例如一个人的裸照被偷拍后流传到远在天边的陌生社区，即使照片主人公知道该社区中没有任何人能够辨别出其身份，他/她也仍有可能感到羞耻、受到心理伤害。见 *Northwestern Memorial Hospital v. Ashcroft*, 362 F. 3d 923, 929 (2004).

[3] Matt Bonesteel: "Defense in Erin Andrews Lawsuit Says Peephole Video Was Good for Her Career," *Washington Post*, https://www.washingtonpost.com/news/early-lead/wp/2016/03/01/defense-in-erin-andrews-lawsuit-says-peephole-video-was-good-for-her-career/? tid = a_inl (last visited 2023/5/21).

安德鲁斯获得救济的权利。但这里的分配问题在于，假设是一个普通女子遭遇了类似的偷拍侵犯，她受到的人格尊严伤害，固然可能因照片传播范围较小、轰动性较低，而没有作为公众人物的安德鲁斯那样大；但普通女子因隐私泄露获得其他物质利益的机会，却同样更小。因此，如果法律基于人格尊严平等的理由，对精英和普通人提供相同的隐私保护，那么前者从中获得的福利改善是更多的——而这一结论成立，甚至不需要以精英比普通人对尊严意义上的隐私更敏感为前提。

"公关欺诈"

参考波斯纳在其1978年一篇经典论文中的尖锐用语，个体借隐私操控个人信息可及性从而在社会交往中获益的行为，可称为"社交欺诈"（social fraud）。① 而隐私在客观上获得保护的水平，则无疑会影响个体通过社交欺诈获利的能力。

"欺诈"一词常有较强道德评价色彩，而将隐私保护说成协助"欺诈"，显然不符合人们的直觉。强调人格自主（autonomy）的学说，认为个体控制其外在自我呈现具有极高正当性，而"欺诈"似乎是对这一正当性的否认。但社会交往中，如果一方通过操控其个人信息可及性影响另一方判断、选择和行为，那么后者的自主性其实受到了损害，而这对于理论上或生活中的康德主义者来说，也足以构成主观福利损失。例如，恋爱关系中一方若向另一方隐瞒之前情史（哪怕其中不包括婚史），后者完全可能仅因隐瞒行为本身而感到心理受伤——即使恋爱关系本身的质量，原本未必会由于这一段被隐瞒的情史而受任何影响。因此，如果论者将康德式自主性概念当真，恐怕就很难反对把借隐私影响他人自主判断的行为描述为"欺诈"。

但有损自主性的行为，不必然同时损害个体或社会福利。以行为心理学为基础的父爱主义逻辑提示，普通人未必完全理性地运用可得信息进行认知活动，因此信息越多不等于决策越好；类似"助推"式的信息操

---

① Richard A. Posner, "The Right of Privacy," *Georgia Law Review*, Vol. 12, 1978, pp. 394-403.

控(manipulation)，反而可能实现被操控者福利的提升。① 因此，"欺诈"与"信息操控"，在严格意义上可再作区别，后者仅指操控信息一方藉此实现非生产性财富转移(non-productive transfer of wealth)的情形——通过使相对方受损，来实现自身获益。② 为便于讨论，这里仍在笼统意义上使用波斯纳的"社交欺诈"概念。但毫无疑问，个体借隐私保护在社会交往中获得收益，有时是纯粹财富转移性质的，另一些时候其实有利于社会福利改善。仍以异性交往为例，通过隐瞒个人信息"骗财骗色"者不少。但除此之外，相识初期，男女双方通常都会精心控制本人信息可及性，不会立刻互相摊开全部"底牌"，否则反而会减少交往成功的机会。上述两类情形，在描述的意义上似乎均可称为"社交欺诈"。但我们对二者各自作出的效率评价，显然会有所区别。

社会精英对隐私保护的利用，常与其维护自身公众形象、获得营销收益的需要有关。这可称之为"公关欺诈"——因为普通公众有时会参考社会精英披露的信息，作出影响自身福利的行为选择。例如，政治人物的隐私会被民众用以判断其适任性，而娱乐明星的私生活状态会成为粉丝及其利益相关者(如未成年人的父母)进行追星投资决策时的依据。对精英隐私的较强保护，有利于其操控自身公众形象，使之通过影响普通人选择而获取更多政治、经济和其他资本。反之，较弱的隐私保护，会使精英对自身隐私信息披露的内容和范围缺乏控制，限制其通过自身公众形象进行公关营销的能力，或者使其面临更高的"贿赂"媒体配合其公关营销行为的成本。

公关欺诈对普通人的福利影响则存在不确定性。直观来看，对精英的隐私保护越强，普通人获取真实、全面信息的能力就越低。但基于人们信息处理能力的局限，保护精英隐私，未必不利于公众有效决策。例如，一个有婚外情的官员，未必就没有真才实干，不能为民众谋福利；一个私德败坏的社会活动家，未必不能有效领导重要社会运动；一个曾经整容、

---

① Cass R. Sunstein, "Fifty Shades of Manipulation," *Journal of Marketing Behavior*, Vol. 1, 2016, pp. 232-234.

② Ibid., at 221.

已经生育或正出轨的演员,也可以是一个好演员。当信息显著性(salience)等机制影响认知时,较强隐私保护有助于降低无关隐私信息的可及性,而这反有助于普通人作出合理决策。

规范束缚

隐私保护的另一个可能后果,是影响特定语境中个体面临的社会规范约束。本书后面章节将进一步在多元规制的理论框架中阐释社会规范的含义。在此,可先简单将社会规范理解为国家正式制度之外的社会控制现象。① 按照莫顿(Robert Merton)的说法,若没有隐私,现实生活中林林总总又无孔不入的社会规范,将令人在其约束中窒息。② 而隐私可以抑制有关个体违反社会规范行为(不妨简称为"逾矩行为")的信息在规范社群中的流动,使执行规范所依靠的非正式制裁难以启动。

隐私的这一后果,对精英的吸引力比普通人更高。这是因为,基于性质相同的逾矩行为(如婚内出轨),前者面临的非正式制裁常比后者更严重:一方面,对普通人的制裁主要由熟人执行,而精英可能面临大量陌生人发动的制裁;另一方面,精英的逾矩行为一旦被曝光,会在更长时期内保留在可提取的社会记忆中,社会制裁因此更可能间歇性地被再度发动。凭借隐私,精英可在"无往不在"的社会规范"枷锁之中",获得较多喘息空间。而对那些并未真正将外在要求内化为自身德性的个体而言,能否既要自由,又要体面,很大程度上取决于其逾矩行为会被"周一见",还是会获得"家丑不可外扬"甚至"为尊者/贤者讳"的待遇。③

通常,社会规范被视为一种重要且具有积极福利意义的规制资源——因此才有"无需法律的秩序"④一说。精英的举止常被认为有道德垂范意义,而隐私保护如使精英的逾矩行为逃脱制裁,便可能破坏规范的

---

① Robert C. Ellickson, *Order Without Law: How Neighbors Settle Disputes*, Harvard University Press, 1994.
② Robert K. Merton, *Social Theory and Social Structure*, Free Press, 1968, p. 429.
③ 参见苏力:《隐私侵权的法理思考——从李辉质疑文怀沙的事件切入》,载《清华法学》2019年第2期。
④ Robert C. Ellickson, *Order Without Law*, Harvard University Press, 1991.

威信和效力,造成一般性福利损失。但所谓"水至清则无鱼",社会规范的执行与法律一样面临某种"拉弗曲线"式的规律,即最优执行不等于完美执行。① 一方面,不完美执行本身可能有助于社会规范一般效力的维持。弗里德曼曾敏锐地指出,19世纪美国法对精英的隐私保护,既使对社会能作出较大贡献的精英不因偶然逾矩而丧失已有成就和未来机会,又能维护总体上有利于良好道德秩序的社会规范,使其不至于因上层人士失范事例的曝光而被普通人怀疑和厌弃。弗里德曼将这一利用隐私维持精英个体与社会整体"体面"的历史现象称为"维多利亚式妥协"(Victorian Compromise)。② 维多利亚式妥协是特定社会分层结构的产物,与社会平夷化的进程存在冲突,必然受到后者冲击。③ 另一方面,还应看到,并非所有社会规范在所有情境中都促进福利最大化;曾有积极福利意义的社会规范,也可能因相关条件变化而失去效率。基于此,任何社会规范都应在一定限度内通过容忍叛逆、逾矩,从而保留其获得改进和变革所需要的试错空间。隐私有利于提供这种空间,而保护精英隐私,则增加了这一人群成为破旧立新的"规范创业者"(norm entrepreneur)的机会。④

信息消费

斯卓希利维茨(Lior Strahilevitz)提出的一个新颖分析指出,公众人物隐私是媒体生产娱乐信息消费品(即所谓"infotainment")——尤其是"八卦新闻"——的素材,而隐私保护会影响此类产品的生产和供给。⑤ 如果精英获得较强隐私保护,那么普通人消费到的八卦新闻多会是经前者精心审读、编辑、投放给媒体的"劣质品"。相比之下,精英阶层自身的信息

---

① Ian Ayres, "Contracting for Privacy Precaution (in the Shadow of State Efforts)," unpublished working paper, https://www.journals.uchicago.edu/doi/epdf/10.1086/689993 (last visited 2023/5/21).

② Lawrence Friedman, *Guarding Life's Dark Secrets: Legal and Social Controls over Reputation, Propriety and Privacy*, Stanford University Press, 2008, pp. 66-80.

③ Ibid., pp. 213-215.

④ 关于隐私和创新关系的一般性讨论,见 Lior Jacob Strahilevitz, "Toward a Positive Theory of Privacy Law," *Harvard Law Review Forum*, Vol. 126, 2013, pp. 2021-2037.

⑤ Lior Jacob Strahilevitz, "Toward a Positive Theory of Privacy Law," *Harvard Law Review Forum*, Vol. 126, 2013, pp. 2013-2018.

来源不只是大众传媒，上流社会圈子内部会分享、消费到"正宗""原汁原味"、但老百姓无从接触的八卦新闻中的"优质品"。这意味着精英与普通人之间会形成某种"隐私消费鸿沟"。如果一个社会为精英隐私提供较强保护，便会支持上述信息消费分配格局；反之，如果对公众人物隐私保护极为有限，隐私消费鸿沟就会较小，平等程度更高。斯卓希利维茨由此推论，欧洲和美国之间因在公众人物隐私保护水平方面的差异，会导致信息消费分配格局出现不同。[1]

基于市场视角，在供给一侧，隐私保护决定着精英就本人隐私信息这一生产要素所享有的控制。精英享有的控制越强，大众传媒在生产、售卖八卦新闻产品时就越离不开精英的配合，甚至受其支配，沦为精英主导的生产过程的一个环节。而需求一侧的分析更复杂些。斯卓希利维茨的分析预设了较强的消费者理性，即其对八卦新闻的消费行为通常符合私人福祉最大化需要。但消费者选择及其福祉未必总是一致的。按照沃伦和布兰代斯曾经的著名主张，名人隐私八卦属于毫无积极社会价值的信息[2]，因此即使被隐私法消灭，减少的消费似乎也不构成福利损失。斯卓希利维茨批评该论调忽略了不同信息需求之间的不可替代性——即便八卦杂志被取缔，这也不意味着人们会因此更多阅读严肃时政刊物。[3] 但是，如果消费者行为会受到有限意志力（bounded willpower）的影响，那么他的批评未必成立——如果不是因为玩儿手机过度分散了注意力，没准我们（学者）真的会更专心地"搞科研"！

不仅如此，在公众对名人八卦需求稳定的前提下，隐私保护并不造成八卦新闻市场消亡，而只是造成隐私消费鸿沟。因此，需要考虑的，是后者在什么意义上造成了消费者福利损失。其实，即便暂不考虑相关信息

---

[1] Lior Jacob Strahilevitz, "Toward a Positive Theory of Privacy Law," *Harvard Law Review Forum*, Vol. 126, 2013, pp. 2013-2018.

[2] "Idle curiosity"，见 Samuel Warren & Louis Brandeis, "Right to Privacy," *Harvard Law Review*, Vol. 4, 1890—1891, pp. 193-220。类似看法，见 Anita Allen, "Privacy Law: Positive Theory and Normative Practice," *Harvard Law Review Forum*, Vol. 126, 2013, pp. 243-44.

[3] Lior Jacob Strahilevitz, "Toward a Positive Theory of Privacy Law," *Harvard Law Review Forum*, Vol. 126, 2013, p. 2016.

的工具性价值,经社会精英本人审查后主动"放料"的花边新闻,仍可能具有较高的娱乐性;而即便明显胡编乱造的地摊文学和低俗小报,也有稳定的读者群。因此,没有太强理由认为,"低质量"八卦相比于所谓"优质"八卦,会带来严重的消费者福利损失。① 只有假设,相比低质八卦,消费者的确更加偏好优质八卦,对精英的较高隐私保护才有可能降低消费者福利。普通消费者此时不但获得更少优质八卦,而且会为之付出更高价格。这是因为,在公众人物隐私获得较高保护时,媒体需要付出更大成本,才能获取这类信息素材,例如投资于更强的信息发掘能力,承担更大的诉讼失败风险,或以配合精英的公关活动作为获得一手素材的交换——而这些成本最终都会转加给信息消费者。

综上,公众人物隐私保护的强弱,会影响多个维度上精英与普通人各自的福利,以及二者之间的相对分配格局。前文提及,在近代早期隐私法采取的类似"特权"模式下,精英在法律上享有比普通人更高的隐私保护。② 这既是其政治、经济和社会文化领域优势地位在法律上的映射,也反过来巩固其优势。而在更为现代的隐私权平等保护模式下,精英对尊严体面的偏好不弱于、甚至超过普通人,其利用隐私从事公关欺诈、逃避规范约束及影响信息消费品生产的需求和能力也高于后者。因此,国家如对精英和普通人提供水平一致的隐私保护,其会在理论上具有交叉补贴(cross subsidy)的性质,可能导致财富从普通人向精英转移,并由此固化甚至强化社会分层。而当代隐私法上的公众人物规则,总体上寻求相对降低精英可获得的隐私保护,这在一定程度上可能削弱上述导致资源、财富和权力向精英集中的机制。

不过,精英对隐私的利用,也有可能产生正外部性;其通过隐私获益,也不必然以普通人受损为代价。而公众人物规则虽能使普通人感受到更多平等,但后者的决策也会面临更多无关信息干扰,从稳定社会规范中获得的秩序感会减少,且有可能过度消费娱乐信息消费品。这表明,公众人

---

① 花费一个小时在网上浏览有关某明星结婚离婚的八卦,无论其是真是假,还是半真半假,看客最后的主观感受大概都是相似的新鲜、有趣和空虚罢了。

② See Lawrence Friedman, *Guarding Life's Dark Secrets: Legal and Social Controls over Reputation, Propriety and Privacy*, Stanford University Press, 2008, pp. 66-80.

物隐私保护,同样是关涉公平与效率权衡取舍的结构性议题。

多 元 规 制

读过上一节,读者或许发现其中一直在讲"隐私保护",而不是"隐私的法律保护"。如此处理乍看是"含糊其词",但在引入多元规制这一理论分析框架后,就会一目了然。

具体而言,在本章中,"隐私保护"不仅指正式法律制度提供的保护,也包括现实中任何关注隐私的个体都会借助的市场、社会规范及物质技术等可控制个人信息流动的因素。中国学者此前的隐私研究中对这一理论工具有所触及。[①] 而鉴于多元规制在本章乃至本书中的重要理论位置,此处有必要对其稍作展开介绍和评述。

1998 年,其时任教于芝加哥大学法学院的莱西格(Lawrence Lessig)在《法学研究期刊》(Journal of Legal Studies)上发表了一篇题为"新芝加哥学派"(The New Chicago School)的短文。这篇文章原本是一次以"法律和社会规范"为主题的学术研讨会议题综述[②],但莱西格在其中较为完整地阐发了一种后来影响广泛的思考"规制"(regulation)问题的多变量行为分析框架[③],即本书中所谓"多元规制"分析框架。

具体而言,"多元规制"指在由国家和政府制定与执行的法律之外,市场、社会规范和架构等人文和物理因素,同样对社会行为产生规制性影响:市场对行为的规制通过价格机制实现,社会规范的规制通过自我约束和非正式制裁实现,而架构的规制则通过客观物质和技术条件实现。例如,为实现对公共场所吸烟行为的规制,除了正式法律的禁令和罚则会对

[①] 例如,胡凌:《网络安全、隐私与互联网的未来》,载《中外法学》2012 年第 2 期。

[②] 关于这场研讨会的评论,见 Richard A. Posner, "Social Norms, Social Meaning, and Economic Analysis of Law: A Comment," *Journal of Legal Studies*, Vol. 27, 1998, pp. 553-566.

[③] Lawrence Lessig, "The New Chicago School," *Journal of Legal Studies*, Vol. 27, 1998, pp. 661-692.

吸烟者构成约束外,周围人的白眼、香烟的售价以及成品烟草的不同属性(例如气味是否过浓、尼古丁含量是高还是低)也都会影响吸烟行为发生的频率、规模与场合。① 又如,为减少乃至消除社会中存在的歧视残障人士的现象,国家可以明确立法禁止并处罚特定的歧视行为;可以对雇佣残障人士的企业发放专项补贴,以降低其对应的用工成本;可以通过宣传教育形成更为重视平等、反对歧视的社会价值导向和价值规范;也可以在公共场所广泛提供对残障人士友好的设施。②

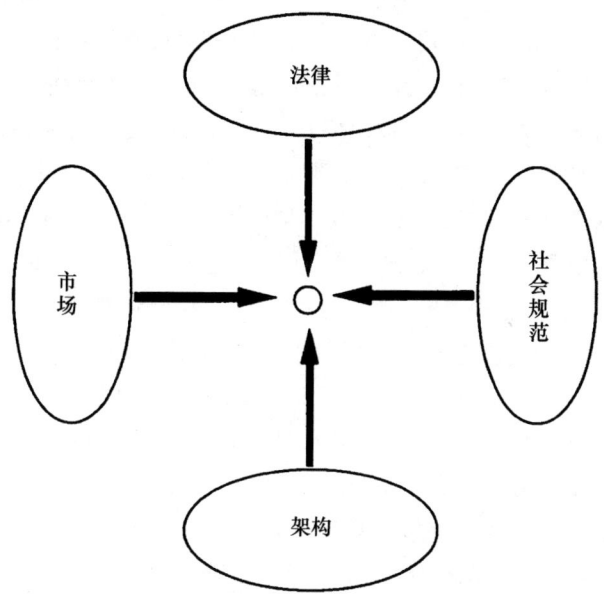

图1.1 多元规制分析框架示意图③

众所周知,莱西格曾一度成为当代网络法理论的先驱和旗手④,而多

---

① Lawrence Lessig, "The New Chicago School," *Journal of Legal Studies*, Vol. 27, 1998, pp. 662-668.
② Ibid.
③ Ibid.
④ 其后又转入探讨美国政治体制的结构性腐败问题。

元规制理论更是在很大程度上被视为当代网络法研究的理论内核。① 即使对网络法文论并不熟悉的读者,应该也不难看出,多元规制显然非常适用于分析互联网规制。在其著名的《代码》一书中,莱西格用前六章完成了对互联网是否具有"可规制性"(regulability)的论证后,在第七章便将其在此前已经建构出来的多元规制分析框架引入:除了正式的法律制度和公共政策,个体在网络语境中的行为还受到市场(如互联网产品和服务的价格)、社会规范(如网络社区文化)和架构(相关技术和产品形态)因素的制约和影响。② 随着网络和科技相关法律议题热度不断升温,在中文学术界,莱西格在上述理论框架之下提出的"代码即法律"——互联网的技术架构对网络空间中行为和关系互动存在具有强制性约束——的命题如今已为大多数人耳熟能详。但是,基于前面描述的学术脉络,也能看到,"代码即法律",说到底只是更具普遍分析力的多元规制框架的一部分而已。这个理论框架,显然还有其他几重意涵,如"市场即法律","规范即法律",甚至"法律即法律"。③ 更一般而言,多元规制的核心理论价值在于提示人们,分析、理解社会行为的状态和变化时,应在最一般意义上关注"规制"(regulation)的在场——或者,如卢梭所言,要意识到"生而自由"的人"无往不在枷锁之中"。

作为一种法律社会学理论,多元规制算不上提出了全新的思想。除了法律社会学和法律人类学中早已提出并长期坚持的"法律多元"或"秩序多元"视角之外,莱西格多元规制框架中被认为最有新意的"架构"(architecture)这一规制元素,正如莱西格自己所说,也只是延续了边沁和福柯的命题:边沁④著名的圆形监狱设计,就是通过特殊的建筑架构解决监控成本过高导致的规制力度不足问题;这一原理后为福柯在《规训与惩

---

① Lawrence Lessig, "The Law of the Horse: What Cyberlaw Might Teach," *Harvard Law Review*, Vol. 113, 1999, pp. 501-549.

② Lawrence Lessig, *Code: And Other Laws of Cyberspace*, Version 2.0, Basic Books, 2006, chapter 7.

③ 戴昕:《犀利还是无力?——重读〈代码2.0〉及其法律理论》,载《师大法学》2018年第1辑。

④ 或者确切地说,著名的杰里米·边沁(Jeremy Bentham)相对不那么著名的同胞兄弟塞缪尔·边沁(Samuel Bentham)。

罚》中阐发，并推广到有关更广泛领域的监控性规制实践的分析之中。① 但通过莱西格精巧的整合，多元规制框架真正将"法律多元"变成了一种在法与社会研究中能够顺手使用的理论工具。尤其是，它有助于改善法律分析时常存在的单调和过度形式化的弊端。

同时，值得留意的是，尽管多元规制可被归为一种法律现实主义理论，但《新芝加哥学派》一文提出这一分析框架时，所指并非一般意义上的法律形式主义或法律中心主义，而是"老"芝加哥学派法律经济学。② 在莱西格看来，后者对市场效率和有效性的强调，使其对以法律为代表的制度性干预持有过于消极的看法，对法律作用机制的想象也局限为价格调整。而在"新"芝加哥学派的多元规制视角下，行为面临多重约束这一社会事实，意味着除了直接规制之外，法律也可能经由与其他规制因素互动这一间接机制发挥作用。③ 尽管市场、社会规范和架构可能在法律寻求规制时掣肘，但延续其在更早一篇论文④中的思路，莱西格对法律制度的能动性抱有相当积极的看法。⑤ 基于破除种族隔离、禁止决斗、推广安全带、控烟等一系列实例，他认为，如果规制者能够较好地理解多元规制的原理，那么法律可以利用市场、社会规范和架构作为中介，丰富其实现规制效果的手段。⑥

本章在运用多元规制框架时，首先借力于其在描述和解释层面的功用。可以看到，在法律之外，市场机制（market）、物质技术架构（architecture）和社会规范（social norms），都会对公众人物隐私保护的实际效果⑦

---

① Lawrence Lessig, "The New Chicago School," *Journal of Legal Studies*, Vol. 27, 1998, p. 661.

② Ibid., p. 661.

③ Ibid., pp. 662-670.

④ Lawrence Lessig, "The Regulation of Social Meaning," *The University of Chicago Law Review*, Vol. 62, 1995, pp. 943-1046.

⑤ Lawrence Lessig, "The New Chicago School," *Journal of Legal Studies*, Vol. 27, 1998, pp. 661-662.

⑥ Ibid., pp. 667-670.

⑦ 这种实际效果与美国法上的"实际模糊性"（practical obscurity）概念描述的是同一种事实，但为论述方便，本书中暂不使用美国隐私法上的这一术语。*United States Department of Justice v. Reporters Committee for Freedom of the Press*, 489 U.S. 749 (1989).

产生影响。例如,以精英隐私为内容的八卦新闻,通常比普通人的私密故事市场需求更高,保护前者隐私因这一市场因素而面临更大困难。精英投资置办的深宅大院和私人交通工具,聘用的保镖和公关,都属于实现隐私保护的物质结构资源。而有关隐私的社会规范,对精英实际获得的隐私保护也有很大影响;法律责任外,媒体的"挖料爆料"行为,有时也会受行规——或称"职业伦理"——的约束。

基于此,本章特为与"法律保护"相区别,使用"隐私保护"的说法。不仅如此,正是在多元规制视角下,我们才能更贴切、精准地理解、分析"法律保护"的意义。首先,法律既然不是影响隐私保护状态的唯一变量,那么探讨法律的作用,在逻辑上需要假定其他变量稳定(ceteris paribus)。在此前提下,法律对公众人物隐私的严格保护将减少精英隐私信息的非自愿传播,而较弱保护则将使此类信息的可及性较高。如果其他规制因素在相反方向上作用,法律保护的意义就不会像人们通常认为的那样显著。其次,在分析法律的功能和后果时,还应关注法律与其他规制因素之间的相互关系。这种关系往往不是严格独立的,也不仅是单向度的,存在较为复杂的相互作用——特别是,对其他规制因素,法律可能发挥建构性的功能。①

多元规制视角下的隐私保护

结合多元规制的分析框架,我们可以尝试更完整地观察和分析,有哪些因素在影响和塑造着中国社会公众人物获得的隐私保护。

在中国,最多被谈论的隐私规制因素,主要是前文提及的民事法律规范。② 但早在 1950 年代及"文革"后 1979 年的若干诉讼程序法律中,有

---

① 在前述 Lessig 的多元规制模型中,法律和市场、规范、结构之间实际上就被设定为相互影响。See Lawrence Lessig, *Code: And Other Laws of Cyberspace*, Version 2.0, Basic Books, 2006, chapter 7.

② 民法学者强调隐私权应定位为民事权利。参见王利明:《公众人物人格权的限制和保护》,载《中州学刊》2005 年第 2 期。

关隐私("阴私")保护的规则就已出现。① 而如前所述,近二十年间,也有大量刑事和行政法律法规涉及或专门处理隐私和个人信息保护问题。② 与民法领域不同,公众人物尚未被排除出相关刑法和行政法制度的保护范围。③ 以下将主要分析民事人格权法律规范之外的三类规制因素,后者在此前的研究中,并未被纳入整体性的隐私保护视域:基于政治和公共治理的信息内容管理,基于市场力量的商业性公关运作,以及关于隐私保护的文化规范。三者对中国不同类型精英的隐私保护有重要影响。而结合这三项因素后,民事隐私法上公众人物规则的真实功能和意义,会显得更为复杂微妙。

信息内容管理

中国法律赋予媒体出版管理、网信等相关行政部门以职权,由其对各类媒介上传播的信息内容开展审查与管理。例如有关互联网信息的法律法规等常规定,对"侵害他人合法权益"的信息,网信部门可以要求服务经营者通过事前审核、事后清理删除等方式,禁止或限制其传播。④ 对于政府来说,这是一种重要的制度性控制资源(以下简称为"信息内容管理")。而对于个体来说,它也会直接影响其隐私保护。

与基于事后责任的民事侵权法相比,以行政监管模式运作的信息内容管理,理论上能更为高效地限制个人信息的流动与传播,从而更有利于保护隐私。但也正因如此,相关制度通常被担心可能过度限制言论和媒

---

① 例如,《全国人大常委会关于不公开进行审理的案件的决定》(1956)、《中华人民共和国刑事诉讼法》(1979)、《中华人民共和国人民法院组织法》(1979)、《中华人民共和国律师暂行条例》(1980)等。

② 较近的例如,《中华人民共和国刑法》、《中华人民共和国消费者权益保护法》、《中华人民共和国居民身份证法》、《中华人民共和国统计法》、《通信网络安全管理办法》、《地图管理条例》等。

③ 但有讨论似乎主张在监管语境中也应对公众人物做区别处理。例如,郭春镇:《公共人物理论视角下网络谣言的规制》,载《法学研究》2014年第4期。

④ 《中华人民共和国电信条例》第56、61条。

体自由。① 在中国,信息内容管理的适用,较少面临类似的政治自由主义阻力。但值得注意的是,信息内容管理在中国并非一种普遍可得的隐私保护资源,其分配或许呈现某种"二八定律"②形态,即主要为少部分人享有。一个例子,是中宣部和新闻出版署于 1990 年联合发布的《关于对描写党和国家主要领导人的出版物加强管理的规定》,其中对内容涉及党和国家主要领导人的出版物设置了专门审查程序。③ 根据这一规定,"党和国家主要领导人"仅指"现任或曾任党中央政治局的常委,国家主席、副主席,国务院总理,全国人大常务委员会委员长,中央顾问委员会主任,全国政协主席"。④ 一般的中高层干部或基层政治精英显然不在此规定保护之列——尽管他们可能通过地方性或临时性的安排,获得以信息内容管理为形式的保护。⑤

信息内容管理的存在,意味着中国至少一部分公众人物,在民事隐私法之外,已获得较高水平的隐私保护。这种隐私保护的属性,并非体制授予政治精英个人的权利,而应被理解为一种服务于公共政治利益的待遇,因此也必定受到政治限制。仍以前述 1990 年的规定为例,其中将对高层隐私秘闻类出版物进行内容审查的理由明确表述为,相关出版物在"政治上损害了党的领导,不利于坚持四项基本原则和稳定大局"。反过来,出于追求上述政治利益,精英个体不但可被褫夺信息内容管理的保护,还可

---

① 实践中,不仅美国法院对以类似内容审查的方式保护隐私的诉求抱有近于膝跳反射般的反感,连通常看重隐私更胜于新闻自由的欧洲法院,在著名的 Mosley 等案件中,面对原告提出的类似要求内容审查的救济方案也感到难以接受。In the case of Mosley v. The United Kingdom, 48009/08 [2011] ECHR 774 (10 May 2011).
② Albert-Laszlo Barabasi & Jennifer Frangos, *Linked*: The New Science of Networks, Perseus Books Group, 2002, pp. 68-92.
③ 见《关于对描写党和国家主要领导人的出版物加强管理的规定》第四条。后续类似规定如,《关于发表和出版有关党和国家主要领导人工作和生活情况作品的补充规定》(1993 年)等。
④ 见《关于对描写党和国家主要领导人的出版物加强管理的规定》第一条。
⑤ 如前些年一些地方严格限制房产查询的措施,被认为主要是为保护官员的隐私。见薛万博:《官员隐私权和公众知情权,该优先保护哪一个》,载中国共产党新闻网,http://dangjian.people.com.cn/n/2013/0424/c117092-21264123.html,最后访问日期:2023 年 6 月 4 日。

能在受到纪律处分时,遭到强制公开隐私的"耻辱刑"惩罚。例如,在反腐执法期间,许多落马官员的私生活信息,均在权威媒体和大众传媒中遭专门曝光。①

政治精英的隐私保护待遇,会对政权与精英之间的代理关系产生影响。根据苏利文案代表的美式逻辑,对公共官员较弱的隐私保护是为了保证选民监督,促使官员行为符合其职务的社会期待。而中国政治精英通过信息内容管理获得的隐私保护待遇,同样为其创造了服从更高权威的激励,且中国式隐私"激励套餐",相比美国可谓"双倍剂量":不符合权威预期者面临与西方精英类似的声名扫地后果,而达标者则获得由体制保障的更高公关控制力。这一制度安排的社会福利后果,严重依赖于最高政治权威自身的政治伦理、运转效能和管理能力。如果政治权威保持清廉高效、稳定有序,那么基于信息内容管理的隐私保护,可能比美式公众人物规则更多吸引优秀人士出任公职;如果政治权威自身滥权或监督无力,基于内容审查的隐私保护将吸引机会主义者进入体制,利用审查保障的公关欺诈能力肆意寻租。

在对政治精英提供基于信息内容管理的隐私保护体制之下,如何理解最基本的民法隐私保护规则所扮演的角色?参照苏利文案式的美式思路,官员在法律之外享有其他隐私保护资源,意味着法律保护不但不必要,而且不正当,因为它可能导致官员隐私保护过度。中国法院创设的要求容忍隐私侵权的"公众人物规则",并未在以官员为原告的名誉或隐私侵权案件中被适用过②,但这未必意味着法院寻求对所有政府官员的过度保护。事实上,由受政治纪律约束的高层领导干部提起的诉讼未曾有所听闻,而为人所知的诉讼只涉及一些基层政治精英。③ 法律界有关官员隐私在纪检执法中受损的质疑,通常也不是由"高官"引起,而往往涉

---

① 《盘点落马女贪官丑态:贪婪跋扈 情夫成群》,载人民网,http://politics.people.com.cn/n/2014/0507/c1001-24985747.html,最后访问日期:2023年6月4日。
② 魏永征、张鸿霞:《考察"公众人物"概念在中国大众媒介诽谤案件中的应用》,载《中国传媒报告》2007年第7期。
③ 例如曾闻名一时的所谓"女张二江"名誉侵权案中的湖北枣阳市原市长尹冬桂。

及遭匿名检控、举报的基层官员。① 如果民事法律对官员隐私提供较多保护，在现实中主要影响的，是中低级别官员行为失范后遭受耻辱刑的严厉性。因此，尽管人们习惯于笼统争论官员隐私和公众监督、知情权孰轻孰重，但现实中还有商榷空间的具体问题，其实只是：基于什么理由，法律需要对中国的中下级政治精英给予补充性质的隐私保护？这一激励，对中下级政治精英的有效供给是否必要？

商业性公关

中国法院在21世纪初期对公众人物规则的适用，主要针对政治精英之外的社会、经济、文化精英（以下简称"名人"），认为名人人格利益的法律保护因公共利益而应被"克减"——或者说，其对人格权益遭到的侵害，需承担某种"容忍义务"。

若其他规制性因素保持稳定，那么中国法引入公众人物规则，理应促使围绕隐私发生的社会利益分配体现更强的平等主义。由于难以获得充足法律救济，名人隐私信息的商品化，会更多通过非自愿甚至无对价的交易实现，而这意味着财富从名人向公众的转移——尽管在此过程中，媒体作为中介，将分得可观租金。名人通过公关欺诈牟利的空间也将受到限制。例如，一个私生活"不检点"的女明星，将可能失去向"不明真相"的粉丝兜售所谓"清纯、健康"公共形象的商业机会。② 名人也将不得不在更多情境中，就私人生活自由和公共形象完美作取舍，并面临更高强度的压力，接受社会规范约束，服从主流社会价值。

但若从动态的视角分析，引入公众人物规则，也意味着名人会有充足激励采取适应性策略，寻求改善自身与隐私相关的福利。通过"双重身份"或寻租等途径，少部分名人有可能被纳入信息内容管理的保护范围。所谓"双重身份"，是指个体原本既是政治精英，又是社会名人，例如前文

---

① 《"活剥"俩通奸女官员不合法》，新华网，2014年11月27日，链接 http://szb.bozhou.cn/bzb/html/2014-12/03/content_194361.htm，最后访问日期：2023年7月23日。
② 如陈冠希事件对涉事女明星的负面影响，见 Stewart Chang, "Sex, Rice, and Videotape: Popular Media, Transnational Asian/American Masculinity, and a Crisis of Privacy Law in the Edison Chen Sex Scandal," *Amerasia Journal*, Vol. 37, 2011, pp. 28-56.

提到的杨沫这样同时在体制内担任较高公共职务的文化名人。① 而所谓寻租,是指个体通过金钱贿买、关系网络或其他渠道,获得信息内容管理资源。可以想见,能够通过上述途径获取更多保护的名人只是少数,但其因此享有的隐私保护水平,却必定是名人中最高的,而法律上的公众人物规则,对其隐私利益的影响也最小。

无法或较少获得内容审查保护的名人会利用市场中可得的其他资源对自身信息披露加以控制。商业化媒体竞争会为名人最大化公关欺诈收益设限。虽然名人的宅院变得越来越深、行踪越来越隐秘,但眼球经济中的"狗仔队"装备也在不断升级。同时,竞争市场促使媒体倾向于追求报道内容差异化,这会使名人通过科斯式"贿买"②交易获取传媒有效配合其公关操作时,面临极高交易成本——任何名人都很难避免在至少一些时期遭到一些媒体爆料。

但市场力量同时也会生产控制关系。即便媒体竞争意味着名人与媒体两个群体之间无法形成全方位的委托—代理关系,部分名人借助商业组织和其他渠道,至少可以操控或影响部分媒体。因此,少数名人在法律对其适用公众人物规则时,仍实际享受较高水平隐私保护。这为包括文娱明星在内的许多名人提供了与商业力量结合的激励,前者借助后者的资源,可以提升公关效果,后者则获得对文化和意识形态生产的影响甚至控制。

因此,公众人物规则下面临最严峻隐私挑战的名人,通常都是因种种原因缺乏调动政治性内容审查或商业性公关操作资源者,他们更容易成为媒体火力的焦点。理论上,在理性衡量其借助公众关注度可得的社会经济利益与因隐私丧失而遭受的损失后,自认得不偿失者可选择退出公共视野,"做回普通人"。但这一决策对每个有限理性和有限意志力的个体都不容易。当事人可能因短视(immediate gratification)而恋栈,也可能因"沉没成本谬误"(sunk cost fallacy)而放不下。而且,正如西迪斯的遭

---

① 但在与《小说林》的纠纷中,她动用政治性内容审查解决问题的试图并不成功。

② 具体例子,见 Gady A. Epstein, "Dark Journalism," *Forbes*, http://www.forbes.com/global/2008/0721/018.html (last visited 2023/5/21)。

遇所示，名人能否"事了拂身去"，还不取决于一厢情愿。一个悖论是，越是当下声名响亮、备受其累者，越难下决心"退隐"，即使退隐也越容易被人们事后想起；而本只有些小名声的，反更容易"放得下"，也更可能真正被公众忘却。

因此，由于公众人物规则下低水平隐私保护，对名人群体中的大部分都是无法改变的客观设定，这一约束条件会使名人群体的构成呈现出某种选择性。对那些相对缺乏政治、经济资源的个体来说，是否选择进入演艺等公众关注度较高领域，未必主要取决于其专属人力资源状况，更要看其有无强烈意愿放弃安宁生活和人格尊严，以换取公众关注度。这不但要看其个体性格如何，还要看其是否因原本拥有社会资本较少而不担心隐私暴露——"光脚的不怕穿鞋的"。我们无法像沃伦和布兰代斯那样，断言这意味着文化市场因鄙俗而衰落，但也许至少可以说，公众人物规则有可能影响人力资源利用效率，并造成媒体人格（media personalities）呈现的单调。

隐私规范

为与前文讨论的社会规范稍作区别，此处所讲的规范专指有关隐私保护——而非其他领域行为——的规范，不妨称为"隐私规范"。隐私规范是法律权利获得界定的重要参照。① 但法律和隐私规范的保护范围并不总是重合的。有时，法律的保护可能超出隐私规范认可的合理隐私预期。例如，在涉及"人肉搜索"的纠纷中，性道德逾矩者被网民自发曝光的个人信息虽受法律保护，但这类侵害行为并不违反一些民间分享的隐私规范，甚至是适用于当事人逾矩行为的性道德规范得以执行的凭借。② 另一些时候，法律拒绝救济的损害却落在隐私规范认为合理的隐私预期之中，因此相关披露行为即使合法，也会被认为违反了隐私规范。例如亲朋、友人之间交流分享的许多闲言碎语，可能涉及私密信息，或至少"不足

---

① Austin Sarat (ed.), *A World Without Privacy: What Law Can and Should Do*, Cambridge University Press, 2015, pp. 246-247.

② 刘晗：《隐私权、言论自由与中国网民文化：人肉搜索的规制困境》，载《中外法学》2011年第4期。

为外人道也"①,但若有人事后对旁人转述,在法律上虽或基于"第三方规则"而不构成隐私侵权②,传话者却会因违反隐私规范而被斥"嘴碎"(indiscreet)。

法律和隐私规范时而一致、时而错位的关系,也体现在公众人物隐私保护问题上。一致的情形,以媒体偷拍这一具体行为为例,如拍摄者在公共场合或在保持距离的前提下对名人进行未经允许的拍摄,法律和隐私规范均要求名人予以容忍③;但若拍摄者为偷拍侵入私宅,或近身骚扰,甚至构成安全威胁,法律和隐私规范都会认为此类行为应被禁止并受制裁。④ 而错位的情形,常体现为精英无法获得法律救济的隐私利益,却可能在隐私规范下得到更多承认乃至实际保护。前文中提到的西迪斯案判决,在当时引起了美国民间和法律界人士的反感。⑤ 而在肯尼迪任总统时期的美国,尽管隐私法足够宽松,主流新闻媒体面对总统花样百出的风流韵事,却囿于"为尊者讳"的不成文规矩,视而不见,以至于公众观赏梦露在总统生日宴会上的露骨表演时,竟都没作出"不纯洁的"联想。⑥

在当代中国也可观察到法律与隐私规范之间的类似错位。有时,法律上至多属于"擦边球"的媒体行为,可能因触及某种"文化底线"式隐私规范,而遭到广泛社会谴责。"死者为大"是此类底线式规范中的一个典型。2015年歌手姚贝娜病逝时,记者进入手术室拍摄遗容等行为之所以

---

① 如"毕福剑事件"。毕福剑在私人聚餐上的言论是否构成法律保护的隐私是有争议的,但将毕福剑的言论录像外传者获得的舆论评价——违反了隐私规范——却是比较清楚的。

② 例如 Nader v. Gen. Motors Corp., 255 N. E. 2d 765, 568-69 (N.Y. 1970); Smith v. Maryland, 442 U. S. 735, 743-44 (1979); United States v. Miller, 425 U. S. 435, 443 (1976)。

③ Von Hannover v. Germany, 2004-VI Eur. Ct. H. R. 41.

④ 见 Galella v. Onassis, 487 F. 2d 986 (2d Cir. 1973)。又见加州的《反狗仔队法案》,California Civil Code § 1708. 8 (West 2012)。

⑤ Samantha Barbas, "The Sidis Case and the Origins of Modern Privacy Law," Columbia Journal of Law & Arts, Vol. 36, 2012, pp. 60-63.

⑥ Anita Allen, "Privacy and the Public Official: Talking about Sex as a Dilemma for Democracy," George Washington Law Review, Vol. 67, 1999, pp. 1168, 1174.

引发民间一边倒的抨击①，便可基于上述逻辑理解。此外，中国社会赋予某些名人特殊文化地位，使之有时会被比其他公众人物获得更多隐私保护，而这以"德高望重"的高级知识精英为典型。例如诺奖得主杨振宁2004年再婚时，无论基于此事的公共话题意义，还是鉴于杨氏夫妇的自愿公开，都应在法律层面上被适用公众人物规则。但至少一部分学者和民众却认为，媒体对杨振宁夫妇的报道违反了中国社会"尊长敬贤"的隐私规范。② 需注意的是，相关隐私规范无需内化为人们真诚的信仰；即使其只是人们发送信号的凭借③，也足以构成对媒体行为的规范压力。

而如果公众人物规则在适用时，与相关社会语境中的隐私规范基本一致，那么精英将不会从隐私规范中获得超出法律的隐私保护资源。反之，如果隐私规范对无法获得法律救济的精英抱有更大同情，后者便可能因隐私规范对潜在侵权人构成约束，而享有更强隐私保护。后一种错位，显然比前一种一致状态，对精英更加有利。而由于社会规范往往具有模糊性和弹性，公众人物规则之下，精英会有较强的激励对社会规范资源加以策略性运用，例如借助自身的公关操作获取公众同情，借此对抗试图爆料的媒体。

当公众人物规则面临的隐私规范阻力足够强劲时，规范甚至可能主导法律。中美分享的反对以静态或动态图像公开呈现性行为的清教式隐私规范，或许可以解释两国法律和舆论在此类问题上的相似立场。④ 而本章开篇提及的钱锺书案，则是另一个代表性案例。如前所说，根据媒体报道及法院判决中的描述，钱杨书信中"不便公开"的内容，并算不上敏感。但案件热议时专程参与会商论证的法律学者均认为体现为通信秘密的隐私权事关人格尊严，当事人意愿为大，客观意义上的敏感、私密性考

---

① 如"姚贝娜遗体疑被拍 经纪人爆粗怒斥不良媒体"，载中国日报网，https://ent.chinadaily.com.cn/2015-01/17/content_19339967.htm，最后访问日期：2023年6月4日。
② 李新天、郑鸣：《论中国公众人物隐私权的构建》，载《中国法学》2005年第5期。
③ Eric Posner, *Law and Social Norms*, Harvard University Press, 2000, pp. 11-35.
④ 美国方面，法院曾判定即使传播著名色情片女演员的真实性爱视频，也构成隐私侵权。见"*Michaels v. Internet Entertainment Group, Inc.*, 5 F. Supp. 2d 823 (C. D. Cal. 1988).″

量并不重要。① 而法院同样斩钉截铁地认定,涉案书信"内容包含学术讨论、生活事务、观点见解等,均为与公共利益无关的个人信息、私人活动"②。其实,即便"生活事务"通常与公共利益无关,学术研究者和一般公众对这些书信内容都有很大兴趣,因此其有无公共性至少不能一概而论。更何况,还需考虑的一个背景是,中国文化传统中,文人书信本身都具有公开或半公开属性。③ 但法院的仓促论证和学者的视而不见,都颇能体现出其欲捍卫"大师"一家"隐私"的拳拳之心。当隐私规范提供的信号资源足够鲜明而强劲时,公众人物规则难免成了各方围绕隐私规范发送信号行为的牺牲品。

如果前述分析成立,那么法律上的公众人物规则引入中国后,可能产生了某种颇具反讽意味的效果。尽管这一规则本身体现社会夷平化的趋势,但由于其为社会精英阶层提供的激励,一些更具有等级社会特征的差别待遇式社会规范,反而会获得支持甚至补强。

隐私规则与精英流动

综上,公众人物规则对精英隐私保护的真正影响,需要参照法律所嵌入的社会环境中其他隐私规制因素综合分析。静态视角下,公众人物规则对精英普遍不利,但多元规制视角下,这一制度的福利影响较为微妙。在中国语境中,至少一些时期,它实际上造成了精英阶层内部隐私保护待遇的分化。而这种分化又产生激励,一方面促使各类精英追逐有利于隐私保护的政治、市场和社会规范资源④,另一方面削弱缺乏此类资源者进

---

① 赵婀娜:《钱锺书书信将被拍卖 杨绛质问:个人隐私岂容买卖》,载《人民日报》,http://culture.people.com.cn/n/2013/0527/c22219-21621804.html,最后访问日期:2023年6月4日。
② 中贸圣佳国际拍卖有限公司诉杨季康(笔名杨绛)等侵害著作权及隐私权纠纷案,北京市高级人民法院二审民事判决书,(2014)高民终字第1152号。
③ 例如众多公开出版的名人书信集,包括《陈垣来往书信集》《汪曾祺书信集》《曾国藩家书》等等。
④ 文化生产遭权力腐败侵蚀的情形,如陈君、朱青:《中国反腐风暴扫向文艺界》,载《新华网》,http://news.xinhuanet.com/politics/2015-02/06/c_1114283108.htm,最后访问日期:2023年6月4日。

入公众视野的意愿。由此可进一步推论,表面看来体现开放、多元精神的公众人物规则,在中国社会中可能反会促使社会精英在利益诉求和个性表达方面趋同,并形成较为封闭的社会网络。

与此相比,在法律上提供不区分主体的普遍隐私保护,或将公众人物规则的适用范围限缩,会更有利于注重隐私但缺乏保护资源者进入高关注度领域,实现向上流动,增强精英群体的内部多元化。这种多元化有其代价:其他变量稳定的前提下,法律提供的普遍隐私保护,会在总体上拉大精英阶层与普通人之间在资源占有和生活机会方面的差距。因此,本节的分析落脚点与之前一致:围绕公众人物规则的制度选择,无法回避社会流动、多元——换言之,效率——与平等之间的矛盾。

与普通人何干?

如前所述,公众人物隐私保护之所以是重要的社会议题和法律议题,不仅因其关乎精英阶层的福利,更因其对普通人的福利存在影响,而且这种影响,随着当代传播条件和市场结构的变化,也正在变得越来越直接。

自愿公众人物

实际上,仅仅基于身份类型化的公众人物教义,普通人也可以成为法律上的"自愿公众人物"。例如前文提及的杨丽娟案中,法院即以此为据,要求杨丽娟一家对其"自愿"选择带来的隐私损失后果予以容忍、承受。[1] 这一教义显然是类比操作的成果。不消说,最纯正的"自愿公众人物",其实就是社会精英群体——这些人显然通常都是自主选择,进入受公众关注、可能广泛影响公共利益的重要社会领域。而法律对精英提供低水平隐私保护的理由,一是风险自担(assumption of risks),二是自力救济能力强。[2] 当普通人"自愿"进入公众视野时,传统教义实际上是基于

---

[1] 杨某与南方周末报社等名誉权纠纷上诉案,广州市中级人民法院二审民事判决书,(2008)穗中法民一终字第3871号。

[2] *Gertz v. Robert Welch, Inc.*, 418 U.S. 323 (1974).

"自愿"这一项标准,将其类比为精英,并由此推出其应与精英一样,在公众人物隐私规则之下受到更低法律保护待遇。

但基于多元规制视角,"自愿"进入公众视野的普通人,通常不具备社会精英拥有的政治、经济和文化规范性隐私保护资源。因此,当其法律保护被削弱时,有理由相信,这一部分普通人享有的实际隐私保护水平几乎处于社会最底端——不但低于依靠法律外隐私保护资源的社会精英,也低于获得法律保护的其他普通人。换言之,"较强自力救济能力"这一理由,其实常常不适用于这些被认为自愿走到聚光灯下的普通人。这多少能解释,为什么杨丽娟案判决会因抵触许多人的公平直觉而遭到批评。①

但对此的一个回应是,自力救济能力之外,"风险自担"可作为支持公众人物规则适用的独立依据。当我们看到普通人自愿选择进入公众视线、并由此放弃法律上的隐私保护时,理解这一选择的理性基础,还需要从其所获收益入手。像杨氏父女那样的举动,表面上看似乎近于疯狂。但采取"目的—手段"这一较弱意义的理性定义,并假定杨丽娟对与刘德华见面的偏好是真实而强烈的,那么鉴于其个人情况对可能选项的约束,杨借助传媒寻求追星这一策略本身相当理性:这是她最有可能达成目标的策略——尽管事后看仍然失败了。换言之,杨丽娟一家付出隐私损失的代价,并非全无"收获"。

而当下传媒环境中,众多选择摆脱默默无闻而将自身投入公众视野的普通人,其行为的理性基础更加显而易见。普通人对个人信息的公开披露和商品化利用,如今是其参与传统或新媒体娱乐信息消费品生产的基本形式。② 在当代,随着包括短视频平台在内的社交媒体的兴起,以平民百姓隐私为内容的娱乐信息消费品同样有极为可观的市场需求。③ 不

---

① 袁蕾:《你不会懂得我伤悲——杨丽娟事件观察》,载《南方周末》2007年4月12日第10版。
② 传统媒体如电视真人秀,新媒体形式包括博客、微博、微信公众号,以及最新的网络视频直播形式。
③ 相关现象的梳理,参见张晓辉:《大众媒介变迁中的隐私公开现象研究》,中国传媒大学出版社2012年版。

仅如此,无论精英获得的隐私保护强弱,利用普通人隐私为素材进行的信息消费品生产,规模都必定会持续扩大。一方面,如果较多保护精英隐私,造成隐私消费鸿沟,媒体就会选择以普通人隐私为原材料进行生产,增加替代品供给,满足社会对"低级趣味"的消费需求。另一方面,如果公众人物规则使精英隐私被大量消费,这也可能同时刺激公众对普通人隐私消费品的需求,因为名人八卦和百姓隐私两类信息消费品的生产和需求,可能存在某种互相促进:按照许多隐私学者痛心疾首的说法,正是媒体对名人隐私的大肆炒作,破坏了人们对隐私价值的看重,促使普通人寻求对个人隐私做商业化披露,才出现所谓从"明星社会"(celebrity society)向"暴露狂社会"(exposure society)的演进。①

因此,当公众人物规则适用于"自愿"走入公众视野的普通人时,其影响的是后者在营销个人隐私时对交易过程和结果实施控制的能力。与前文对精英的分析类似,较强的隐私保护,相当于产权或控制权保护,可以使个体在与媒体分配交易剩余时,拥有更强的谈判能力。而公众人物规则,特别是"自愿公众人物"规则,意味着要求普通人"入市需谨慎",必须在获得初步名声后尽快积累各类资源,否则可能一朝成名后即沦为"隐私贱民"。在这个意义上,"自愿型公众人物"的隐私救济限制,为普通人作为生产者进入信息消费品市场设置了较高壁垒,并削弱了其入市初始的谈判地位。快速成名的事,因此不是谁都能做。但如果站出来发声和展示的全是"奇葩",整个社会对普通人生活和思想状态的认识和理解,也就会缺乏代表性。但这种公共信息环境中多样性(diversity)的缺乏,恰恰是所有言论和信息制度都力求改善的,因为贫乏不但会降低消费者福利,也会更深刻地影响社会成员道德想象力的发展。

提高媒体人格呈现多样性,可能的途径有很多种。一个方法,或许是通过同步降低其他非自愿进入公共领域的普通人的隐私保护,允许媒体

---

① Bernard E. Harcourt, "Digital Security in the Expository Society: Spectacle, Surveillance, and Exhibition in the Neoliberal Age of Big Data," *Columbia Public Law Research Paper* No. 14-404 (2014); APSA 2014 Annual Meeting Paper, *available at* SSRN: http://ssrn.com/abstract = 2455223.

近乎完全自由地对任何其认为有新闻价值的普通人隐私事项进行报道。① 如此，普通人隐私信息的供给多样性理应可以提高。但这一策略的问题显然在于，即使确是为了公共利益，要"征用"原已在资源占有层面处于弱势地位的普通人的个体隐私，也应由获益的公众对其提供某种形式的"合理补偿"，才更能同时体现公平。但实行补偿制度的困难，是"搭便车"问题：法律为保障新闻自由，无法放弃"转载免责"；但如此一来，参与相同信息传播的众多媒体不会共同分担补偿责任，个体媒体抢先收集信息和报道的激励，就会受到损害。另一种促成多样性的可能策略，与前一种方向相反，即提高对自愿型公众人物隐私的保护。在法律技术层面，这意味着选择接近欧陆的立法模式。但立法者首先需要考虑，是否以及在何种程度上需要通过隐私法追求媒体呈现多样性。

由此可见，公众人物规则并非只影响少部分精英的福利，也影响普通人所处的公共信息环境的形态和质量。我们希望每天在媒体上看到什么样的官员、艺人、名流？而为了公共信息环境真正的多样性、维护社会唯贤（meritocracy）体制的激励，我们又愿意承受多大程度的不平等和道德风险？即使普通人对上述问题没有决定权，制度设计者无法完全不考虑普通人的相关偏好。

人均"公众人物"

公众人物隐私制度与普通人福利的关联不止于此。随着社交网络和自媒体的普及，普通人与某种"公众关注度"和"知名度"之间的距离，往往不在于自愿不自愿，而仅仅差"一次（有意或无意的）手滑"。在社交网络中，许多普通人的个人信息披露行为，与"名人"已颇为类似。曾经只有后者才能通过媒体，将自己的每日行踪变为远在天边的陌生人的挂念。而如今，在一个或数个规模十分庞大的弱关系网络（weak tie networks）中发布（"晒"）自己的衣食起居甚至心情随感，并获得许多甚至未曾谋面者的关注或评价（"点赞"），是许多普通人的日常。新的传播条件，大幅提

---

① 反映类似考虑的规则，如《中华人民共和国个人信息保护法》第13条第5项："为公共利益实施新闻报道、舆论监督等行为，在合理的范围内处理个人信息"。

升了普通人策略性地使用个人信息——社交或公关欺诈——的能力和回报。尽管戈夫曼(Erving Goffman)很早就犀利地指出,角色变换是所有人生活的必然内容①,但大多数普通人主要在互联网兴起和普及后,才有可能刻意经营与社会精英相仿的双面人生。这是否意味着,几乎所有普通人,都应由此更多地自行承担这些策略性信息披露行为带来的隐私风险,更多地自行寻求保护,而法律可同样减少对普通人的救济?

在大数据时代,这样的想法听上去是反动的:假如"自愿"行为导致个人信息的客观传播范围越大,就应获得越低的隐私保护,那么任何人只要上网不删cookie、不用匿名浏览器,岂不就成了"公众人物"?——这显然还不是人们当下能够接受的隐私法形态。② 更"正确"的说法无疑是,当代个体隐私对法律保护的需要,比以往任何时候都更多,因为比起个体如今获得的更强信息操控能力,由政府和商业控制的信息收集和处理能力带来的数据隐私威胁和安全风险,是前所未有的。

然而即便如此,值得思考的是,与精英相比,普通人如今靠什么获得隐私保护?其实际获得以及追求、主张的隐私保护,又各自会有哪些福利后果?虽然今天的普通人仍无法享有类似精英的政治、经济性隐私保护资源,但有助于改善隐私的技术软硬件,却更容易从公开市场获取了。③此外,普通人借助自媒体寻求隐私规范协助的能力,或许也在加强。因此,民事隐私法是否真是普通人寻求隐私保护的主要凭借?如果法律在数字时代对普通人隐私提供较高水平保护,使之拥有更强信息操控能力,他们是否会更多地滥用社交欺诈?由此,是否也会形成某种未必可欲的社会分配格局?公平与效率的权衡,在此处又应如何作出?当普通人在其自身所属的弱关系网络中表现得越来越像传统意义上的"公众人物"时,本章针对公众人物隐私提出的框架性分析思路,也因此同样适用于思

---

① See Erving Goffman, *The Presentation of Self in Everyday Life*, University of Edinburg, 1956.
② 人们对SunMicrosystems公司CEO Scott McNealy著名的"零隐私"的表述的普遍反感,可以很好地说明这一点。Polly Sprenger, "Sun on Privacy:'Get Over It,'" *Wired*, http://www.wired.com/politics/law/news/1999/01/17538 (last visited 2023/5/21).
③ 软件如申请小号、无痕浏览甚至伪造IP地址和定位等,硬件则如电脑/手机防窥膜、防偷拍检测仪、热敏纸涂改液等。

考普通人隐私保护。

小　结

长期以来,"公众人物规则"在中国法律学说中,基本只被当作"新闻自由"口号的空洞妆点,而在实践中又总被"个案具体衡量"偷梁换柱。本章提示,在认知、学理乃至实践层面,若要有所突破,法律人应当更清楚地意识到,与公众人物隐私有关的制度选择,是嵌在社会分层结构及其资源、利益分配格局之中的。无论选择何种价值立场,实践者都首先需要关注、了解、思考规则的实质后果,才能避免制度设计和决策的盲目性。而批判者同样要在实质性分析和理解的基础上,方可有效识别问题并做适当评论。

为此,本章提供了一个框架性的分析思路。通过引入多元规制视角,本章揭示,在笼统教义的掩盖下,公众人物隐私相关的制度问题具有极为丰富的层次性。对公众人物隐私的保护水平高低,直观上当然与作为"公众人物"群体核心的社会精英的利益呈正相关关系,但在具体情境中,精英追求通过更多隐私保护获益,并不必然意味着普通人相应受损和社会财富的非生产性转移。因此,在思考公众人物规则的福利涵义时,常见的零和博弈修辞失于简单。

而在此之上,本章提示,我们应超越法律中心主义,将"隐私保护"理解为多种规制因素共同作用的结果。结合中国的社会制度语境,我集中分析了信息内容管理、市场运作和隐私规范这三类在民法隐私权规则之外影响精英实际隐私保护水平的因素,并以此为前提,考虑了法律上公众人物规则为精英提供的行为激励。中国社会中,政治、经济和文化精英在隐私保护资源占有这一维度上,存在较为明显的分化。除少部分政治、经济精英占有较多政治、市场资源外,少部分文化精英在一些可识别的语境中也能够调动文化规范资源。而其他精英在面对媒体聚焦时,未必拥有类似隐私保护资源。这意味着,如果公众人物规则在中国法上确立并普遍适用,精英阶层内部与政治经济权力对应的依附和支配关系将被进一步巩固。除了直观易见的控制与分配问题外,无法借助法律或其他资源逃避高强度公众审视的精英群体,将出现较强的同质化倾向。这也意味着,普通人通过参与公共生活和公众文化创作进入精英阶层的上升通道并不开阔,会呈现基于性格、风险偏好而未必是才能、适任的选择性。而人们在社会公共领域中能观看到的媒体人格呈现也将显得热闹但单调,甚至充斥极端,中庸内敛者进入公共领域的激励会遭到削弱。

第二章　隐私规范："看破不说破"

"源于生活,高于生活"

上一章中引入多元规制分析框架时,已提及作为一项重要规制因素的社会规范,并重点讨论了其中的"隐私规范"——以隐私保护为内容的社会规范——如何影响特定公众人物所获得的隐私保护,及其如何与法律保护之间可能发生多种形态的互动。本章将进一步聚焦隐私规范,分析、探讨其如何能为推进隐私法的研究提供新鲜的思路和方向。

对于隐私法研究而言,社会规范视角的引入当然并非全新操作。如前文所说,作为社会控制系统,社会规范与法律在结构和内容上常有相互对应。① 而信息隐私法与其所处的社会环境及其中的社会规范,贴合尤为紧密。例如前一章曾提到,美国法上,无论是判断执法机关刑侦活动在收集嫌疑人信息时是否过度,还是判断媒体对特定报道对象的爆料是否失当,司法机关都需判断相关信息收集和披露行为是否背离了"合理隐私期待"(reasonable expectation of privacy)——而这种期待包含的内容,则至少不全由法律界定,必然要参照社会规范。

本章延续并试图推进这一从社会规范角度切入开展隐私法研究的进路。特别是,本章将展示,持续关注、思考社会规范,可以为理解、想象法律带来哪些启发。而写作本章的最初动机,则是因为我自身的思考和研

---

① See Robert C. Ellickson, *Order Without Law: How Neighbors Settle Disputes*, Harvard University Press, 1994, pp. 123-136.

究,确实经常受到生活经验的启示:

  约七八年前一个休息日的上午,北京地铁车厢内虽不像工作日里人挤人到脚不沾地的程度,却也丝毫谈不上宽松。在车厢一侧靠近车门的座位上,一对二十岁出头的女性同性情侣依偎共坐,举动十分亲昵。① 两人身前相距不到三十厘米处,站着个不到二十岁的姑娘,一手扶稳车厢过道中的立柱,另一手举着手机,看来不过是低头族的标准姿势。但这位姑娘其实并非只在低头自顾:正和闺蜜微信热聊的她,难掩兴奋地用文字生动描述着身前这对同性情侣的举动,其间甚至还打开了微信 APP 的拍摄功能,直接拍下同性情侣,发送照片给网络另一端的友人共赏。在进行上述各项操作时,姑娘基本避免抬头、抬眼,更不会与同性情侣发生目光交流;甚至手中实在聊嗨了,脸上也只露出非常克制的微笑,旁人会觉得这无非低头族标配的自娱表情。

  紧挨姑娘身后站着一个中年男子,他高出姑娘半头,不经意间目光稍向下移,就可清晰瞟见姑娘的手机屏幕。虽然眼中所见让他立刻觉得玩味无穷,但下意识里又感到哪里不妥,于是他不时抬起头,作四处环顾状,或者研究一下车窗上方早已烂熟于心的线路车站名——尤其是在姑娘偶尔抬眼时,男子更要如此。

  读者不难猜出,站在姑娘身后的男子不是"我的一个朋友",就是我本人。这一幕发生当时,我其实很想掏出手机,记下所思所感,但又因前面提到的"不妥"直觉,才忍住作罢。——但哪些地方可能"不妥"?姑娘将他人亲昵举动对友人作图文直播的行为,恐怕首当其冲:虽然有关"公共场合隐私"(privacy in public)的具体制度与法理辨析相当复杂②,但根

---

  ① 此处略去描述具体行为的×××字;读者只需知道,二人亲昵程度可让旁观者确认其关系不只是闺蜜。

  ② See e.g. Helen Nissenbaum, "Privacy as Contextual Integrity," *Washington Law Review*, Vol. 79, 2004, pp. 119-158; Helen Nissenbaum, "Toward an Approach to Privacy in Public: The Challenges of Information Technology," *Ethics and Behavior*, Vol. 7, 1997, pp. 207-219;岳林:《论公共空间的隐私》,载《思想战线》2020 年第 3 期。

据当代中国乃至各国一般接受的道德文化规范,即便同性情侣看似没有太多避讳,类似姑娘这种当场记录、传播他人亲密关系事实的行为,至少难免非议。须知,当年被摩纳哥的卡洛琳公主一路控诉到欧洲人权法院的八卦媒体,也无非是偷拍、发布了公主在公共场所吃饭、逛街、健身的影像而已。① 而我窥视姑娘手机屏幕的行为,起初虽非有意,但由此获知了后者显然不希望公开的想法和言说②,这也不合"非礼勿视"的古训。

如此反身自省,本身已可作为社会规范存在的证据:若不是因为社会规范要求对他人私密事项"不看""不说",如此自省,就太自作多情了。但仅想到这一层,固然还算有趣,却并不特别新鲜。再仔细琢磨,这个场景中更值得玩味的其实是,姑娘和我虽都已违反了"不看""不说"的隐私规范,但二人在窥知甚至传播他人私密信息的同时,还采取了一些特定行动,寻求在外观上遮掩——特别是,不仅遮掩自己未经许可传播信息的动作,还要遮掩自身对私密信息的知情状态,假装出漠不关心、毫不知情的状态。

对这些掩饰行为,又应作何理解呢?

直观来看,这些举动似乎只是膝跳反射式的"表面功夫",偶发,零碎,也因此不值一提。但细想之下,却不难发现其功能并不微末。姑娘和我窥探他人的行为,正因这些掩饰,而均未在更大范围内受到关注;上述信息收集以及披露行为,本可能引发姑娘与同性情侣之间、我与姑娘之间的尴尬乃至冲突,但一经如此掩饰,也得以避免,不至于打扰车厢内的安宁氛围。伦理讨论中经常会使用"中立道德裁判者"③的思想实验方法,即想象一个现实中不可能存在的绝对中立的裁判者,面对争议行为会如何作出道德评价,由此将它的答案等同于伦理判断的正确结论。我想,在这个场景中,如果引入"中立道德裁判者",那么她在对姑娘和我的行为进行综合评价时,大概率应会将二人各自采取的掩饰努力,以及这种掩饰

---

① Barbara McDonald, "Privacy, Princesses, and Paparazzi," *New York Law School Law Review*, Vol. 50, 2006, p. 236.
② 而且还要写到论文里!
③ 类似一些道德哲学家在试图客观地进行价值判断时使用的"无偏旁观者"(the impartial spectator)视角。See Amartya Sen, *The Idea of Justice*, Belknap Press, 2009, p. 44.

努力发挥的积极社会功能,纳入考量之中。而这就意味着,上述场景中的掩饰努力,是具有伦理层面的规范意义的。据此,我们也可进一步推知,有关隐私的社会规范,在"不看"和"不说"之外,其实还包含一种对私密信息知情人提出的积极行为要求,即知情人应付出努力,掩饰其知情状态。

截至目前,人们对隐私规范的关注,主要集中于信息收集和信息披露行为受到的规制,即有关可不可"看"(问)、能不能"看"(问)、可不可"说"、能不能"说"的规范。[①] 但前述生活经验对我的启发是,那种要求知情人积极掩饰其知情状态的隐私规范,比"不看""不说",可能更接近人们挖空心思试图探寻的信息隐私规范的内核。本章暂且将其概称为"看破不说破"。实际上,稍微琢磨一下,也的确如此:即使隐私信息已被他人获取——"看破",甚至披露行为已经发生——"说过",这也不意味着社会规范中可用于调处潜在隐私利益冲突的实体规范资源已被穷尽。

恰恰相反,在"看破""说过"之后,社会规范仍可能继续向知情者提出"不说破"的要求。这种规范要求弥散在生活场景之中,却一直没有在理论层面获得提炼。而如果对这一点能够有所把握,我们就可以在社会意义上看到,支撑着信息隐私法律制度的隐私规范,其底层具有更完整的一面。甚至,我们会看到,"看破不说破"这个在通常法律理论中找不到位置的规范,却恰恰是隐私规范中的基础规范。实际上,隐私制度对应的各类社会价值——无论是保密(secrecy)、独处(solitude)、尊严(dignity)、掌控(control)、亲密关系(intimacy)还是体面(decency)等——其实现并非仅靠规制信息收集和披露的规范,还必须借助甚至依赖"不说破"。但与其他规范一样,"不说破"又必然有其限度,且也正是借助这些被探索触及的边界,而能够为我们更清晰地认知、理解。总的来看,个体理性计算和集体行动等因素,使知情者有动力规避"不说破"的要求。而知情者"不说破"的边际社会成本,在一些情况下可能超出"不说破"对应的边际社会收益——此时,"说破"就会变成针对知情者的规范要求。

[①] 一个全面精彩的提炼和剖析,见 Adam M. Samaha & Lior Jacob Strahilevitz, "Don't Ask, Must Tell—And Other Combinations," *California Law Review*, Vol. 103, 2015, pp. 919-988.

但本书对隐私规范的关注,并不像社会学家那样,以社会规范本身作为出发点和落脚点。法律规制(legal regulation)是本书讨论隐私规范的基本动机和面向。尽管在生活经验和社会现象观察的层面,作为隐私规范的"看破不说破",只要让人想起、论起都会意兴盎然,但其并不仅仅是值得玩味的谈资。本章将指出,这一隐私规范,还以诸多看似各不相同的形态,呈现于若干重要的当代法律议题之中,并且对我们思考相关制度的演化和走向有诸多值得发掘的启示。

当信息隐私问题步入当代数据技术环境后,公众预期往往建立在对商业和公共领域大规模数据处理行为缺乏有效认知的基础上,这使得许多研究者认为,既有的隐私规范对数据处理行为的实际规制作用较为有限,而规范自身的内容也未必仍然可取。① 但本章的讨论将表明,对于建构更具时代性的数据隐私制度来说,作为基本社会事实的隐私规范,其实仍有重要参考价值。特别是,在令许多人感到悲观的"普遍"收集、"全面"披露的数据社会前景(现实?)面前,"看破不说破"为我们指出了重构信息隐私立足点的一条可能路径。

"非礼勿视""非礼勿言"与"看破不说破"

根据传统理解,社会规范中的隐私规范,为人们设定了一系列行为层面的消极或不作为义务:如个体对特定信息抱有合理隐私预期,则他人除非能提出公认的正当理据,否则不应在违背信息主体意愿的情况下收集、传播、使用相关信息;而当信息处理者的行为违反此类消极义务规范时,基于道义或社群压力,其有可能被要求承担恢复名誉、填补损失等次生救济义务。

---

① Alessandro Acquisti, "Privacy in Electronic Commerce and the Economics of Immediate Gratification," Proceedings of the ACM Conference on Electronic Commerce (EC04) 21 (2004);戴昕:《重新发现社会规范:中国网络法的经济社会学视角》,载《学术月刊》2019年第2期。

不只是"不看"

以沃伦和布兰代斯的倡议为典型代表①,隐私规范一直以"非礼勿视、非礼勿听"为理想形态,即追求从信息收集行为这一导致隐私问题(privacy problems)产生的源头入手规制,从而在最大程度上保障独处、自主、尊严等隐私价值。

但仅以收集行为为规制对象的隐私规范,其局限显而易见。第一,私人信息为他人获取,有时未必是刻意收集的后果。无论是空间松散但人情紧密的"熟人社会",还是人际隔膜但空间紧张的"陌生人社会",被动获取他人私密信息的机会,其实都非常之多。农村社区中,人们对别家长短的知晓未必需要刻意打听,流言蜚语完全可在不经意间传开。而在城市社会中,正如本章开篇描述的场景所示,无意间窥见他人隐私的情况十分普遍——每天挤公交地铁通勤的陌生人,各自都是看手机,但区别在于"有人看自己手机,有人看别人手机"。

第二,一味强调收集限制,对有价值信息流通、分享和利用造成的阻碍,可能有违社会整体福利的要求。例如前一章提及,若一个法域的公众人物隐私保护规则较为严格,就有可能造成社会不同阶层在消费名人八卦这一事项上的不平等——相比于掌握一手动态的"圈内人",圈外老百姓若失去"狗仔队"爆料的渠道,能看到的就只剩下那些当事人先期"加滤镜"处理过的信息。② 更一般而言,正常社会不可能消除人们对他人隐私的打探,甚至恰恰需要这种信息传播来维系各类有机的社会联结。③

第三,信息收集行为并不必然决定信息处理的结果,而后者相比于前者,是隐私争议产生的更主要原因。例如,大规模的消费者数据泄露事件,尽管常让观者愤慨、惊惧,但以此类事件为依据发起诉讼,面临的最大

---

① See Samuel Warren & Louis Brandeis, "Right to Privacy," *Harvard Law Review*, Vol. 4, 1890—1891, pp. 193-220.

② See Lior Jacob Strahilevitz, "Toward a Positive Theory of Privacy Law," *Harvard Law Review Forum*, Vol. 126, 2013, p. 2014.

③ Julie C. Inness, *Privacy, Intimacy, and Isolation*, Oxford University Press, 1992.

困难,是法院很难确认此间可通过司法救济的损害何在[1]——对于绝大多数个人信息遭泄露的消费者和用户来说,如果其信息并未被黑客或其下家实际使用,那么获取、占有信息的行为本身,并不直接产生用户真正关注的损害。

因此,至少在隐私规范层面,"不看"的要求虽常获积极推崇,但其实际执行从不绝对,甚至很不严格。而即使某个社会中人们会经常违反"不看"的规范,这也不意味着隐私在这个社会中是受到轻慢的。

不只是"不说"

"不说"则是对占有他人隐私信息者——以下简称"知情人"——的要求。知情人之所以获得他人私密信息,可能是、也可能不是其违反"不看"规则的结果。理论上,"只看不说",已可伤害到人们珍视的尊严价值。[2] 但现实中隐私争议及损害,更多是由"说"、而不只是由"看"引起的,因此"不说"的规则比"不看"更为重要。

然而仅靠规制"说"的规范,其作用同样存在局限。首先,知情人"不说",不代表其他人不问;而在他人通过询问等方式尝试收集信息时,知情人"不说",不意味着信息就没有实现传递,即所谓"无声胜有声"。例如,在刑事程序中,尽管嫌疑人或被告人均有保持沉默的权利,但当其行使这种权利时,人们虽在法律形式上推定其无罪,并在程序意义上预期检控方只能以口供外的其他证据证明其有罪,但却可能倾向于在事实上推测其"心里有鬼"。[3]

其次,知情人面临的"不说"要求,通常不是绝对不说,而主要是限制其以可识别个体身份的方式进行披露。但附条件的有限披露规范,常常

---

[1] See e.g. *Pisciotta v. Old National Bancorp*, 499 F. 3d 629 (7th Cir. 2007); Daniel J. Solove & Danielle Keats Citron, "Risk and Anxiety: A Theory of Data-Breach Harms," *Texas Law Review*, Vol. 96, 2018, pp. 737-786.

[2] Posner 在判决中曾采纳过此类基于人格尊严的隐私概念,指出一个人的裸照即使只被传播到遥远的荒岛上被唯一的岛民看见,前者的尊严损害也不可否认。See *Northwestern Memorial Hospital v. Ashcroft*, 362 F. 3d 963, 929 (7th Cir. 2004).

[3] 因此才有学者讨论沉默权本身是否必然隐含了"撒谎权"。Ariel Porat & Omri Yadlin, "A Welfarist Perspective on Lies," *Indiana Law Journal*, Vol. 91, 2016, pp. 640-641.

很难保证达到预期的限制传播效果。社交媒体上曾有一类流行内容,其生产通常就是以这种有限披露规范为基础。例如微博上曾有名为"偷听 BOT"的大号,被报道有将近 50 万粉丝,而这些粉丝的共同爱好是喜欢"偷听"——或者更准确地说,"收集生活中不小心听到的对话",并将其匿名投稿给自称是"机器人"(BOT)但实为真人的博主在微博上发布。① 这种披露和传播,之所以能为社会规范所接受,是因为其不太容易导致信息主体身份被具体识别。特别是,博主"机器人"的外观,尤其会给人安全感。而"知乎"类问答式社交媒体中,还存在着识别风险更高的类似内容(如"你发现过上司的哪些秘密"②)。此类披露行为,或许就更逼近"不说"规范之下可容忍披露的临界。

最后,知情人即使"说"了,但如果限定在特定网络传播范围——如家庭或紧密亲友——以内,则未必会给信息主体造成严重损失,或者披露的积极后果可能超过信息主体因此承受的负面后果。事实上,虽然知情人被告知相关隐私事项时,往往同时会被要求"跟谁也不能说",但这一般并不包含知情人的家人和朋友;也正因为如此,连亲人都要保密的情形——如参与"两弹一星"研发工作——才会成为值得特别书写的动人故事。③

"看破不说破"

但正如本章开头描述的生活经验场景所示,"不作为"或许并非隐私规范中可能包含的实体行为要求的全部,且"不作为"本身也不意味着他人为满足这一要求无需付出成本。即使在隐私信息已被他人获知、消极义务已被违反或无法再被有意义履行的前提下,隐私规范对知情人往往还会提出进一步要求,使其不但要努力抑制自身表达、披露的欲望,且还经常要采取积极行动,掩饰其知情状态。相比于消极义务规范,这种积极

---

① 提图等:《微博 bot:机器人的外表下,是一个个真实的人生》,载搜狐网,https://www.sohu.com/a/330837744_206804,最后访问日期:2023 年 6 月 4 日。
② 《你发现过上司的哪些秘密》,载知乎,https://www.zhihu.com/question/334431544,最后访问日期:2023 年 6 月 4 日。
③ 如电影《我和我的祖国》中《相遇》一节。

行为要求容易被忽略;但只要细心,在生活中不难识别、觉察其存在。

尽管"不看""不说"的要求是隐私规范的主体,但一个完整的规范体系理应包含其他内容,否则无法调整在"不看""不说"之外人们围绕更为微妙的隐私预期而可能展开的复杂互动。例如,在地铁车厢内观察到同性情侣,可以立刻背身过去完全不看;可以直视,但不说;也可以用余光观察,但假装没看到。这三种做法都符合"不说"的要求,但其给包括同性情侣在内的他人带来的观感却大有不同。而社会规范相对于法律规范的重要特点之一,就是其更有可能观照、把握真实生活语境中行为在社会涵义层面的细微区别。

"看破不说破"的要求,只有在"不看"规范已被违反、私密信息遭他人获取后才会触发。而对已经"看破"的知情人来说,"不说破"的要求与"不说"虽有联系,却又相互独立。通常来说,"不说破"要求知情人不但压制表达需求,更要采取某种行动掩饰其知情状态。但即使知情人违反了"不说"的要求,话已出口,"不说破"的规范仍有可能期待知情人以某种形式、在某些范围内继续掩饰其知情状态。

这种掩饰行为,及其追求的掩饰效果,又可基于人际互动语境区分为几种情形。第一种可称为"双向不说破",即知情人的掩饰以同时避免信息主体和第三人对知情人的知情状态有所察觉为目标。"双向不说破"是较难实现的最理想掩饰效果。如果知情人只是"看破不说",那么这固然可能、但常常无法避免信息主体与第三人察觉其已然知情。这首先是因为,只有知情人付出努力,才能忍受沉默、回避相关话题。而对于有趣或有价值的信息,第三人通常更有动力多方打探问询,此时知情人更只有持续付出掩饰努力,才能避免自身成为被追问的对象。例如,至今仍不时被传扬(但已受女性主义者批判)的所谓传统"持家之道",有时会要求一方配偶在觉察另一方出轨后,尽可能隐忍、不动声色,不仅不让"家丑外扬",甚至要在面对另一方时也假作淡定、不知情,"难得糊涂",才好把日子继续过下去。[1]

---

[1] 例如,《冯小刚建议夫妻之间不要查手机,网友:三观不正怎么拍电影?》,载搜狐网,https://www.sohu.com/a/168159525_223414,最后访问日期:2023年6月4日。

第二种情形可称为"对第三人不说破",即知情人的掩饰难免不被信息主体本人看破,或知情人并未试图向信息主体掩饰,但至少努力在第三人面前假作不知情。如前所述,对于信息主体来说,知道自身隐私信息被获取,严格来说已会受到隐私损害。但知情人如付出努力不对第三人说破,特别是不让第三人察觉出其是可能的信息来源,这对于限制隐私损害的程度和范围,仍可能有用。甚至,即使知情人的掩饰努力对第三人能否获得信息实际影响不大,这种掩饰也可作为知情人向信息主体本人发送的态度信号。例如,一般来说,所谓"家丑不可外扬",就是指即便对内坦白,对外也仍需掩饰。

第三种情形则是"对信息主体不说破"。有时知情人对第三人掩饰知情已无意义,因为后者已从其他渠道获取信息;或者知情人主动选择不对第三人掩饰,甚至在特定前提下向第三人作披露。即便在此类情形中,知情人可能仍会面临对信息主体不说破的要求,即在其面对信息主体时,仍被期望要继续掩饰其知情状态。这种掩饰可能以限制信息流动的实际效果为追求。例如,养父母在收养子女未成年时,往往努力让后者相信其是自己的亲生子女,以期维系亲子感情。又如,医生有时会考虑不对病人详尽告知其病情,目的是避免明确信息给病人造成过度心理负担,引发病情恶化,甚至导致病人有拒绝治疗、寻短见等不理性行为。① 但另一些时候,知情人的知情状态对于信息主体而言,其实无从掩饰。即便如此,知情人的掩饰行为仍具有积极的社交功能,而这一要求因此并非直观看来那样空洞无意义。例如,身边亲友牵涉负面事件时,哪怕传言早已满天飞,甚至路人皆知,但知情人在信息主体面前装不知道,这也会有助于二者之间的沟通和交往——即使后者并不相信知情人真的毫不知情。又如,曾经拍过大尺度作品的演员,尽管知道观众不可能忘却这段历史,但也希望人们不要一直将其挂在嘴边。②

---

① 这种做法在现实中不少见,但其是否符合法律和职业伦理有关"知情同意"的要求,存在一定模糊性。美国法背景下的讨论,See Porat & Yadlin, "A Welfarist Perspective on Lies," *Indiana Law Journal*, Vol. 91, 2016, pp. 658-660.

② 《舒淇:我要把脱掉的衣服,一件件穿回来》,载搜狐网,https://yule.sohu.com/20051115/n227500771.shtml,最后访问日期:2023 年 6 月 4 日。

隐私规范的价值基础

如何理解"看破不说破"的功能？为什么处理隐私问题的规范系统，在"不看""不说"之外，还需要包含"不说破"的规范内容？以下将分析指出，"不说破"对于实现信息隐私关联的各类主要社会价值，都大有助益，甚至在一些情形中不可或缺。而通过识别"不说破"这一规范功能，也有助于人们更清晰地把握信息隐私问题及相关制度的社会——而不仅仅是个体——属性。

保密（Secrecy）

隐私的最直观价值在于满足人们对特定信息披露限制的需求。理论界一直认为，将隐私理解为保密是过于狭隘的，其理由之一是，即使对于那些已在一定范围内被披露、因而在绝对意义上丧失了私密属性的信息，信息主体仍可能抱有合理隐私预期。在隐私侵权法中，第三方规则（third-party doctrine）的衰落，足以证明社会日益认可这种范畴更宽的私密性偏好。[1]

但当规范层面的保护预期从绝对私密信息扩大到相对私密信息时，如前所述，仅靠"不看""不说"限制具体的收集和披露行为，并不足以确保避免信息披露或传播的效果。特别是，为了保密，仅仅不说是不够的；"无可奉告"常被视同"默认"，而有技巧的收集者只要能确定知情人身份，便有较大机会从其沉默中获取信息。因此，知情人对自身知情状态的积极掩饰，对于挫败第三人获取信息而言至关重要。特别是，当私密信息以特定小群体为披露边界时（"群体隐私"，group privacy[2]），每一个因其群体身份而有资格知情的人，都会被期望积极掩饰，以尽可能提高第三人获取信息的难度：当圈外人对所有圈内人推定知情时，真正知情的圈内

---

[1] Lior Jacob Strahilevitz, "A Social Networks Theory of Privacy," *University of Chicago Law Review*, Vol. 72, 2005, pp. 919-988.

[2] Alan F. Westin, *Privacy and Freedom*, Atheneum Press, 1967, p. 42.

人,通常要积极作为,才可能在外观上与实际上不知情的圈内人形成混同。

不仅如此,第三人收集信息有时不是出于个人好奇,而是基于其道德或法律义务,这种信息收集义务("must ask"①)往往在知情人的知情状态暴露时才会触发。因此,知情人掩饰其知情状态,之所以提高了保密性,还在于其有助于减少义务驱动的信息收集活动。而这也减轻了第三人的负担。"举报""告密"行为之所以常引发反感和负面评价,除了因其可能使被举报人或被告密人遭受负面后果外,还因为举报和告密行为会被接收举报者也视为"添乱",即后者不得不承受调查、核实乃至采取后续处理措施的工作负担。

独处(Solitude)

借助隐私保护实现的"独处",常又被称为"不受打扰"(right to be let alone)②或"安宁"③,而这后两种说法意味着,"独处"并不仅追求物理意义上的隔离,更强调精神层面的安和、清静。闹市中亦可取静,居家隔离也会有人心烦意乱。新英格兰上流人士沃伦之所以奋笔疾书,要求"隐私权入法",并非"狗仔队"当场惊扰了其私人聚会④,而主要是对事后街谈巷议、评头论足的反感和担忧,影响了他的心态。

由此来看,"独处"的重要价值,其实是精神减压(relax),即人们希望能至少在一些时候,从面临诸多期待、约束、品评的社会生活前台退至幕后,稍加喘息。⑤ 当知情人本身是信息主体面临压力的主要来源时,知情人或许需要"不说破",而不只是"不说",才真正可能起到减压的效果。

---

① Adam M. Samaha & Lior Jacob Strahilevitz, "Don't Ask, Must Tell—And Other Combinations," *California Law Review*, Vol. 103, 2015, pp. 937-940.

② Samuel Warren & Louis Brandeis, "Right to Privacy," *Harvard Law Review*, Vol. 4, 1890—1891, p. 193.

③ 如《民法典》"人格权编"第1032条:"……隐私是自然人的私人生活安宁和不愿为他人知晓的私密空间、私密活动、私密信息。"

④ William L. Prosser, "Privacy," *California Law Review*, Vol. 48, 1960, p. 383.

⑤ Robert K. Merton, *Social Theory and Social Structure*, Free Press, 1968, p. 429.

例如,导师催促研究生交论文①,或编辑催促作者交书稿,都会导致后者面临巨大心理压力——催稿的艺术,因此不仅是容忍延迟拖沓,更要尽可能做出云淡风轻之态甚至不露声色,才能让被催的人不至于焦头烂额。又如,包括饮食禁忌在内的社会规范,其约束力有时来自个体有关他人施压的预期;而如果知情人不说破,则相当于给了个体规避禁忌约束的灵活空间。

尊严(Dignity)

传统的尊严理论认为,"不看""不说"的规范意义,在于维护个体主观的尊严感受免于未经许可的窥探和披露之害。② 虽然道德哲学家常将人格尊严定位为心性层面的主观体验,但尊严终究与荣誉、声誉、面子以及公共形象等具有客观载体的社会建构密切相关。③ 因此,即使如波斯纳所说,一幅被寄到荒岛的裸照也会导致当事人尊严受伤害④,但这种伤害与各类"艳照门"的主角实际感受到的尊严减损相比,恐难同日而语。换言之,尊严价值的实现或损伤,并非全有或全无,而应被视为一个连续变量。由于披露的程度和范围会与尊严的实现程度相关,因此知情人无论对第三人不说破,还是对信息主体不说破,都有助于在一定程度上降低尊严损害。

特别是,在社会学意义上,由于尊严的一个重要来源是自我认知,因此即便只是对信息主体不说破,仍有利于信息主体塑造更为正面的"镜中自我"⑤,维护其尊严感受——对于信息主体而言,即便知情人并不成功

---

① 参见《导师催论文的操作指南》,载微信公众号"学术志",https://mp.weixin.qq.com/s/scg8HE4wAUgh-VsiFrIDBw,最后访问日期:2023 年 6 月 4 日。

② Samuel Warren & Louis Brandeis, "Right to Privacy," *Harvard Law Review*, Vol. 4, 1890—1891, p. 193-220; James Q. Whitman, "The Two Western Cultures of Privacy: Dignity Versus Liberty," *Yale Law Journal*, Vol. 113, 2004, pp. 1164-1171.

③ Ibid.

④ *See Northwestern Memorial Hospital v. Ashcroft*, 362 F. 3d 963, 929 (7th Cir. 2004).

⑤ Anita Allen, "Lying to Protect Privacy," *Villanova Law Review*, Vol. 44, 1999, p. 178; Erving Goffman, *The Presentation of Self in Everyday Life*, University of Edinburgh Press, 1956.

的掩饰努力,也可被解读为知情人对信息主体抱有尊重和重视。

掌控(Control)

信息隐私在较宽泛的意义上保障个体对自身信息的掌控。① 个体对信息掌控的追求,在一些方面与其寻求自主(self-governing)、自在(to be let alone)有所重合,即尝试借助对信息可及性(accessibility)的控制②,构建乃至扩展不受干涉的自主空间。但与抽象的精神自主需求可作区分的是,个体追求控制自身信息的一个重要出发点,常常是为在具体语境中获得更为切实的安全感。如果一个人意识到其自身重要个人信息或许已被他人掌握,且后者有可能不怀好意,那么即使侵害行为和损害结果并未发生,信息主体也会因感到失控而惶惶不可终日。当代人对人脸识别等数据技术应用的强烈反感和抵触,应该就来自这些技术导致人们主观掌控感和安全感的丧失——即使这些技术造成了何种客观安全损害,尚不明确。③

但既然人们希望通过隐私实现的掌控及安全,很大程度上是主观感受层面的,那么要求知情人承担"不说破"的负担,就有重要价值。如前所述,仅要求知情人消极噤声,很难消解信息主体的忧虑——如果别人打探,他只"笑而不语",我便已经露馅!只有知情人积极掩饰,才能把信息主体主观认知的风险降到最低。此处或可用证人保护制度类比:在证人人身安全风险较高的情况下,司法部门仅限制公众查询相关信息已经不够,甚至要为证人重建个人身份,而这相当于要求所有公共机关都掩饰其对证人真实身份的知情。④

除保障其安全感受外,更一般而言,知情人"不说破",还使信息主体

---

① Alan F. Westin, *Privacy and Freedom*, Atheneum Press, 1967, p. 7; Daniel J. Solove, "Conceptualizing Privacy," *California Law Review*, Vol. 90, 2002, pp. 1109-1115.

② See generally Ruth Gavison, "Privacy and the Limits of Law," *Yale Law Journal*, Vol. 89, 1980, pp. 421-471.

③ 胡凌:《刷脸:身份制度、个人信息与法律规制》,载《法学家》2021年第2期。

④ 例如当第三人提起针对证人的合法权益主张时,法院亦不会配合第三人查找已进入证人保护计划者的所在。Karen S. Cooperstein, "Enforcing Judgments Against Participants in the Witness Protection Program," *Stanford Law Review*, Vol. 36, 1984, p. 1024.

能够自主选择何时何地以何种方式主动披露自身隐私信息——即使此类信息已在一定程度上处于公开或至少半公开的状态,但人际交流中的这种有限自主性仍为人们看重。例如,对于恋爱、怀孕、跳槽等消息,即使友人同事有所耳闻,但更体贴的做法不是因好奇而主动打探,而是等待事主本人择机主动公开("官宣"),甚至此前尽量在事主面前避而不谈、故作无知。

最后,个体主张控制自身信息,还有财产面向。① 传主兜售"我和某某某不得不说的故事"②,厂家用明星肖像打广告,平台基于用户画像搞推送,这些经济活动都涉及将个人信息作为生产资料,由此会引起信息主体基于财产利益的掌控主张。基于传统理解,隐私规范保护财产性控制诉求的核心,是使信息主体能够选择是否接受交易:有权要求他人不看不说,就意味着有权出售许可,让出价者看和说。但在具体交易语境中,信息主体为最大化预期交易价值,往往还会主张包括交易对方在内的知情人不说破。卖"人设"的明星或许是最典型的例子:成功的兜售不只靠"封口",更离不开身边人、媒体乃至粉丝对人设的共同悉心维护。

亲密(Intimacy)

隐私的重要功能之一是促生、维系亲密关系。③ 信息主体有选择地向特定对象披露私密信息,往往是与后者建立或增进亲密关系的基本手段。而完全无隐私的社会,则将使人们缺乏这种有效区分界定不同人际关系的能力。④ 但知情人如果只是自己不说,却不在意私密信息的实际传播状况,这有可能降低人们为建立亲密和信任关系作出信息披露的激励。此外,对信息主体"不说破",有时也是信息主体与知情人之间维持关系的重要方式。前文提及对亲友丑闻作不知情姿态的例子,便可体现

---

① Daniel J. Solove, "Conceptualizing Privacy," *California Law Review*, Vol. 90, 2002, p. 1112.
② 例如,陈国军:《我和刘晓庆:不得不说的故事》,广东人民出版社 1992 年版。
③ Julie C. Inness, *Privacy, Intimacy, and Isolation*, Oxford University Press, 1992.
④ Daniel J. Solove, "Conceptualizing Privacy," *California Law Review*, Vol. 90, 2002, p. 1112.

这一逻辑。

更微妙的是，在关系亲近的个体之间，一方其实往往会预设另一方为己方私密信息的知情人，而此时若后者仍致力于掩饰知情状态，这种行为就会具有特殊的信号意义，即向前者表明自己高度重视双方之间的亲近关系；而这种信号仅靠"不说"，未必能达到相同的清晰度。

体面（Decency）

常与隐私发生联系的各类价值中，"体面"或许是社会属性最强的一种。① 体面的意义主要不在个体，而在群体；对隐私信息的不当传播，伤害的看似是特定个体的脸面，但往往延及整个社会的体面、秩序乃至公共福祉。例如第一章曾提到，沃伦和布兰代斯就指出，"黄色新闻"泛滥的最大弊端在于败坏公众的道德胃口，占用宝贵的社会认知资源，而不只是造成某些社会精英丢失颜面。② 弗里德曼则更加坦率地指出，维护社会精英的声誉资本本身就是"社会体面"的题中之义。③

一个体面的社会，因此是一个需要强调"不说破"的社会——哪怕那些不能说破的事情，无论如何都不可能没人看破。在特定语境中，甚至连天职即为"看破说破"的媒体，都有可能为体面选择"为尊者讳"：如前所述，肯尼迪总统在位时期，美国主流媒体记者对总统与梦露的关系，便曾集体装聋作哑，不予报道；与其说这是为总统声誉考虑，不如说是考虑到总统声誉与社会体面之间的休戚相关。④

而从体面出发，我们也更容易理解当代一些国家在制度层面对数据

---

① Robert C. Post, "Three Concepts of Privacy," *Georgetown Law Journal*, Vol. 89, 2001, p. 2097.

② Samuel Warren & Louis Brandeis, "Right to Privacy," *Harvard Law Review*, Vol. 4, 1890—1891, p. 196. 浪费社会资源的说法，如今也为中国演艺界广泛采纳。见《"获奖别墅"竟是违章建筑，演员江一燕为"占用社会资源"道歉了，她的别墅会被拆吗？》，载微信公众号"财经网"，https://mp.weixin.qq.com/s/eamu4eBP0bOOxR9sxF6VsA，最后访问日期：2023 年 6 月 4 日。

③ Lawrence Friedman, *Guarding Life's Dark Secrets: Legal and Social Controls over Reputation, Propriety and Privacy*, Stanford University Press, 2008, pp. 66-80.

④ Anita Allen, "Privacy and the Public Official: Talking about Sex as a Dilemma for Democracy," *George Washington Law Review*, Vol. 67, 1999, p. 1174.

画像应用的抵制。例如,法国2019年出台所谓"司法大数据禁令",禁止结合法官身份信息开展司法裁判行为数据分析。这一禁令表面看是为了保护法官的个人信息[1],但说到底,更像是要维护司法机关作为整体的体面。几乎可以肯定,在任何国家,但凡结合法官画像分析裁判数据,不但必有让不少法官难堪的发现,而且很可能引发人们对形式化法治信仰的动摇[2];若要维系司法权威体面,就最好不要像法律现实主义者那样,什么都要说破。

局限与边界

通过对生活日常的观察和感知,可以确认"看破不说破"作为隐私规范的客观存在。而通过分析其价值功能,可以看到这一隐私规范在社会互动场景中的必要性,即其是当代社会隐私规范中通常都会实际包含的内容。也正是在这个意义上,本章甚至会将其视为一种"基础性"隐私规范。

但与其他任何规范一样,"看破不说破"并不绝对"普适",有其局限和边界。而且,说其"基础",不意味着人们可以毫不费力地准确把握、遵行"不说破"的要求。实际上,社会并不期待、乃至强制所有知情人,在看破后绝对不在任何范围内、不对任何人说破。抽象而言,"看破不说破"受限于个体在人际互动情境中的自利计算。而在社会层面,其适用边界则应出现在不说破的边际社会成本等于其边际社会收益之处。理解这一规范的局限与边界,反过来会帮助我们更清晰、确凿地认知其存在与功用。

---

[1] 王禄生:《司法大数据应用的法理冲突与价值平衡——从法国司法大数据禁令展开》,载《比较法研究》2020年第2期。
[2] 例如指出法官裁判行为呈现政治派性特征的研究,显然就与司法独立的形式主义法治宣传不符。See Thomas J. Miles & Cass R. Sunstein, "The New Legal Realism," *University of Chicago Law Review*, Vol. 75, 2008, pp. 831-852.

局限:个体理性

"不说破"要求知情人为掩饰其知情状态而负担一定成本,这其中至少要包括压抑表达欲望和积极采取掩饰行为的成本。知情人之所以会如此选择,既可能是由于自身福利计算中包含了对信息主体利益的考量(所谓"利他性自利"),也可能是出于更加纯粹的自利动机。例如,在战争中,敌对双方各自都会想尽办法,掩饰其已获得对方情报。在交易中,"买家注意"(caveat emptor)规则下的卖家,会掩饰其对交易标的缺陷的了解,以谋求更高利润,而精明的买家反过来也会掩饰其对交易标的隐藏价值的发现,以求压低价格。而在信息隐私经常关涉的人际社交语境中,掩饰知情对于知情人的私人收益,至少包括避免成为第三方问询对象、减少麻烦,甚至通过选择性忘却求得内心安宁、"眼不见为净",等等。

但不难想见,如果相应场景中不存在足够有力的第三方执行机制,知情人的上述自利计算,并不足以保证其将主动选择遵守"不说破"的规范。首先,一些时候知情人"不说破"的私人成本,有可能超出其私人收益;两相权衡,知情人会认为"说破"对自身更为有利。例如,各类在传统上被认为不可外扬的"家丑"中,家暴常会在受害者无法继续隐忍时被彻底揭穿,暴露在世人面前。[①] 而"双向不说破"对知情人的负担则尤为沉重。一方面,知情人面对第三方不说破的私人成本可能过大,特别是因此可能丧失知情人极为看重的与第三方发展、维护亲近关系的机会。另一方面,知情人是否会努力对信息主体不说破,取决于知情人与信息主体之间关系的性质:极为亲密或十分陌生,都会导致知情人缺乏不说破的激励。典型的例子仍是"家丑不可外扬":即便在外人面前愿意尽力掩饰者不少,回家后仍能坚持隐忍的,却肯定没有那么多。[②]

其次,无论在"对第三人不说破"还是"对信息主体不说破"的情形中,只要知情人明确放弃了对"双向不说破"的追求,那么任何一种"单向

---

① See e.g. Reva B. Siegel, "The Rule of Love: Wife Beating as Prerogative and Privacy," *Yale Law Journal*, Vol. 105, 1996, pp. 2117-2208.

② 戏剧化的表现如美国电视剧《The Good Wife》中的情节(女方为不影响男方参与公职选举而隐忍)。

不说破"都未必会是知情人的均衡策略。简言之,隐私法上"第三方规则"所预设的信息传播机制(信息向一人披露后即可视为已向全世界披露)虽不符合全部、但至少对应部分现实经验:当知情人放弃对第三方不说破之后,其是否继续对信息主体掩饰,往往取决于知情人是否认为信息主体仍会对掩饰有所期待;但当信息主体获知知情人已对第三方说破后,他便可能不再看重知情人面对自己时,还是否故作不知,或甚至将进一步的掩饰视为虚伪。而考虑到这一点,知情人对信息主体不说破的激励也会减弱。反过来,一旦知情人对信息主体放弃不说破,知情人也可能认为信息主体未必会继续抱有对第三方不说破的预期,并因此失去了在第三人面前继续掩饰的动力。

再次,"不说破"有时之所以成本较高,还可能因其需要多人合作完成,而集体行动问题(每个人都想最小化自身掩饰成本)会导致谋求"不说破"的合作无法实现。在一类典型的生活场景中,几个朋友相约去聚餐或开展其他活动,因有意或疏忽而落下了另一位圈中熟人。事后为避免尴尬,最佳策略是所有参与者均掩饰此项活动从未发生,但这往往因协调和合作方面的困难而失败。[①]

最后,"不说破"规范包含的行为要求往往微妙、灵活、高度依赖语境,因此个体在不同生活场景中识别"不说破"规范的存在,并准确理解、把握具体的掩饰要求,本身并不容易——通俗地说,不是每个人的"情商"或"眼力见儿"都够用。这不只是天赋问题。对于个体而言,是否付出成本积极学习、理解相对复杂的隐私规范,无疑也取决于预期回报的大小。而这里吊诡的地方在于,正因为"不说破"规范的内容微妙,这可能使得社群就特定行为的规范判断形成共识、启动非正式强制的难度增加,个体反而由此会获得较大的自由裁量和腾挪空间,也减少了细致学习、把握"不说破"规范的动力。

边界:公共利益

隐私规范寻求实现的,从来不是绝对意义上的说或不说。前一章论

[①] 例如好莱坞喜剧电影《Hangover》第三部的故事主线就是几个朋友如何付出巨大代价试图躲避另一个损友且同时不伤害其感受(然而并未成功)。

及,即使是隐私法上貌似简单的公共官员隐私问题,作出规范判断的依据,也不是绝对的"可看可说"或"不可看不可说",而还是需要考量官员私生活在多大程度上与其公职表现有关,甚至官员就私生活问题撒谎在多大程度上会导致公众对政府的信任降低。① 换言之,回答任何隐私问题,最终还是要落脚到社会福利权衡之上。

抽象地看,"看破不说破"的要求,也应止于知情人掩饰知情的边际社会成本等于掩饰的边际社会收益之处。但当不说破的边际社会成本超出边际收益时,要求知情人不说破,对信息传递与表达的限制可能过度。首先,知情人追求"不说破",尽管可能有维护体面等收益,但过多追求"不说破"会增加人际交往中的信息成本。无言的交流有时会增加误解,而误解则可能导致知情人原本希望通过不说破获得的交往效果落空。沉默并不总是金,无声也并不总胜过有声。就保证效率而言,一个社会不能要求人们在日常交往中过多猜谜、阅读"扑克脸"。

其次,不难想见,知情人为了重要社会公共利益,应当把看破的东西说破。例如,法律保护来自特定组织内部、了解组织情况的举报者(即所谓"whistleblower"或"吹哨人"),甚至在包括侦查办理有组织犯罪、职务犯罪等语境中要专门鼓励揭发、检举,其基本依据正是相关隐秘信息得以公开、传播具有重要的正面社会价值。

即便在民事领域中,许多隐私争议的核心,与其说事关"不看""不说"规范的适用,实际上更应被理解为要不要说破之争。例如,苏力曾专文从隐私角度讨论的"文怀沙案"②,要害其实就在于"说破":未必只有李辉一人看破了文怀沙本人说辞和旁人鼓吹中站不住脚的地方,但他先忍耐不住,要把人们普遍抱持的怀疑挑明,由此招致诉累。按照苏力的分析,李辉在此说破,其社会积极意义——戳穿虚假文化偶像——大于文怀沙个人颜面信誉丧失的负面后果,因此法律的天平应向认定李辉不承担

---

① 例如 Allen 指出即便官员在个人性生活问题上为维护隐私而撒谎,其后果也并不必然导致公众对公共机关的信任严重减损。Anita Allen, "Lying to Protect Privacy," *Villanova Law Review*, Vol. 44, 1999, p.163.

② 苏力:《隐私侵权的法理思考——从李辉质疑文怀沙的事件切入》,载《清华法学》2019 年第 2 期。

侵权责任的方向倾斜。未必所有人都会同意苏力有关此案对错的判断，但他的聚焦无疑是准确的：此案真正值得争论的问题，是社会应否要求李辉这类人为了某种更大的公共利益（存在吗？）不说破，并由此使公众无法准确辨别文化偶像的真伪。

从社会规范到法律

如前所说，"看破不说破"不仅是生活中的微妙玩味。虽然此前少有梳理，但"看破不说破"的规范内容，其实已经体现在一些既有法律规则之中，且对于反思制度演变、想象制度发展也有重要启示。

公众人物隐私

还是先回到上一章讨论过的公众人物隐私话题。以娱乐明星为代表的公众人物往往表白渴求私人空间，言下之意，是法律和社会规范实际为其提供的不受媒体和公众检视的行为空间不足。但公众人物隐私偏好的核心，往往不在于独处，而在于控制，尤其是对公众关注的收放自如。例如，当出现在机场、车站以及其他公共空间时，许多公众人物并非不愿他人看到或认出自己，或不希望粉丝上前讨要签名合影，而是希望自己能够"hold"得住场面——甚至其最享受的状态，恐怕就是周围人都以偷看的方式关注、窃窃私语却不敢上前打扰。换言之，对于被关注者而言，最优的关注水平就是关注者"看破不说破"。

这种偏好很难满足，也更难借助社会规范乃至法律予以保障（除非是针对酷吏的"道路以目"）。但许多围绕公众人物而生的隐私争议，实际上还是与此种期待有关。例如杨某案中，杨和杨母对《南方周末》报道的主要不满，不在于后者对事件进行了关注和追踪报道，而在于其说破了杨氏一家人离奇举动源于身世性格这一所有人此前都已应看破的事实。[①] 又如，在

---

① 杨某与南方周末报社等名誉权纠纷上诉案，广州市中级人民法院二审民事判决书，(2008)穗中法民一终字第3871号。

2014年伊能静与天津《卫视周报》的讼案中，前者的主要不满也未必是媒体报道其恋爱，而在于娱乐记者带有"主观评价"色彩、由此超出"客观报道"的解读。① 换言之，公众人物以隐私之名向媒体发难，表面看是控诉后者违反了"不说"的规范，但更可能是抱怨其没有如前者所愿，把握好"说"与"说破"之间的微妙分寸。

但公众人物为什么会对媒体抱有看来完全不切实际的期待（"看破，要说，但不能说破"）？原因之一，是公众人物的知名度和美誉度之间并不具有完全替代性：后者的市场价值往往高于前者，且二者之间可能存在冲突（"臭名昭著"），这使得公众人物一方面追求最大化传播，另一方面又忌惮负面传播导致有实际支付意愿的受众减少。由此看来，公众人物隐私诉讼虽在制度上已不再依附于名誉权诉讼，但大多数情况下，其实质仍应是名誉权诉讼——例如前文提到的文怀沙案，显然仍应被更贴切地理解为名誉权纠纷。只有当"脑残粉"真正成为公众人物竞争的主要甚至全部受众时，美誉度才可能会被知名度完全吞噬，而公众人物由此对媒体"不说破"的需求降低，有关隐私和名誉权的法律诉求或许也会减少。②

"被遗忘权"

狭义的"被遗忘权"直接源自欧洲法院（ECJ）在 *Google Spain v. Gonzalez* 一案中的判决，指搜索引擎需根据信息主体请求，承担将包含特定"过时"不利信息——如个人破产公告、违法犯罪记录、"失信"行为记录等——的网页取消索引（de-index）、不继续在搜索结果中显示的义务。而更宽泛意义上的"被遗忘权"，则涵盖各领域中有关要求信息控制人不

---

① 天津市报刊出版有限公司与吴静怡名誉权纠纷案，北京市第三中级人民法院二审民事判决书，(2014)三中民终字第06367号。该案争议是，被告辩称"伊能静与第三人恋爱"是媒体共识的事实，而原告无法容忍的，实际上是被告在看破事实的情况下用"彻夜留宿""失婚猛追""二人恋爱，着急重组家庭"等说法说得太"透"，不留想象空间。

② 《李小璐直播首秀被骂四个小时，收益却高达2000万，难怪她要转行》，载搜狐网，https://m.sohu.com/a/389963806_424446? spm = smwp.home.fd-yule.8.15875518836853xXgdzn，最后访问日期：2023年6月4日。

再披露、使用乃至保存特定"过时"信息的制度①,甚至还涉及"过气"公众人物在主动退出公众视野多年后可否主张享有与普通人相同水平的隐私保护这类传统话题。②

无论在狭义还是广义的"被遗忘权"制度中,以搜索引擎为代表的一类信息控制者,其数据处理行为的核心,就是对处理结果加以展示,因此法律能够对此类"知情人"提出的有意义的规制要求,不可能只是"不看、不说"。基于 Google Spain 案中法院给出的操作方案,Google 需要做出的业务改变,是在原先的普遍抓取、编制索引、基于机器算法呈现搜索结果的基础上,增加事后根据信息主体请求重新恢复特定信息不显著性(obscurity)③的机制。这其实就是一种"不说破"的要求:作为公认当世"知情"最多者,搜索引擎并不需要、也无法消除原本信息,或真的让任何已对相关事实知情者"遗忘",而只是要在随时面临无以数计的问询时,将自身对外的姿态,从知情变为不知情(强调"对外",是因为 Google 当然继续知情,只是在面临特定法域居民用户时作此种姿态而已)。这种不说破的要求,为 Google 带来的私人运营成本及其社会成本,一度受到颇多关注和争议。④

而适用于作为信息控制者的公共部门时,"被遗忘权"制度的核心要求同样应被理解为"不说破"。以我国社会信用体系建设领域近年受较多关注的"到期删除"和"信用修复"制度为例。近年地方信用立法过程中较常出现的一项相关疑问乃至争议是,负面信用信息到期或失信行为被主动"纠正"后,相关负面信用记录应从信用系统中被彻底删除,还是

---

① Robert Post, "Data Privacy and Dignitary Privacy: Google Spain, the Right to Be Forgotten, and the Construction of the Public Sphere," *Duke Law Journal*, Vol. 67, 2018, pp. 981-1072.

② Sidis v. F-R Publishing Corp., 113 F. 2d 806 (2d Cir. 1940).

③ Evan Seligner & Woodrow Hartzog, "Google Can't Forget You, But It Should Make You Hard to Find," *Wired*, https://www.wired.com/2014/05/google-cant-forget-you-but-it-should-make-you-hard-to-find/ (last visited 2023/5/21).

④ See e.g. Dawn Carla Nunziato, "The Fourth Year of Forgetting: The Troubling Expansion of the Right to Be Forgotten," *University of Pennsylvania Journal of International Law*, Vol. 39, 2018, p. 1017.

应将其另行保存,并变为不公开、不予查询的状态,抑或只是在原记录基础上新增一条到期或修复的记录?尽管法律界倾向于更彻底的个体权利保护,即完全删除记录,但业界存在的另一种看法是,信息完整性有重要价值,特别是在信用修复的语境中,理性的市场决策者会同时参考修复记录和失信记录,由此使信息主体获得真正适当的处遇。①

然而在操作层面,由于信用信息平台的运行以公示和开放查询为基本原则,因此即使国家和地方立法要求公共信用信息机构删除到期或已经修复的记录,也很难保证已被公开一段时间(修复)、甚至长达五年(到期)的失信信息,在与当事人利害相关的各类语境中一律消失。因此,至少在政府主导的信用规制领域,失信记录到期和修复的关键,不只是原信息的可获取程度能否或以何种方式降低,而是所有原本知情的机关及其他社会用信主体,都承担特定注意义务,不但自身不再使用已到期或已修复的信用信息,甚至还要明确对外宣示相关信用信息不再构成决策基础。例如,当某机关基于既有的黑名单和联合惩戒机制,原本应根据负面信用记录对信用主体采取联合惩戒措施时,如相关信用记录已到期或已被修复,该机关此时需要付出积极努力,运用不同的决策方式——假定其对相关信息从未知情,并据此作出给予信用主体何种待遇的决定。理想状况下,这种"不说破"的规范可借助数据技术手段、特别是在更为自动化的决策流程中,获得有效实现。

消费者数据保护

消费者数据保护制度至今仍主要以规制信息收集行为的规范为其建构侧重。但在免费互联网及所谓大数据商业模式已历经十数年甚至更长时期发展的今天,海量消费者数据早已广泛为平台企业、数据中间商乃至灰黑产业所掌握。5G 和物联网的普及则将使得收集规制的现实意义变得更小,"不看"甚至"不说"(未经许可不得披露、交易给第三方)的规范将在很大程度上仅具宣示性。如果数据全面收集和共享本身是不可逆的

---

① 朱磊:《信用修复机制:内涵、范围、方式和条件》,载征信宝官网,https://www.zhengxinbao.com/6400.html,最后访问日期:2023 年 6 月 4 日。

趋势,且具有正面的价值生产意义,那么数据保护制度的核心和侧重,也必然转向对数据控制者、处理者乃至交易中介的使用行为规制。

至少就一些相关问题而言,从"不说破"的角度切入,有助于我们在建构和适用规制消费者数据使用行为的法律规范过程中突破既有思路的束缚。例如,作为主流互联网商业模式基本内容的个性化广告、推送乃至搜索呈现等涉及消费者数据处理的经营行为,之所以常引发舆论争议,甚至以隐私之名进入诉讼,一个重要原因是其给消费者造成了负面的"观感":即使消费者明知其线上行为数据被持续收集,甚至因"无脑打勾"、继续使用服务而被视为许可相关收集行为,这也不意味着消费者就当然愿意接受毫无节制、简单粗暴("in your face")的"个性化"信息呈现。

以曾经备受关注的朱烨诉百度案为例[①],二审法院认为百度无需担责的原因,是朱烨已同意了百度的隐私政策,且 cookie 的使用不涉及对朱烨具体身份的识别与披露。但法院显然没能充分考虑,到底是什么使朱烨"感到恐惧,精神高度紧张,影响了正常的工作和生活"?是朱烨笼统许可的不识别个人身份的数据收集和使用行为,还是朱烨显然并不希望时刻跳出在眼前、让自己不停后悔"手欠"的"减肥""丰胸""人工流产"等广告推送?为什么朱烨许可了前者,就必须容忍后者?就个案而言,可以质疑朱烨过于敏感、矫情,但令人感到别扭、不快乃至自惭的个性化推送,对大多数网络用户而言都不陌生。如果个性化推送的基础是所谓"智能"算法,要求这些算法在进行推荐或结果呈现时足够"智能"、足够"体贴"地照顾到用户对"不说破"——例如不提醒其曾有不甚"光彩"的网络浏览历史——的需求,难道就过分吗?

由此延伸,2018 年出台的《电子商务法》第 18 条[②]中要求经营者提供不针对消费者个人特征的所谓"自然搜索结果",虽常被批评为涵义不清

---

① 朱烨与北京百度网讯科技公司隐私权纠纷上诉案,南京市中级人民法院二审民事判决书,(2014)宁民终字第 5028 号。

② 《中华人民共和国电子商务法》第十八条规定:"电子商务经营者根据消费者的兴趣爱好、消费习惯等特征向其提供商品或者服务的搜索结果的,应当同时向该消费者提供不针对其个人特征的选项,尊重和平等保护消费者合法权益。"以及,《互联网弹窗信息推送服务管理规定》(2022)。

(严格来说,搜索结果几乎无法不结合个人特征),但从"不说破"的角度入手,或可更容易地解读这一条文:即使经营者在提供搜索结果时,无法避免使用与消费者个人特征相关的信息,但其在呈现结果时,不应让消费者有明显的正遭受不利差别对待("歧视")的感觉。结合某种类似"用户感知标准"的规则,可以使第十八条的要求变得较容易操作——当然,由此会引起的进一步问题则是,电商经营者如只投资于确保"不说破"的观感,是否就构成"充分"的消费者保护?

数据监控

数据监控(dataveillance)是当前信息隐私领域学术和公共话语争议的焦点。① 主流隐私理论与制度实践均在原则上反对非公开或不透明的所谓"监控"行为——无论政府还是商业主体实施的数据收集和处理行为,只要是在信息主体不知晓时发生,通常便会被推定为缺乏正当性。

考虑到秘密监控在中西政治历史中素有恶名,人们有充分理由担忧,新技术条件下,数据监控遭到更严重的滥用。即便如此,仍然值得思考的问题是,对数据监控"公开""透明"的要求,应是绝对和普遍的吗?当特定场景中存在有公共利益理由的监控需求时,让信息主体明确知晓监控行为的存在及其具体实施方式、范畴,是否总是必要、合理、可欲?

仍从对生活实践的观察出发,不难想见,监控者至少在一些情境中可以有正当且合理的理由,对监控的存在不予"说破"。例如,据报道,一些高校近年来在资助贫困生时改变了以往公开、公示的模式,转而靠收集分析学生校园卡消费数据,识别出困难生,直接通过校园卡系统向其发放伙食补助。这种基于数据监控实施的"精准扶贫",之所以会被媒体评价为"暖心"②,显然正因为相关操作追求隐蔽性——学校不仅对其他学生掩饰了困难生的个人身份,而且在一定程度上也对贫困生掩饰了其获得补助的理由,由此寻求最大限度上照顾相关学生的心理感受。这种"不说

---

① See e.g. Shoshana Zuboff, *The Age of Surveillance Capitalism: The Fight for a Human Future at the New Frontier of Power*, Public Affairs, 2019.

② 例如《高校偷偷给贫困生充饭卡获赞:照顾对方自尊心》,载搜狐网,https://www.sohu.com/a/65677866_257870,最后访问日期:2023年6月4日。

破"的操作难免会引起透明不足、监督不力、公信不够等常见质疑。但权衡而言,鉴于此处公共监督的必要性有限,降低监控能见度的合理性就相对充足。

而各行业管理者近年来多有引入数据监控以求提高管理效率的尝试,这些尝试之所以常引发激烈的负面反馈,除与人们对数据泄露风险的忧虑有关外,一些措施的实施方式在外观上显得缺乏节制、毫不体贴,也是重要原因。例如,一些学校曾向课堂引入 AI 情绪识别系统及其他所谓注意力监测辅助技术。① 尽管一经曝光就饱受抨击,但平心而论,这类技术未必真的无助于教学人员更好地了解学生学习状态,制订更合理、更因材施教的教学方案。

然而,如果相关系统的使用确以提升教学效果为目的(而不只是官员为出政绩做样子),那么教学单位对这一数据监控工具的使用,就不该如此大张旗鼓——如果学生在课堂上不那样直观地时刻感受着监控的存在,教学人员获得的数据,对于他们检省、改善教学效果,恐怕会有更大价值。类似地,餐厅经营者为提高服务质量和顾客满意度,会考虑使用基于人脸和图像识别技术的监控系统,实时掌握服务员对客人的服务情况及服务员人力的空间分布等信息。② 对于原本就应假定自身处于雇主监督之下的服务员来说,或许只有在摄像头的布置清晰显见至于使其时刻有类似囚徒的感觉时,他们才会尤为不满、反感,甚至有动力抗议或规避相关监控措施——而这反倒会造成本不必要的经营秩序扰乱。换言之,节制甚至隐蔽的监控外观,不但有助于监控者实现监控的效果,也更可能为被监控者所接受。在相关争议中,无论监控的支持者还是异议者,都很少将监控采取何种外观,作为独立于监控是否实施的问题加以讨论——但"不说破"的逻辑提示我们,前者是不应被忽略的。

即使在数据监控由国家权威机关实施、因此尤其需要通过公众知情、监督实现制衡的语境中,监控对于被监控者的透明和公开,也不应被视为

---

① "Brainwave Monitoring Software Improves Distracted Minds", *Nasa Technology Transfer Program*, https://spinoff.nasa.gov/Spinoff2013/cg_2.html (last visited 2023/5/21).

② "At an Outback Steakhouse Franchise, Surveillance Blooms", *Wired*, https://www.wired.com/story/outback-steakhouse-presto-vision-surveillance/ (last visited 2023/5/21).

绝对甚至机械的教条要求。国家安全领域中,各国政府实施的监控通常都是不透明、不为社会一般公众知情的。① 尽管这一直以来被批评者认为导致了掩饰政府滥权的恶果(例如斯诺登事件),但除了显而易见的策略原因(监控泄露则失效)之外,如果国安领域中的监控以维护整体"安全"为目标,那么对于普通民众而言,或许不了解国安部门的日常工作,包括具体的监控工作,他们体验到的安全感其实反而更高。

当然,即便政府以保障、提升民众安全感为追求,其是否可以采取隐蔽、非公开的方式实施监控,仍需先权衡相应语境中同时存在的支持公开透明的公共利益理由。但要求公共机关中的决策者,在每个情境中都把握好"说破"还是"不说破"的微妙分寸,难度或许过大。特别是,当公众不信任政府能够因地制宜、合理把握监控的最优透明度时,原则上先行对政府数据监控制定"一刀切式"的透明、公开要求,更容易被接受为具有正当性。可即便如此,任何"一刀切式"的规则终究还是要允许例外。而法律制度在当下和未来设计允许隐蔽监控的例外规则时,可以从"不说破"的思路切入,慎重辨别何时确有必要通过隐蔽监控,方能既满足政府信息收集需求,又避免造成公众不便、反感甚至抵触。

小 结

在本章最后,还要请读者回到开篇描述的生活场景(地铁车厢中的同性情侣)中,再细品一品。有读者或许会提出这样的质疑:这一场景中的各信息主体,对于其信息被他人收集,都是有"过错"的——同性情侣在公开场所举止亲密,而姑娘在地铁里举着手机也未加充分掩饰遮挡。因此,他们各自未必都还有什么可主张、且值得保护的合理隐私预期。而本章由此申发的隐私探讨,岂不是也有无病呻吟之嫌!

对某个具体潜在争议做就事论事的技术性法律分析,本非我在此处

---

① 例如 Bob Woodward, *Fear: Trump in the White House*, Simon & Schuster, 2018, Ch. 22.

的写作意图。我想说的是,不需要有太多想象力,大家都应该能明白,我们每个人如今都时常处于与姑娘乃至同性情侣相差不大的处境。① 当各类信息已被他人收集之后,即使自己对此有"过错"("手残"/上网习惯不好/反监控技术能力不足),这也不意味着我们就此丧失、或应当丧失对信息控制者履行特定法律或社会规范要求的"合理预期"——特别是超出"不看""不说"之外,对其"不说破"的期待。

　　本章试图指出,相比于传统隐私理论集中关注的"不看""不说",在全面收集、广泛处理的当代信息环境中,"不说破"在信息隐私制度中的规范意义,正变得更加突出,也更具基础性。即便认定人类社会已走上大规模数据监控的不归路,信息隐私的规范和制度,也仍可借助对"不说破"的理解、挖掘和想象,在新的时代和实践中,获得有意义、能让人感到效果的重构。

　　当然,至少在可预期的未来,人们恐怕很难接受隐私规范中"不看""不说"的要求被全部掏空,而只剩下"不说破"强撑门面。但后者在哪些领域中、何种意义上,确实无法替代前者?在什么时候,即使可以保证"不说破",人们也还是会倾尽全力谋求"不看""不说"?从"不说破"出发,反向推导,也将有助于我们在底线的意义上,为"不看""不说"这两种因代价日益高昂而越发难以维持的隐私规范,找到其更为适当的时代定位。

---

① 参见本书第一编第一章"与普通人何干?"。

第二编

数据经济结构与法律关系

第二编的讨论仍将在有关"信息隐私"的宽泛问题域中展开，但其侧重点是公共和商业机构以各种方式开展的数据处理活动所引发的政治、经济、法律和伦理问题——今日语境中研究者关注最多的"数据问题"。

本编包含的三章，其共同旨趣，仍是提示信息隐私法应超越形式主义，直面实质层面的冲突与张力。相关章节尤其重点分析讨论的数据权利议题，截至目前，也堪称是形式主义思维的"重灾区"。在数据议题上，受形式主义思维的桎梏，许多论者一直都没能真正搞清楚，哪些问题具有规范前置性，必须首先决断（可称为"第一性问题"）；哪些是工具或操作性的，服务于前置决断的落实（可称为"第二性问题"）；而哪些只需在人们就前两者形成决断后基于逻辑推演解决（可称为"第三性问题"）。实际上，无论是个人数据、企业数据还是公共数据，社会希望各类数据处理活动产生何种社会福利后果，是需要首先获得思考、达成有效共识或决议的第一性问题；通过何种机制设计，使得各方行动者可以合作、协调，促成上述符合社会预期的后果，是第二性问题；而建构何种法律规范——尤其是权利规范——将相关机制以制度形式落地，则只是第三性的问题。

基于对本领域问题重要性的前述认知，第三章将在三个逐层展开的理论维度上，首先识别出数据法律制度可能对社会福利产生的多重影响，由此指出，数据议题在实质层面上，已经需要向机制设计转向。而在实质分析的基础上，第四章和第五章将再回到法律理论，在思路和方法的意义上，提示法律可以如何依据以价值和政策判断为前提的实体思路，更为有效地建构数据规范。

就数据问题而言，政策判断在先，法律建构在后，这一逻辑理应是清晰的。但有意思的是，不仅法学界基于学科本位对此缺乏自觉认知，经济学界和其他学科背景的研究人员及实务人士也时有误解，经常提出只有先在法律上"确定产权"，才能够谈剩下的市场效率和机制设计问题。这可能涉及一个理论上颇为有趣的"误会"，而第四章中也将就此问题顺带作初步探讨。实际上,如果法律人安于将自身的论域限定在第三性问题上,这无非是导致其对数据议题的可能贡献相当边缘。但麻烦的是,鉴于法律人的制度影响力,如果其坚持要所有人都将第三性问题当作第一性问题讨论,那么数据制度的建构,恐怕在整体上都可能被带偏方向。

第三章 数据隐私的法律经济学：议题维度的展开与转进

本章所谓"法律经济学"，所指为广义的经济分析，既包含微观福利分析，又涉及相对宏观的政治经济结构分析。从法律经济学视角切入，本章旨在展示如何可能通过引入理论，将信息隐私相关的问题串联起来，形成逐步推进、逐层展开的问题线索、脉络和框架。

法律经济分析对于信息隐私法的适用性，在很多人眼中可能不大直观。特别是，至少对于个人隐私，以及涉及尊严价值的个人信息权益，不少法律人或许仍不大习惯从成本收益、经济激励、福利最优这些角度进入审视。但当下和未来值得关注、思索、讨论的，也远不止如何建构、保护个体权利这一类表层议题。伴随着互联网经济和数据科技的迅速发展，数据隐私问题始终在向更深层次、更复杂化的利害关系维度扩展。即使在最表层的个体权益维度，为切实兼顾、平衡个体利益与社会福利，学界和实务界也应清醒地认识到赋予、保障个体享有选择权和控制权这一思路的局限性。而在以个人信息作为主要生产资料的数字新经济中，数据隐私问题早已充分扩展至企业竞争维度；与之相关的制度安排，对数据经济走向垄断还是保持开放，正产生重要影响。更进一步，随着人工智能主导的生产模式的兴起，数据隐私问题也开始深入到生产关系维度，并有可能成为撬动劳资关系结构性重塑的力量。

了解数据隐私议题在这些不同理论维度上的逐层展开，有助于研究者在法律学术界和实务界更好地定位自身在数据制度建构这一进程中可能扮演的角色。在我看来，除了通过推演概念等形式化作业搭建规范之外，法律人在当前和今后的关注点，可以更多转向如何进行更富想象力和实用性的机制设计这一议题。只有积极参与与数据合约监管、数据风险管理、数据资源交易和数据劳务定价等相关的市场和制度机制设计工作，法律人方有可能就回应人类社会所面临的日益复杂、重大的数据隐私问题，做出更具有实质意义的智识贡献。

个体权益维度的经济分析

传统信息隐私法研究的视野，主要落在个体权益保护这一维度之上。在这一维度，处理个人信息的活动可能在"个体"与"社会"之间引发冲突。而论者应对此类隐私问题的主要思路，是寄望通过妥善界定个体权利，来平衡个体偏好与社会福利之间的潜在矛盾。

对数据隐私问题的经济分析同样可以从这一最基础的维度入手。而与传统法律论说的思路相比，不同时期的法律经济学论说，基于不同理由揭示，如果数据隐私制度的目标是最大化社会总体福利，那么以赋予信息主体个体控制为基础建构法律权利，未必能够有效地促进这一制度目标。波斯纳、斯蒂格勒（George Stigler）与赫施莱弗（Jack Hirshleifer）等学者，在二十世纪七八十年代较早借助信息经济学理论讨论了隐私保护问题。这些学者均认为，保护隐私的法律制度并不符合经济效率的要求。这是因为，正如商业交易中一方不应向另一方隐瞒有可能影响后者决策的重要信息一样，在交友、招工等更广泛意义上的人际交往过程中，双方信息不对称，也会妨碍人们在充分信息的前提下自愿作出有效率的选择，导致机会主义行动（如欺诈）的空间出现，并破坏个体投资有价值人力资本的激励。[①]在这个意义上，如前文提及，波斯纳曾经将个体基于隐私理由拒绝披露个

[①] Richard A. Posner, "The Right of Privacy," *Georgia Law Review*, Vol. 12, 1978, pp. 394-403; Richard A. Posner, "Privacy, Secrecy, and Reputation," *Buffalo Law Review*, Vol. 28, 1979, pp. 7-24; Richard A. Posner, "The Economics of Privacy," *American Economic Review*, Vol. 71, 1981, pp. 405-409; George J. Stigler, "An Introduction to Privacy in Economics and Politics," *The Journal of Legal Studies*, Vol. 9, 1980, pp. 629-631; Jack Hirshleifer, "Privacy: Its Origin, Function, and Future," *The Journal of Legal Studies*, Vol. 9, 1980, p. 649.

人信息的行为,称为"社交欺诈"(social fraud)①——这一说法显然意味着他对隐私保护的效率意义持否定态度。

但这类早期观点显然过于极端——尽管,对于波斯纳这样追求语出惊人的论者而言,恐怕其原本有意如此。而后续研究则更为周正地指出,在经济学意义上,保护隐私可以具有正面效率意义。第一,经济学的规范目标是追求社会总体福利的最大化,总体福利并不仅仅等于或取决于物质财富,也包含人们在信息隐私论域中关注的许多主观价值,诸如第一编中曾讨论过的独处、自主、尊严等。如果将个体对独处、自主、尊严等主观价值的偏好②也纳入考量,那么个体因本人信息私密、安全偏好获得满足而得到的效用,未必低于相同信息在非自愿情况下被他人获取并利用所产生的价值。因此,保护隐私,正如保护财产权,可以避免无效率的非自愿信息收集和使用过多发生。③

第二,与其他侵权损害类似,数据隐私问题也可被理解为负外部性问题,或"社会成本"问题。在现代语境中,政府和企业大规模收集、存储和利用个人信息的行为,被赫施(Hirsch)等论者与工业生产造成的环境污染类比④:收集、处理、使用个人信息的过程制造了包括个人信息泄露、滥用在内的风险和损害,如同废气废水;而相关社会成本除了包括由具体信息主体承受的损害外,如本—沙哈尔(Omri Ben-Shahar)提示,还可能包括更为抽象的公共损害。例如,当社交网站用户的个人信息被数据公司获

---

① Richard A. Posner, "The Right of Privacy," *Georgia Law Review*, Vol. 12, 1978, pp. 394-403.

② Cathy Goodwin, "A Conceptualization of Motives to Seek Privacy for Nondeviant Consumption," *Journal of Consumer Psychology*, Vol. 1, 1992, pp. 261-284.

③ Richard Murphy, "Property Rights in Personal Information: An Economic Defense of Privacy," *Georgia Law Review*, Vol. 84, 1995, p. 2382.

④ Dennis Hirsch, "Protecting the Inner Environment: What Privacy Regulation Can Learn From Environmental Law," *Georgia Law Review*, Vol. 41, 2006, p. 23; James P. Nehf, "Recognizing the Societal Value in Information Privacy," *Washington Law Review*, Vol. 78, 2003, pp. 74-81; Omri Ben-Shahar, "Data Pollution," *Journal of Legal Analysis*, Vol. 11, 2019, pp. 104-159. 此外,从第三方外部性的角度对政府行为(如刑事侦查)造成的隐私侵害所做的分析,见 Orin S. Kerr, "An Economic Understanding of Search and Seizure Law," *University of Pennsylvania Law Review*, Vol. 164, 2016, p. 591.

取以用于干扰、操纵选举时,社交网站收集、聚集并授权他方使用大量用户数据行为的负外部性,就包括更为抽象、难以计量的民主制度本身的崩坏。① 负外部性或社会成本问题的存在,意味着即使仅就经济效率而言,对个人信息不予任何保护、任由其被自由获取和传播,也不可能是最优的制度安排。

第三,另有更进一步的讨论指出,数据隐私保护水平过低,之所以缺乏经济效率,还应从有价值个人信息生产的角度去理解。众所周知,数据隐私问题在现代社会之所以获得空前重视,不仅因为个人信息的处理活动对信息主体本身的人格和物质利益有直接影响,还因为对个人信息的有效利用是互联网经济创造价值的基本方式。在这一前提下,科丰(Ignacio Cofone)曾指出,有价值的个人信息,具有接近公共品(public good)的属性——被生产出来之后,边际上的传播和使用成本极低,但其生产本身却并非无成本,因此理性的个体只有在其披露数据的私人边际收益(如使用网站提供的服务)超出边际成本(如因个人信息披露而遭受隐私泄露、身份盗窃或价格歧视等损害)时,才会选择参与信息生产。② 如果没有合理的个人信息保护制度,用户完全可能因为担心披露高价值个人信息对自身造成过度不利的影响,而减少使用服务,不披露、少披露数据③,从而导致信息生产总体规模低于最优水平。

尽管上述三类论证角度不同,但都支持保护个人信息具有经济效率的结论。而在这个意义上,法学界长期倡导的以个体权利建构应对数据隐私问题的制度方案,看来能够获得初步的经济学证立:如果法律对个体享有的各类个人信息权益进行界定和确认,并在此基础上赋予、保障信息主体选择权和控制权,使得相关信息的收集、传播、使用都获得信息主体的知情同意,那么自愿交易就可以实现有价值个人信息的有效率配置,而

---

① Omri Ben-Shahar, "Data Pollution," *Journal of Legal Analysis*, Vol. 11, 2019, p. 106.

② Ignacio N. Cofone, "The Dynamic Effect of Information Privacy Law," *Minnesota Journal of Law, Science & Technology*, Vol. 18, 2017, p. 538.

③ Ibid., pp. 540-541. 这一情况在社交网站领域已经广为人知。例如,参见《那些消失在朋友圈里的中年男人》,载搜狐网,https://www.sohu.com/a/257899128_682886,最后访问日期:2023年6月12日。

外部性等问题也可通过交易或模拟交易的赔偿机制得到化解。

不过,进一步研究很快指出,即使赋予并保护个体选择权与控制权,个体权益维度的数据隐私问题,也不可能像前述科斯式逻辑所推论的那样迎刃而解。首先,如果接受传统经济学理论有关信息主体理性的假设,那么鉴于广大消费者在现实中普遍大量、随意地向商家披露其个人数据,有理由怀疑,个体有关数据隐私的偏好,或许没有隐私法学者理解的那样强烈;而数据经济对个体的情感健康、个体尊严乃至物质福利等所造成的实际损害,也没有学者常常假想的那样严重。① 换言之,即便数据隐私问题真的意味着严重社会成本存在,那么这些社会成本,可能主要也不体现在每个信息主体都有动力直接寻求维权的私利,而是包括每个人虽在抽象意义上都受影响、却很难进入具体个人私利决策的系统性问题,如因数据滥用导致的选举操控、国防情报泄露、消费金融体系欺诈风险增加、弱势群体受歧视增加等。② 即使法律清晰地建构出每个个体享有的权利,这类更抽象的外部性问题,也很难靠个体选择和控制而获得内在化。

其次,一个在经验上常见、但在制度层面受关注不足的问题,是所谓"自愿披露的外部性"。仍以个体理性为前提,由于意识到数据收集和使用无所不在,个体即使被赋予受保护的选择权和控制权,仍有可能基于策略性动机而选择过度披露。例如,当金融、保险或零售等行业的经营者用更优惠的服务条款为诱饵,鼓励消费者披露包括收入、个体健康状况或行为习惯等个人信息时,消费者会担心,如果其拒绝披露,商家会据此采取对其不利的价格歧视;类似地,当雇主鼓励求职者自愿披露个人信息时,求职者也会担心保持沉默会导致雇主对其个人情况的负面推论。因此,佩皮特(Scott Peppet)等指出,这种考虑及由此产生的压力,会使得信息

---

① 这是对著名的"隐私悖论"(privacy paradox)的一种解释。See Alessandro Acquisti, Leslie K. John & George Loewenstein, "What is Privacy Worth?," *Journal of Legal Studies*, Vol. 42, 2013, pp. 249-274.

② Omri Ben-Shahar, "Data Pollution," *Journal of Legal Analysis*, Vol. 11, 2019, pp. 112-115.

主体进入自我披露的"军备竞赛"。① 此时,信息主体的披露行为,固然是"自愿"选择的结果,却不但未必符合自身效用和偏好,而且也可能导致第三方"躺枪",使后者信息遭受无效率的非自愿披露。②

最后,由于个体会同时基于理性和非理性的因素,面临认知和决策方面的局限,因此在现实中,我们不能将实现个人信息有效生产、有效配置的期望,寄托在信息主体的自主选择之上。对于当代互联网经济中较为复杂的商业行为和交易安排,例如数据挖掘和网站隐私政策等,消费者个体即使在获得充分信息披露的情况下,也常常难以准确理解、想象其内容和后果。③ 在这个意义上,数据隐私或安全对于普通网络用户来说,具有"信用品"(credence good)的属性④:人们无论是在消费前或消费后,均没有足够的信息判断,其为某种水平的个人信息保护支付的代价是否值得。⑤ 而如果我们将行为经济学关于有限理性和有限意志力的洞见纳入考量,那就更不难想见,受有限意志力的影响,就选择是否进行信息披露

---

① See Scott R. Peppet, "Unraveling Privacy: The Personal Prospectus and the Threat of A Full-Disclosure Future," *Northwestern University Law Review*, Vol. 105, 2011, pp. 1153-1204; Mark MacCarthy, "New Directions in Privacy: Disclosure, Unfairness and Externalities," *I/S: A Journal of Law and Policy*, Vol. 6, 2010-2011, pp. 425-512. See also David Dranove & Ginger Zhe Jin, "Quality Disclosure and Certification: Theory and Practice" (NBER Working Paper No. 15644, 2010), available at https://ssrn.com/abstract=1537763. 一些提供消费者生理数据监控设备的公司已经开始寻求与保险公司合作的营收模式。Scott R. Peppet, "Privacy & the Personal Prospectus: Should We Introduce Privacy Agents or Regulate Privacy Intermediaries?," *Iowa Law Review*, Vol. 97, 2012, p. 91. See also Alice E. Marwick, "How Your Data Are Being Deeply Mined," *The New York Review of Books*, Jan. 9, 2014, available at http://www.nybooks.com/articles/archives/2014/jan/09/how-your-data-are-being-deeply-mined/ (last visited 2023/06/28).

② 戴昕:《自愿披露隐私的规制》,载《法律和社会科学》(第15卷第1辑),法律出版社2016年版。

③ Ignacio N. Cofone & Adriana Z. Robertson, "Consumer Privacy in A Behavioral World," *Hastings Law Journal*, Vol. 69, 2018, pp. 1491-1497.

④ 所谓信用品,是指消费者在购买后也无法判断其品质的商品或服务。See Asher Wolinsky, "Competition in Markets for Credence Goods," *Journal of Institutional and Theoretical Economics*, Vol. 151, 1995, pp. 117-131.

⑤ Omri Ben-Shahar, "Data Pollution," *Journal of Legal Analysis*, Vol. 11, 2019, pp. 122-124.

或相关授权而言,个体往往会更关注从商家获得服务或优惠的近期收益,却对信息披露可能产生的远期成本缺乏考量。① 不仅如此,现实中对消费者隐私决策实际产生影响的,往往是网站界面呈现、设计以及缺省规则等商家有能力也有动力予以操控的因素。②

需要强调,与其他许多领域类似,在数据隐私问题上强调个体选择和自愿交易,不足以保证社会福利最大化,这本身并不意味着法律制度不应赋予并保障个体在一定程度上享有选择权与控制权。这一部分想要着重揭示的,是即便只为应对个体权益维度上的数据隐私问题,学界投入较大精力试图完成的个体法权——特别是私法上的个人权利——建构,也具有严重的局限性,远不足以被视为其对实质性问题作出的充分制度回应。

企业竞争维度的经济分析

数据隐私问题在最近十余年中呈现出的第二个重要维度,可称为"企业竞争维度"。企业竞争维度的数据隐私问题,表面看一定程度上是个体权益维度上相关问题的延展,但实际上触及更深层的结构性张力。分析数据隐私问题对竞争的潜在影响,有助于我们更清晰地看到形式化权利建构思路的局限性。

如前所述,基于个人信息作为生产性资源的属性,数据隐私问题与经济价值生产过程发生了直接、密切的联系。尽管信息主体的自愿披露、授权收集是整个信息生产环节的起始点,但在此基础上,企业对收集到的个人信息所进行的各类加工处理,对于经济价值的产生和提升,无疑更为关键。在这一背景下,大约在 2015 年前后,实务界人士就纷纷提出了在个

---

① Susan Athey et al. , "The Digital Privacy Paradox: Small Money, Small Costs, Small Talk", *SSRN*, https://ssrn.com/abstract=2916489 (last visited 2023/7/3).

② *See generally* Alessandro Acquisti, Laura Brandimarte & George Loewenstein, "Privacy and Human Behavior in the Age of Information," *Science*, Vol. 347, 2015, pp. 509-514. Jamie Luguri & Lior Strahilevitz, "Shining a Light on Dark Patterns", *Journal of Legal Analysis*, Volume 13, 2021, pp. 43-109.

人信息权界定的基础上进一步界定"企业数据权"的规范建议。例如,有论者曾提出,立法上应确立"原始数据"和"衍生数据"两类权利客体①,而另一种说法则提出应区分"基础数据"与"增值数据"②。在这些论调中,所谓"原始数据"或"基础数据",指的都是信息主体直接披露的个人信息,而所谓"衍生数据"和"增值数据",则是企业在对前者进行脱敏、归集、分析等加工处理之后产生。③在对这两类数据明确划分界限之后,来自实务界的这类论调即主张将"原始数据"或"基础数据"作为"个人信息权"的客体,而"衍生数据"或"增值数据"作为"企业数据权"的客体。

而 2020 年以来,在高层力推加快培育、建构数据要素市场的背景下④,数据产权结构性分置的顶层设计思路逐渐明朗化,相关文件明确指出要"分别界定数据生产、流通、使用过程中各参与方享有的合法权利,建立数据资源持有权、数据加工使用权、数据产品经营权等分置的产权运行机制"。⑤ 与权利分置、具体描述这一规范建构思路相关的讨论,将在以下第四章、第五章中进一步展开。但可以看出,这些被预期将分置存在的权利,实际上只是前述更早即被主张要得到确认的企业数据权的逻辑延伸。因此,分析这些更具体确权之前,确实需要在更基础的意义上,去理解企业数据权的主张和逻辑。

初看之下,"企业数据权"无非是"个人信息权"的反题:既然为了保护个体权益,必须把个人信息权建构、界定清楚,那么,凡未被囊括在个人信息权之内的数据资源,便都可由企业自由、灵活地利用,无需因个体权

---

① 杨立新、陈小江:《衍生数据是数据专有权的客体》,载中国社会科学网,http://sscp.cssn.cn/zdtj/201607/t20160713_3119282.html,最后访问日期:2023 年 6 月 14 日。文章刊发时陈小江单位显示为阿里巴巴集团法务部。

② 丁道勤:《基础数据与增值数据的二元划分》,载《财经法学》2017 年第 2 期。文章刊发时丁道勤单位显示为京东集团法务部。

③ 同上两注,杨立新、陈小江文,以及丁道勤文。

④ 2019 年,党的十九届四中全会首次将数据与土地、劳动力、资本、技术并列作为重要的生产要素。2020 年,《中共中央、国务院关于构建更加完善的要素市场化配置体制机制的意见》和《中共中央、国务院关于新时代加快完善社会主义市场经济体制的意见》均强调要培育和发展数据要素市场。

⑤ 《中共中央、国务院关于构建数据基础制度更好发挥数据要素作用的意见》(2022)。

益保护的目的受更多限制。但实际上,除了在个体权益维度协调"个体—企业(社会)"关系之外,"企业数据权"的真正要害在于,这是一种企业针对数据资源提出的排他性专有的主张。不难想见,如果数据是所谓数字经济时代的"石油"①,那么对于其投入成本收集个人信息再加工处理而成的各类高价值数据资源——简单到客户名单、用户交易记录,复杂至数据挖掘分析结论和模型等——企业当然有动力尽可能独享与之相关的经济利益。

为了证立有关这一排他性专有权的诉求,企业不出意料地要诉诸"劳动创造产权"的经典财产理论。② 由于符合大多数人的直觉,这一理论的粗糙版本,在公共和法律论说中一直都十分流行。甚至,在运用劳动产权论论证企业数据权时,很多人还将著作权上早已不再被普遍承认的"额头冒汗"规则搬运过来,用于支持数据企业权利诉求的正当性③——毕竟,企业处理数据的投入,往往是真金白银,早已不只"额头冒汗"了!

虽然就学理逻辑而言,这类论证确实粗陋,但从投入的角度要求确认企业的专有权,不是没有合理性。第一,企业持有的数据资产毕竟不是"大风刮来的"(windfall),若其控制没有法律支持、甚至会遭法律削弱,则投资初始生产、开发和维护的动力可能下降④;第二,若无法律保障企业的控制,其与他方进行数据合作、交易可能缺乏起点,也会由于担忧失去控制而减少参与合作和交易⑤;第三,若法律保护不足,企业会把更多资源投入建设技术壁垒,但这种自力救济只影响利益分配,不生产价值,浪费资源。⑥

上述论点抽象来看言之成理,但若结合数字经济的现实逻辑,却又似

---

① 但真的是吗?See Katharina Pistor, "Rule by Data: The End of Markets?," *Law and Contemporary Problems*, Vol. 83, 2020, p.108.
② 丁道勤:《基础数据与增值数据的二元划分》,载《财经法学》2017年第2期。
③ 例如,姜启波:《数据权益纠纷司法裁判的价值准则》,载《中国应用法学》2022年第6期。
④ 如程啸:《论大数据时代的个人数据权利》,载《中国社会科学》2018年第3期。
⑤ 如邢会强:《大数据交易背景下个人信息财产权的分配与实现机制》,载《法学评论》2019年第6期。
⑥ 如崔国斌:《大数据有限排他权的基础理论》,载《法学研究》2019年第5期。

是而非。若论者有关数据流转的想象,以"中间商赚差价"为原型,即企业处理原始数据形成大数据集,将其通过打包分发或授权访问等方式提供给用户,则企业收回成本甚至营利的预期,确实与其对大数据集获取的控制有无财产权保护紧密挂钩。但即便承认此种数据中介活动的社会价值,赋予其排除第三方传播的权利,仍可能导致中介市场缺乏竞争、数据后续利用成本过高等问题。各类受著作权保护的收费学术资源数据库,近年来面临日益广泛的指责,甚至引发激烈抗争,对此应有启示。① 而更重要的是,后面第五章还将进一步讨论,科技企业投入数据处理活动的动力,主要不来自预期通过许可或出让数据获得报酬,而是借助处理数据形成更强的算法决策能力。② 这种能力服务于企业建立并控制更长的价值生产链条,乃至庞大多元的商业体系,而链条或体系中的生产活动,又成为新的可控数据来源。③ 若这一"闭环"逻辑成立,企业生产数据资源和建设数据壁垒的激励,其实并不见得会因缺乏额外的财产权保护而降低。企业间数据合作,也可以持有企业对数据获取的实际控制为起点,通过契约、技术措施甚至企业兼并等方式完成。因此,在大型企业主导数字经济的格局下,法律对企业数据提供额外财产保护的必要性未必很高。

而在过去多年中,一个有意思的现象是,主张排他性权益的企业祭出的重要理论依据,其实(或者竟然)往往是保护用户的数据隐私。在中国,新浪微博和脉脉之间有关用户数据曾发生的纠纷,是一个绝佳的早期示例。作为纠纷产生的背景,脉脉原本与新浪微博之间存在商业合作关系,后者为前者提供数据接口,使得新浪微博用户可以利用微博账户登录脉脉的职场社交网络平台。但在未获得并非脉脉用户的微博用户以及微博平台授权的情况下,脉脉通过抓取微博公开信息的方式,收集了更多微博用户的头像、职业和教育背景等个人信息,用于建设、扩展脉脉平台上

---

① Noam Scheiber, "The Inside Story of Why Aaron Swartz Broke Into MIT and JSTOR", https://newrepublic.com/article/112418/aaron-swartz-suicide-why-he-broke-jstor-and-mit (last visited: 2023/6/19).

② Katharina Pistor, "Rule by Data: The End of Markets?," *Law and Contemporary Problems*, Vol. 83, 2020, p.111.

③ Ibid.

的社交网络。新浪微博起诉脉脉,指控后者的行为不但构成不正当竞争,而且侵害了微博用户的隐私和安全。① 而在新浪微博与包括脉脉在内的合作开发者之间所签订的开发者协议中,新浪微博的确要求第三方开发者在需要收集微博用户数据时,必须事先获得用户的知情同意。②

脉脉案以新浪微博胜诉告终。③ 这场官司中,微博采取了依托保护用户隐私的名义维护自身竞争利益的诉讼策略,这使得数据隐私问题在企业竞争维度的展开,鲜明地跃上了中国信息法治的前台。脉脉因未取得用户同意而明确违反了开发者协议,使得该案的司法处理简单化了。但这不意味着企业竞争维度的数据隐私问题不会变得更为复杂。试想,如果甲企业获取乙企业收集的用户数据,虽未获得乙企业的同意,但却取得了乙企业用户的授权,此时,甲企业的行为是否构成不正当竞争,或在任何其他意义上侵犯了乙企业的某种权利?大约在微博与脉脉案的相同时期,据报道,某些记账类应用,就曾通过要求其注册用户接受一揽子授权式用户协议的方式,使用户授权其可"从任何第三方"收集该用户的个人数据。在此基础上,这类财务应用甚至可以要求用户提供其在另一金融平台(如支付宝)上的账号和密码,进而自行访问该用户在后一类金融平台的账户,从中提取用户的交易记录和其他信息。④ 尽管在抽象意义上,记账应用经营者的这类数据获取行为,是在用户授权的前提下作出的,但必然遭到金融平台的反对。这是因为,后者认为记账应用获取的金融平台账户内数据,已不仅仅是个人信息,而是经过金融平台加工处理后的高价值数据资源,或"增值数据",不再处于其用户基于个人信息权的

---

① 北京淘友天下技术有限公司等与北京微梦创科网络技术有限公司不正当竞争案,北京知识产权法院二审民事判决书,(2016)京73民终588号。

② 新浪微博当时的开发者协议中规定:"开发者应用或服务需要收集用户数据的,必须事先获得用户的同意,且仅应当收集为应用程序运行及功能实现目的而必要的用户数据和用户在授权网站或开发者应用生成的数据或信息。开发者应当告知用户相关数据收集的目的、范围及使用方式,以保障用户的知情权。"

③ 北京淘友天下技术有限公司等与北京微梦创科网络技术有限公司不正当竞争案,北京知识产权法院二审民事判决书,(2016)京73民终588号。

④ 对此类企业曾经采取的相关实践的一个详细描述,见《如何看待挖财钱管家的安全性?》,载知乎网,https://www.zhihu.com/question/24918809/answer/47549119,最后访问日期:2023年6月18日。其中涉及相关企业的用户协议经查已修改。

主张可加以控制的范畴之内。例如,支付宝的用户协议中就明确规定,"支付宝会员号和账户仅限您本人使用,不可转让、借用、赠与、继承"①。

实际上,"账户"并非一个空壳,而应被理解为包含了各类用户个人信息的一个信息权益集合。② 但上述用户协议,实际上通过合同的方式,切断了信息主体与账户信息之间的联系,为企业已然在通过技术排斥手段——如为其他企业使用用户账号密码登录平台获取数据的行为设置技术障碍——谋求实现的排他性数据权利,提供了进一步的保障。而我国法院在包括新浪与脉脉等案件中的裁判进路,被描述总结为"三重授权",其实际上是在法律层面,对企业试图通过协议搭建的用户个人数据基本界权安排提供的进一步支持:"三重授权"的基本要求,是最初收集用户数据的企业需要先获用户授权,而后续企业为获取上述数据,既要得到当前控制数据的企业授权,还要再次获得用户授权。③ 由此看来,借用莱西格多元规制框架中的概念,为了支持自身对其在用户个人信息之上处理获得的数据资源享有独占权益,互联网企业在技术、市场(合同)和规范(创造权利话语)这几个角度都已有所着力,而法律层面,在基于竞争法的司法裁判已经提供支持的情况下,或许要说还差那么点意思的,也就是在立法上对"企业数据权"或其他相关产权概念加以确认这一锤定音了。

正是透过此类有关"企业数据权"的主张和相关争议,我们才更清晰地看到,在企业竞争维度,数据隐私问题的真正面向,并非用户个体的权益受到何种侵害、应如何加以保护——尽管涉及数据争议的企业,仍要大张旗鼓地要将用户隐私带入讨论,甚至将保护数据隐私作为支持其排他性竞争权益的重要理由。而数据隐私问题以类似方式在企业竞争维度展开、呈现,也不是中国特色。在美国近年发生的一场旷日持久、引人瞩目

---

① 《支付宝服务协议》四(二)4,https://render.alipay.com/p/f/fd-iztow1fi/index.html。其他公司也均采用类似的账号规则。见岳林:《网络账号与财产规则》,载《法律和社会科学》第 15 卷第 1 辑,法律出版社 2016 年版。

② 胡凌:《超越代码:从赛博空间到物理世界的控制/生产机制》,载《华东政法大学学报》2018 年第 1 期。

③ 徐伟:《企业数据获取"三重授权原则"反思及类型化构建》,载《交大法学》2019 年第 4 期。

第三章　数据隐私的法律经济学：议题维度的展开与转进　　　　115

的数据爬取相关诉讼中，2017年，加州北区的联邦地区法院首先作出裁定，著名职业社交网站LinkedIn无权阻碍猎头数据分析公司hiQ Labs使用爬虫软件爬取LinkedIn网站中用户"公开"的个人信息。与新浪微博案中的原告类似，LinkedIn在此案中指出，hiQ Labs爬取用户个人信息的行为对用户的隐私和信息安全构成了威胁。① 但地区法院的主审法官在2017年作出裁定时，首先支持hiQ Labs商业模式和数据获取行为的合法性，不但指出LinkedIn保护用户隐私的主张是虚伪的——与其自身以大量收集、分析个人信息为依托的商业模式形成鲜明反差，甚至暗示LinkedIn对hiQ Labs的压制有可能违反了反垄断法。② 这一裁决与此前美国一些涉及数据爬取的判例取向相左，令观察者大跌眼镜。③ 但这也体现出，至少在当时，美国司法界至少有部分人士对"开放互联网"（open internet）的理念颇为买账，对企业数据权主张的反竞争意涵则高度警惕，即使这种企业独占权的主张会被用保护用户隐私的理据包装起来。

不过，该案之所以精彩，当然不只因其初始裁决立场鲜明，更是由于这一裁决只是大戏开场，吊足胃口。LinkedIn的诉讼努力在六年中持续不懈，在上诉、申诉以及两度发回重审的过程中，屡挫屡战。2021年，美国最高法院首先因另一个先例的出台，撤销了第九巡回法院先前作出的维持地区法院禁令裁定的决定，将该案发回重审，尤其要求重新审定LinkedIn采取的技术防御措施和律师函警告等，是否足以使hiQ Labs的爬取数据行为性质转变为"未经授权"。进而，2022年中，第九巡回区上诉法院在将案件发回北加州地区法院时，判定hiQ Labs对公开数据的爬取行为在新的判例之下仍不构成对CFAA的违反，并再次明确维持了要求LinkedIn不得阻止hiQ Labs爬取数据的禁令。④ 而临近2022年年底，北加州地区法院在重新审理时，态度却有所转变，对LinkedIn更为有利，

---

① hiQ Labs, Inc. v. LinkedIn, 2017 WL 3473663 (N.D. Cal. Aug. 14, 2017).
② Ibid., p.23.
③ Venkat Balasubramani, "LinkedIn Enjoined From Blocking Scraper-hiQ v. LinkedIn," TECHNOLOGY & MARKETING LAW BLOG, https://blog.ericgoldman.org/archives/2017/08/linkedin-enjoined-from-blocking-scraper-hiq-v-linkedin.htm (last visited 2023/06/19).
④ hiQ Labs, Inc. v. LinkedIn Corporation, 2022 WL 1132814 (Ninth Circuit April 18, 2022).

认为 hiQ Labs 在过去六年间的持续数据爬取行为，即使不违反 CFAA，也可能构成州法层面的违法。① 彼时，早被微软收购的 LinkedIn 仍然稳定经营，hiQ Labs 却已然只剩空壳。双方在 2022 年 12 月初达成和解。② 而由于整个案件以此种方式终局，爬取公开数据行为在美国法上的合法性问题，实际上依然悬而未决。——甚至，在整个案件过程的各环节裁决中，第九巡回区上诉法院有关数据爬取不违反 CFAA 的判定，其实是先例价值最高的。③

而相比于 hiQ Labs 案中的部分裁决，在理念上更激进的抵制企业数据排他专有的立场，则体现在欧洲已经通过《通用数据保护条例》（GDPR）等规则正式确立的数据可携权（portability）制度。④ 可携权制度意味着用户对其授权提供给企业的个人信息享有持续延伸的控制；在这种制度下，用户更换网络信息服务商时，可要求将其在现服务商处保存的个人信息直接迁移到新的服务商。⑤ 而根据 2017 年欧盟工作组就可携权条款出具的进一步指导意见，用户可要求服务商迁移的信息范围，明确包括用户在现有服务商平台上积累的、被直接观察到的活动历史和他人评价（尽管不包括进一步的综合评分）等。⑥ 抽象来看，对于积累巨大用户资源的成熟互联网企业来说，可携权一旦落实，将会对其排他专有数据资源的诉求构成冲击。而将降低竞争门槛的钥匙交给个体用户，则再次印证了数

---

① *hiQ Labs, Inc. v. LinkedIn Corporation*, 2022 WL 18399982（N. D. Cal. Nov. 4, 2022）.

② Jeffrey D. Neuburger & Proskauer Rose LLP, "hiQ and LinkedIn Reach Proposed Settlement in Landmark Scraping Case," New Media and Technology Law Blog, https://www.natlawreview.com/article/hiq-and-linkedin-reach-proposed-settlement-landmark-scraping-case （last visited 2023/6/28）.

③ 国内一些媒体的解读是错误的。例如,《尘埃落定：领英获得其与 hiQ 诉讼的胜利》，载微信公众号"数据信任与治理"，https://mp.weixin.qq.com/s/9oUBnVewoqGaj6HPuKk94w，最后访问日期：2023 年 6 月 9 日。

④ *General Data Protection Regulation（GDPR）*, Regulation 2016/679 of the European Parliament and of the Council of 27 April 2016, Art. 20.

⑤ Ibid., Art. 20.

⑥ Jurre Reus, Nicole Bilderbeek, "Data portability in the EU: An obscure data subject right," IAPP, https://iapp.org/news/a/data-portability-in-the-eu-an-obscure-data-subject-right/ （last visited: 2023/6/19）.

据隐私问题在现实中已经超出个体权益维度。然而值得疑问的是，可携权这一围绕个体选择建构的权利，真是实现数据资源最优配置的权益安排模式吗？实际上，在 GDPR 出台后，有效落实可携权的技术和市场机制始终未能形成，也很难观察到消费者有据此维权的动力。① 但欧盟显然并未放弃、甚至加码押宝在借信息主体个人控制权撬动竞争的策略。在 2022 年初公布的《数据法案》草案中，欧盟委员会进一步明确，数字产品的用户应有权获取并共享其在使用产品和服务过程中产生的数据，而数据持有者则必须对此予以配合。② 这些雄心勃勃的要求如何落地，截至本书成稿之时③，仍待观望。

生产关系维度的经济分析

随着人工智能的研究和应用近年来迅速发展，数据隐私问题正进一步延伸到更为宏观、也更具基础意义的生产力如何发展、生产关系如何安排这一政治经济学维度。而数据隐私问题出现这一扩展的主要原因在于，即使在大语言模型兴起的背景下，人工智能在当下和近期的继续发展，仍以获取高质量数据作为基本前提。④

关于人工智能在宏观上可能对人类社会现有政治经济安排带来的冲击和挑战，业界、学界和民间早有各类推测和构想。由于人工智能已开始在许多领域逐步替代人类劳动力的作用⑤，根据某些末日论调，人类最终

---

① 见下文第四部分第 3 节。

② Data Act, Regulation 2022/0047 of the European Parliament and of the Council of 23 February 2022, Art. 4-5.

③ 欧盟内部也出现了一些质疑，例如，Wolfgang Kerber, "Governance of IoT Data: Why the EU Data Act Will not Fulfill Its Objectives," GRUR International, Vol. 72, 2023, pp. 120-135.

④ See e. g. Jean Kaddour et al., "Challenges and Applications of Large Language Models," https://arxiv.org/abs/2307.10169, pp. 2-4.

⑤ 有预测指出，未来数十年中，人工智能将使 50% 的工作岗位实现自动化。Carl Benedikt Frey & Michael A. Osborne, "The Future of Employment: How Susceptible are Jobs to Computerisation?," Technological Forecasting & Social Change, Vol. 114, 2017, pp. 254-280.

将完全被机器取代,甚至像主奴辩证法所提示的那样,最终被机器或机器背后的极权资本所奴役。① 即使不那么科幻,根据芝加哥大学的两位经济学家基于 1975 年至 2012 年间 59 个国家的数据作出的观察和分析,与人类近代历史以往有关技术革命的经验不同,自 1980 年代以来,基于信息科技的发展,人类劳动者收入在社会总体收入中所占的比重,不再如以往那样能够维持在技术革命之前的水平,而是出现了非常明显的下降。② 这一趋势更为真切地提示,随着人工智能生产力的提高,人类劳动确实可能进一步、甚至彻底失去其在传统意义上的生产价值。

如果大趋势如此,那么人类社会在未来面临的一项重要挑战,看来就是重新建构与财富分配有关的基本社会契约。而假设人工智能真的全面取代人类劳动,那么后者也就无法再成为人类个体主体性和价值尊严的来源,人之为人的依据甚至因此要转向"闲暇"(pleasure)或"游戏"(play),个体生活的基本保障也只能依靠类似"普遍基本收入"(Universal Basic Income)这样在历史和现实中已经被提出、并在一些国家以不同形式施行的政府财政措施。③

但正如 Arrieta-Ibarra 等学者所提出的,在多种未来可能中,这应该只是其中一种。与之相比,理论上,应当还会有更利于维护人类主体性和劳动价值的生产关系安排方案。④ 而这种预测的核心逻辑前提就在于,人类个体通过生产数据参与机器智能的研发过程,至少在当前和未来一定时期内,仍会是人工智能介入乃至趋于主导的生产模式所必须包含的生产环节。尽管人工智能已被渲染得神乎其神,但至少到目前为止,无论是早期基于编程的人工智能,还是新一代基于机器学习的人工智能,乃至预

---

① 例如,孙大剩:《〈西部世界〉中的主奴辩证法》,载澎湃新闻,https://www.thepaper.cn/newsDetail_forward_1578937,最后访问日期:2023 年 6 月 19 日。

② Loukas Karabarbounis & Brent Neiman, "The Global Decline of the Labor Share," *Quarterly Journal of Economics*, Vol. 129, 2014, pp. 61-104.

③ Philippe van Parijs and Yannick Vanderborght, *Basic Income: A Radical Proposal for a Free Society and a Sane Economy*, Harvard University Press, 2017, pp. 70-98.

④ Imanol Arrieta-Ibarra, Leonard Goff, Diego Jimenez Hernandez, Jaron Lanier & E. Glen Weyl, "Should We Treat Data as Labor? Moving Beyond 'Free'," *American Economic Association Papers and Proceedings*, Vol. 108, 2018, pp. 38-42.

训练的大语言模型,对社会生产力提高的贡献都尚且有限。究其原因,特别是对于机器学习来说,充足规模的高质量数据是开发出真正有生产价值的算法所必需的资料,而此类高质量数据在"免费数据换免费服务"的互联网商业模式下供给不足:尽管消费者自愿提供、并为各类数据企业获取的个人行为数据规模极为庞大,但这类数据总体上都以消费、而非以生产为导向。① 例如普通网络用户浏览电商网站页面的踪迹这类数据,对于企业来说,收集成本极低,也构成了所谓"大数据"中最常见的类别。相比之下,有关人类如何对不同语文进行翻译、律师如何对合同条款进行审阅、法官如何作出司法决策等行为的数据,其获取成本相对更高。② 而2022年底开始风靡全球的基于大语言模型的各类生成式人工智能应用(以 ChatGPT 为代表),之所以被视为重大突破,就在于其似乎终于使得机器全面获得了像人类一样从事生产性甚至创造性表达的能力③——这才是人们真正寄望又深感忧虑的人工智能。不过,截至目前,生成式人工智能的模型研发,仍以极大规模的高质量训练数据为基础,且已经引发了与数据权属有关的法律争端。④

因此,人工智能的发展,在较长的时期内,都曾经并有可能继续面临

---

① Imanol Arrieta-Ibarra, Leonard Goff, Diego Jimenez Hernandez, Jaron Lanier & E. Glen Weyl, "Should We Treat Data as Labor? Moving Beyond 'Free'," *American Economic Association Papers and Proceedings*, Vol. 108, 2018, pp. 38-39. Eric A. Posner & E. Glen Weyl, *Radical Markets: Uprooting Capitalism and Democracy for a Just Society*, Princeton University Press, 2018, Ch. 5.

② 以 2018 年发布的著名的法律人工智能实验为例,研究者为开发可实现简单合同审阅任务的人工智能算法,聘请了 20 位业内资深律师参加,提供机器学习的样本数据,其成本可想而知。"Comparing the Performance of Artificial Intelligence to Human Lawyers in the Review of Standard Business Contracts," Law Geeks, https://images.law.com/contrib/content/uploads/documents/397/5408/lawgeex.pdf (last visited: 2023/6/19).

③ 开发 ChatGPT 的 OpenAI 在一开始设定的目标就是使 AI 具有超出仅能完成预先训练过的特定任务的泛化能力。OpenAI, Better Language Models and Their Implications, Feb. 14, 2019, https://openai.com/research/better-language-models (last visited 2023/11/08).

④ 最引人注目的是一系列针对大模型开发者的版权诉讼,而版权诉讼的实质就是数据。例如,Alex Astro, "George R. R. Martin and Other Authors Sue OpenAI for Copyright Infringement," The Verge, https://www.theverge.com/2023/9/20/23882140/george-r-r-martin-lawsuit-openai-copyright-infringement (last visited: 2023/11/08).

一个与数据隐私问题有关的微妙局面:尽管从总体趋势上看,人工智能有望驱动生产力大幅飞跃,并由此带来生产关系的剧烈变动,但在这一切发生之前,人工智能生产潜能的充分开发,本身却受到生产导向数据不足这一瓶颈的严重局限。而为了促使更多生产导向数据获得生产、满足人工智能开发的需求,恐怕又正需要从数据隐私问题着手,先行展开生产关系的重构。

据此,有学者提出,既然数据对于人工智能生产过程来说,应被视为生产资料,那么个人作为信息主体所从事的一切产生数据的活动,本身就应被认定为劳动。而人工智能企业从信息主体处收集、获取信息的过程,则应被视为由劳动者参与人工智能生产的一个基本劳动环节,企业理应就数据生产活动向劳动者支付报酬,允许后者以直接、透明、公允的方式参与价值分配。

这种被相关学者称为"数据作为劳动"(data as labor,或"DaL")的新型数据生产关系模式,对应的是传统商业互联网中用户数据因其使用服务而被企业免费收集、并由此形成企业投资成果和专有资源的"数据作为资本"(data as capital,或"DaC")模式。鼓吹者认为,DaL 相对于 DaC 的优势在于,一方面,信息主体在体现 DaL 的数据权益安排之下,将会有更充足的动力进行生产导向的高价值数据生产——而这与个人权益维度上有关数据隐私保护制度效率意义的论证形成勾连;另一方面,在 DaL 模式下,政治经济学关注的劳动者地位和人类主体性问题,出现了新的想象空间,即人类作为信息主体所从事的各项活动,在其生产高价值数据的意义上,仍可被界定为劳动,而人类劳动者也因此将继续因数据劳动而享有主体性、尊严以及劳动报酬。①

尽管 DaL 是学者在宏观政治经济学层面提出的人与数据、人与人工

---

① Imanol Arrieta-Ibarra, Leonard Goff, Diego Jimenez Hernandez, Jaron Lanier & E. Glen Weyl, "Should We Treat Data as Labor? Moving Beyond 'Free'," *American Economic Association Papers and Proceedings*, Vol. 108, 2018, pp. 38-42; Eric A. Posner & E. Glen Weyl, *Radical Markets: Uprooting Capitalism and Democracy for a Just Society*, Princeton University Press, 2018, Ch. 5; Hanlin Li et al., "The Dimensions of Data Labor: A Road Map for Researchers, Activists, and Policymakers to Empower Data Producers", https://arxiv.org/ftp/arxiv/papers/2305/2305.13238.pdf.

智能关系的构想,但这一构想又对思考个体权益和企业竞争两个维度上的数据隐私问题,给出了方向性提示:如果数据生产本身应被视为劳动,那么信息主体对于本人信息的控制,就可类比于其对自身劳动力和劳动成果的控制,而企业对于其获取的数据所享有的专有权,也不应超出企业对传统劳动力和人力资源所享有的专有权限度,且数据资源的流动和共享利用,应在尽可能的范围内获得鼓励和保障。

但需要注意的是,如果我们将落实 DaL 这一数据生产关系的安排,仅仅寄托于赋予个体数据劳动者以个体信息控制权,那么数据隐私问题无疑就又会再次循环、落回到其在个体权益维度面临的相同困境:由于广大网络用户在免费互联网模式常年浸淫下,已经产生了路径依赖,又不了解、也无法了解机器学习背景下自身参与数据和人工智能生产的意义,并且大型数据企业也有激励借助其买方垄断地位(monopsony)维持现有的用户认知和行为习惯[①],因此以建构、赋予个体权利为核心面向的法律制度,实际上无法保证数据不继续被资本以较低的对价收割。不仅如此,还需要看到,如果 DaL 模式的证立依据,是其更有助于人工智能提高生产力,那么此处暗含的一个基本要求,就是市场——或某种类似、模拟市场的机制——能够基于实际被生产出来的数据的质量,对不同的数据劳动作出区分定价。而就目前来看,对数据劳务实现有效定价的机制尚不完善。

除上述"劳动—资本"二元关系角度的讨论外,尽管并非这里的重点,但值得提及的是,在政治经济学层面,数据隐私问题在今天还由于数据化公共治理(digitized governance)的普遍化,而可能产生更为复杂的体制性后果。与商业互联网走向大数据化的进程几乎平行,政府在当代寻求加强、改善公共治理的过程中,不但长期大量收集公民个人信息,也在日益寻求对各类不断更新、升级的数据和算法能力加以应用。这使得政府积累并不断增加收集的公民个人信息,在公共治理领域中同样形成了极为重要的公共资源。在中国语境中,无论是"互联网+政务""智慧城市

---

① Imanol Arrieta-Ibarra, Leonard Goff, Diego Jimenez Hernandez, Jaron Lanier & E. Glen Weyl, "Should We Treat Data as Labor? Moving Beyond 'Free'," *American Economic Association Papers and Proceedings*, Vol. 108, 2018, pp. 38-42.

建设"还是更为庞大的社会信用体系建设,这些数据化公共治理实践的铺开,意味着国家与公民之间的关系将面临重新形塑,特别是公民自身的数据生产将更为鲜明地成为社会控制的基本依据。同时,国家与包括企业在内的市场组织之间,在社会控制场域中的互动也将更为紧密,特别是数据企业将可能成为国家落实数据化公共治理所依赖的基础设施建设、维护和运营合作者。"国家—企业—公民/消费者"这三类主体之间,由此会出现更加复杂的互动关系。当数据隐私问题处于这一复杂的政治经济学场域时,单纯的个体权利建构或"确权"的思路,就显得极为单薄了。

论题转向:机制设计

在数据隐私问题不断向纵深推进的背景下,有关数据隐私问题的制度性思考亟待迎来主要议题的转向。无论是为平衡个体权益诉求与社会福利、协调企业创新激励和市场竞争需要,还是为更妥善地安排面向未来、符合生产力发展要求的数据生产关系,富有想象力又切实可行的机制设计都将显现出极高的重要性。本章以下做几点初步讨论,旨在提示可能有价值的进一步研究和实践探索的方向。①

格式化合约设计及其监管

如前所述,赋予信息主体有关个人信息的控制,本身并不足以保证个体能够在信息收集、存储、使用、交易和利益分配等事项上,作出符合社会效率要求的行为选择。但正如科斯的讨论所示,法律在个体层面提供基准性界权的积极价值,是使信息主体和信息处理者能较为容易地找到交

---

① 除本部分讨论的四个方面的机制设计外,其他已被提出并可能值得考虑的项目,还包括设计可行的对"数据污染"征收的庇古税(Pigovian tax)。See Omri Ben-Shahar, "Data Pollution," *Journal of Legal Analysis*, Vol. 11, 2019, pp.138-143.

易起点。① 然而,统一法律界权的潜在缺陷,是其常常难以照顾不同交易主体及不同交易情境中个体对数据隐私的差异化需求。尽管在理论上,零交易成本的世界中,人们可以围绕任何法律规则展开科斯式交易,有效率地重新配置资源,但高交易成本、缺乏信息、偏爱现状(status quo bias)等因素,还是可能使原意在作为交易起点的缺省规则(default rules),订立后变得过于黏滞,成为终局性安排。②

基于此,除了在各类法律法规中正面表述、界定个人信息权益之外,一项对治理者而言重要且有意义的工作,应是推动、激励乃至直接参与情境化的用户个人信息格式合同协议条款的设计。格式合同在传统的消费者保护法研究中,常被视为商家借以从消费者群体向自身转移财富的工具,甚至可能被认为"显失公平"。③ 但更晚近、思路更务实的研究则指出,格式合同在日益复杂的现代经济、特别是互联网经济中,不但不可避免,而且如正确对待、善加利用,总体上可能更有利于消费者福利的改进。④ 对于商家和消费者之间有关个人信息的协议——隐私协议或隐私政策——而言,其中需要包含的条款之丰富和琐碎,是每个理性的消费者在进行日常交易时都不可能付出相应成本加以了解、并与企业进行单独洽商的。一律接受格式条款,对于每个个体都必定更有效率。消费者当然不可能去实际阅读冗长、复杂的格式合同内容,而这似乎给了商家通过格式合同限制消费者权利、实施不公平交易条款的机会。但需要注意的是,格式合同的批量化使用,本身可以降低监管者的监管成本——通过有效监管厂商个人信息格式合同的内容,监管者反而可以更低的成本,将监管触角延展覆盖到作为相应格式合同适用对象的

---

① R. H. Coase, "The Problem of Social Cost," *Journal of Law & Economics*, Vol. 3, 1960, p. 8.

② Omri Ben-Shahar & John A. E. Pottow, "On the Stickiness of Default Rules," *Florida State University Law Review*, Vol. 33, 2006, pp. 651-682.

③ Arthur Allen Leff, "Unconscionability and the Code—The Emperor's New Clause," *University of Pennsylvania Law Review*, Vol. 115, 1967, pp. 485-489.

④ Omri Ben-Shahar, "Regulation Through Boilerplate: An Apologia," *Michigan Law Review*, Vol. 112, 2014, pp. 883-904.

海量交易。①

需要指出的是,如果法律就用户个人信息作统一界权,且界权内容足够细致,这实质上就相当于提供了一套各类市场交易主体均要普遍遵行的格式合同。但数据隐私问题是场景化的,人们在不同语境中——例如用户使用的是普通社交网站服务还是成人社交网站服务,是在获取金融服务还是医疗服务,等等②——对个人信息收集和使用的偏好也注定不同。因此,有效的个人信息市场上,应存在多元而非单一的格式合同,而数据隐私立法和监管不但要允许格式合同设计的差异化,还应尽量设法助推这种差异化格式合同的出现。例如,在电商、医疗、金融、云计算等不同领域中规制数据隐私问题时,法律在基础规则层面提出差异化要求,有助于各领域内相互有所区别的格式合同的出现。

而法律助推格式合同的差异化,其前景还不止基于交易语境的差异化。在大数据行为和心理分析的基础上,有关数据隐私的法律规则和参照相关法律规则设计的个人信息格式合同条款,都可以追求"因人而异"(personalization)。例如,由于消费者的信息隐私偏好与其人格特质呈高度相关,法律可要求互联网信息服务提供者根据消费者的人格特质提供差异化的缺省隐私设置③,乃至完整的个人信息格式条款。这可使不同消费者获得的隐私与服务的组合,都能够最大化其个体效用,并促进个人信息的生产。

个人信息安全保险

与公众人物相比,绝大多数人在数据隐私领域最为关注的,其实并非维护公共形象一类隐私利益,而是因个人信息泄露和滥用而可能导致的人身和财产安全风险。在直觉层面,法律界权——特别是民法人格权确

---

① Ibid.
② 研究者发现现实中这些不同领域内的厂商提供的隐私条款的确存在与其业务内容相关的差异。See Florencia Marotta-Wurgler, "Self-Regulation and Competition in Privacy Policies," *Journal of Legal Studies*, Vol. 45, 2016, pp. S13-S40.
③ Ariel Porat & Lior Jacob Strahilevitz, "Personalizing Default Rules and Disclosure with Big Data," *Michigan Law Review*, Vol. 112, 2014, pp. 1468-1469.

权——的一个明显价值,似乎是信息主体可据此通过民事诉讼的机制就此类损害寻求救济。但需要注意的是,即使在集体诉讼机制足够有力的制度语境中,侵权诉讼也往往不是一种好的救济信息安全损害的方式。根据欧美已有的相关诉讼经验,此类民事诉讼中,原告很难证明其遭受的损失与特定信息泄露之间的因果关系,甚至常常无法证明损害本身存在[1]:当大规模信息泄露发生并获得披露时,对于事件涉及的每一个具体信息主体而言,其可能因此遭受的更具体、形象的损害,往往还没有发生,最多是一个概率事件或不确定事件,而任何国家的法院系统事实上都不善于对概率性损害厘定赔偿方案。[2]

但即使每个个体事实上面临的损害预期可能都不大,由于信息泄漏风险往往会涉及大量个体,加总之后的规模又相当可观,如果数据收集者和处理者不被充分追究赔偿责任,就可能引发较为严重的道德风险。反过来,如果司法者因缺乏信息或过于热衷保护权利,在仅有概率性损害的情况下,对数据收集者和处理者施加过重的责任,又可能引发用户一侧的道德风险问题,使得企业面临过于严重的诉讼负担。

因此,为有效控制、管理个人信息泄露产生的安全风险,仅有民事诉讼救济是不够的。基于系统性风险评估和风险管理的保险市场,是合理补偿个体风险损失、满足个体安全偏好的重要机制。就大规模个人信息泄漏事件所导致的风险而言,企业如果因侵犯个人权利而被要求承担民事赔偿或行政罚金责任,那么以此为基础,其还应被要求强制购买责任保险。这种强制责任险能够更有效地保障用户在相关风险落为实际损害时获得相应填补。但更重要的是,借助强制责任保险制度,保险公司可在数据隐私和信息安全领域介入,这除了有利于救济落实外,也可能创造一个改善风险信息收集、风险定价和系统性风险管理的新契机。

当然,除了企业责任险之外,市场上已经较为常见的,还有个人信息

---

[1] Omri Ben-Shahar, "Data Pollution," *Journal of Legal Analysis*, Vol. 11, 2019, p. 125; Daniel J. Solove & Danielle Keats Citron, "Risk and Anxiety: A Theory of Data-Breach Harms," *Texas Law Review*, Vol. 96, 2018, pp. 737-786.

[2] Troyen A. Brennan, "Causal Chains and Statistical Links: The Role of Scientific Uncertainty in Hazardous-Substance Litigation," *Cornell Law Review*, Vol. 73, 1988, pp. 491-493.

安全类保险。这类保险无疑对于降低个人风险、填补损失有重要价值。但与其他许多领域类似,当可以为预期损害购买保险时,个体自身进行合理数据隐私防范的激励也可能会降低,即出现道德风险问题。而在数据隐私语境中,由于个体随意披露本人数据的行为,有可能增加他人数据隐私风险,因此保险外部性(insurance externality)是信息安全保险市场缺乏效率的一个可能来源。① 个人信息安全险的这一问题,反过来更说明推动、建立强制企业责任险的必要性。

责任规则与数据定价

企业竞争维度上的机制设计相对更复杂,需要同时照顾到持有数据的先发企业投资于收集、处理个人信息并基于此生产高价值数据资源的激励,以及后发企业充分利用现有资源寻求创新、避免形成垄断等市场竞争价值。

如前所述,无论是在个人还是企业的层面,有关数据权属安排的常见设计建议,总体上都依循着财产规则(property rule)的思路,即试图将由个人信息生出的数据资源进行分类之后,一部分的排他控制权交付个人,另一部分的排他控制权交付企业,而对于个人或企业各自控制的资源,第三方只有在获得前者自愿同意的前提下,才能通过交易的方式获取或加以利用,包括直接抓取或间接获取等违背权利人控制原则的方式都不为法律所许可。

根据法律经济学的一般看法,财产规则的优势在于通过确保交易的自愿性,来避免资源配置变化的无效率,但其劣势则在于当交易成本较高时,有效率的交易可能难以发生。② 例如本章此前已有讨论,在企业竞争维度,基于策略性考虑,为维护并巩固自身市场地位,拥有高质量数据资源的企业,通常追求通过协议和技术,在最大限度上控制其他企业对相同数据资源进行利用的对价和方式。

---

① Omri Ben-Shahar, "Data Pollution," *Journal of Legal Analysis*, Vol. 11, 2019, pp. 117-118.

② Guido Calabresi and A. Douglas Melamed: "Property Rules, Liability Rules, and Inalienability: One View of the Cathedral," *Harvard Law Review*, Vol. 85, 1972, p.1106.

第三章　数据隐私的法律经济学:议题维度的展开与转进

前文提到,对于企业数据控制可能妨碍数据资源有效流转和利用、助长垄断的问题,以欧盟倡导的数据可携权为代表的解决思路,是用个体控制权节制企业专有权,由此撬动日趋封闭的数据资源配置格局。在 GDPR 通过后不久,包括 Google、Facebook、Microsoft 和 Twitter 在内的几家巨头平台公司之间,率先宣布达成了实质上在一定范围内落实可携权的机制安排;这些企业之间在对现有 API 模式升级的基础上,通过建立一套允许用户在平台间直接传输个人数据的系统,实现用户在平台间的灵活迁移。[①] 表面上看,这一安排反映了可携权的要求,对个体用户有利,也促进了可共同利用的数据资源池的扩大。但对于大多数用户而言,当能够在大平台之间"自由"迁移时,他们将自身的服务需求——以及其数据——迁移到这些大平台之外的其他企业的可能性,或许也会进一步降低,而市场本身的集中度甚至可能因此提高。

相比而言,另一个更为激进的机制设计思路,是基于"责任规则"(liability rule),重新设置企业数据权益的机制。这一思路受到小波斯纳和维尔极富创造力的机制设计构想启发。[②] 他们指出,任何"财产规则"(property rule)本质上都必然带来某种程度上的垄断效果,因此如果社会期待使资源在充分流转的基础上实现有效率配置,那么对于任何资源占有者而言,其受到的保护都应采取责任规则而非财产规则的模式。责任规则模式下,资源占有者对其资源不享有绝对的排他控制,只要要求第三方支付客观厘定的对价,资源占有的转移就可发生,无论资源占有者本人

[①] 该项目启动于 2017 年。See "Data Transfer Project," https://datatransferproject.dev/ (last visited 2023/06/27); "Introducing Data Transfer Project: An Open Source Platform Prompting Universal Data Portability," Google Open Source Project, https://opensource.googleblog.com/2018/07/introducing-data-transfer-project.html (last visited 2023/6/27). 谷歌明确指出这一项目是为 GDPR 合规之目的而开发。William Malcolm, "Our Preparations for Europe's New Data Protection Law," https://www.blog.google/outreach-initiatives/public-policy/our-preparations-europes-new-data-protection-law/ (last visited 2023/6/27).

[②] See generally Eric A. Posner & E. Glen Weyl, "Property Is Only Another Name for Monopoly," *Journal of Legal Analysis*, Vol. 9, 2017, pp. 51-124. 财产规则和责任规则的概念来自法律经济学早期的经典理论框架。See Guido Calabresi and A. Douglas Melamed, "Property Rules, Liability Rules, and Inalienability: One View of the Cathedral," *Harvard Law Review*, Vol. 85, 1972, p. 1089.

是否同意。① 因此，责任规则有时也被称为"强制交易规则"。

责任规则的可能问题当然在于，当资源转移并非基于自愿交易发生时，如果没有其他机制保证交易价格合理，那么资源的强制转移也可能导致无效率的配置结果，并破坏有效的投资激励。但小波斯纳和维尔的贡献在于，他们指出责任规则的上述缺陷可以通过资源占有人"强制报价加第三方征税（Harberger tax）"的方式获得有效处理。具体而言，对于任何一类资源，理论上，借助不断发展的数据信息科技，法律都可以要求当前持有者对其持有的资源进行登记，并自行给出主观估价，而任何第三方只要愿意支付这一估价，相关资源的权属就要转移给该第三方。同时，对于持有者当前持有的资源，政府会根据其自身给出的估价征税。而对税收比例的妥善设计，可有效抑制持有者对其持有资源过高估价的激励。②

尽管小波斯纳和维尔并未直接以数据资源为对象，但这一基于责任规则促进资源流转的机制设计思路，对于有关企业数据权益的制度安排有重要启发。数据资源的估值本身的确有一定难度。但在资本市场上，投资人对于数据企业所拥有的数据资产的价值，已逐渐形成一些基本的分析和估测思路。③ 如果基于责任规则的强制报价能够得到确立，这反而也应有助于进一步推动数据资源定价机制的形成。强制交易规则的落实，相比于价格不透明、交易受控于资源控制方的市场状态，更有利于降低新兴企业获取数据、参与竞争的门槛。进一步来说，对于那些确实高度关注数据排他独占利益的企业来说，如果为了确保独占，其甘愿在给出极高报价的同时支付足额税金，这也有利于保证独占权人为其独占权益向

---

① Ibid., Posner & Weyl, pp. 58-59.

② See generally Eric A. Posner & E. Glen Weyl, "Property Is Only Another Name for Monopoly," *Journal of Legal Analysis*, Vol. 9, 2017, pp. 66-84.

③ 例如，Lisa Morgan, "How Valuable Is Your Company's Data?," *Information Week*, https://www.informationweek.com/big-data/big-data-analytics/how-valuable-is-your-companys-data/a/d-id/1331246 (last visited 2023/6/27)。以及更一般性的，Chiehyeon Lim et al., "From Data to Value: A Nine Factor Framework for Data-base Value Creation in Information-intensive Services," *International Journal of Information Management*, Vol. 39, 2018, pp. 121-135; Heckman et al., "A Pricing Model for Data Markets," https://core.ac.uk/download/pdf/158298935.pdf (last visited 2023/7/2)。

社会支付相应的对价。尽管对于习惯了传统财产权观念的法律人来说，上述责任规则的思路会有不小冲击力，但既然承认数据资源不同于传统资源，那么至少在数据资源权益安排上接受创新，或许也并非过于激进。

数据劳务市场机制设计

如果"数据作为劳动"（DaL）被视为人工智能持续发展前景下更为可欲的生产关系形态，那么为促使从当前占据主导地位的"数据作为资本"（DaC）向"数据作为劳动"的范式转进能够实际发生，仅靠赋予个体对其自身个人信息的某种控制权，显然是不够的。特别是，鉴于人们早已习惯了免费互联网模式下以数据换服务的宏观社会契约，路径依赖会强化个体基于理性或非理性的理由，选择放弃这种控制，并由此不再享有持续参与数据资源价值积累与分配的权利。[①]

但即便要另起炉灶，将个体产生数据的各类行为理解为"劳动"本身，而不只是数据资本进行加工的客体，这种理念也必须在对此类数据劳动实现合理定价的基础上，才有可能获得落实。那么，对数据劳务进行定价的机制是否可能，又应如何设计？

尽管当前免费服务换免费数据的主导商业模式，限制了人们对此类定价机制的想象，但对数据劳务进行定价，在实践中显然不是天方夜谭。研究者对用户个人信息商业价值的一些粗略估算，当然可以提供初步的线索。[②] 但更直接的观察是，人工智能行业事实上一直以来都在大规模使用人工进行数据标识和分析，并对这些人工劳务支付报酬。[③] 而包括

[①] Imanol Arrieta-Ibarra, Leonard Goff, Diego Jimenez Hernandez, Jaron Lanier & E. Glen Weyl, "Should We Treat Data as Labor? Moving Beyond 'Free'," *American Economic Association Papers and Proceedings*, Vol. 108, 2018, pp. 40-41.

[②] *How Much Is Your Data Worth? At Least $240 per Year. Likely Much More.*, WIBSON, Jan. 8, 2018, https://medium.com/wibson/how-much-is-your-data-worth-at-least-240-per-year-likely-much-more-984e250c2ffa. Susan Athey et al., "The Digital Privacy Paradox: Small Money, Small Costs, Small Talk"（2018），Available at SSRN: https://ssrn.com/abstract=2916489.

[③] 甲子光年：《"数据折叠"：今天，那些人工智能背后"标数据的人"正在回家》，36氪，https://36kr.com/p/5119805.html，最后访问日期：2023年6月27日。

Amazon、Apple 和 Microsoft 等在内的以生产力为导向的互联网企业（相对于 Facebook 和 Google 等采用媒体化商业模式的企业），为了获得更多、更高质量的生产型数据，也都曾经或正在寻求将机器学习获利的至少部分价值，分享给为其提供相关数据的个体用户。一个早期的著名例子是，作为搜索引擎市场中的后发参与者，为了弥补其与 Google 相比因数据积累不足而在算法训练方面存在的劣势，Microsoft 在开发 Bing 搜索时，直接对用户就其使用行为提供现金报酬。[①] 企业层面的自发安排，在逻辑上并不难理解，并且完全可以作为探索未来数据劳务定价机制的起点。而未来尤其亟待探索的，是如何更为广泛地使劳动者——特别是高技能的劳动者——在生产活动的原始语境中制造的劳务数据，能够获得定价以及相应劳务支付。

但需要指出的是，依靠生产力导向的技术企业自发的探索和实践，还不足以确保体现"数据作为劳动"理念的生产关系安排，能够在宏观层面完整形成。前文提到，在当前买方垄断的数据市场条件下，有理由认为，即使是已经选择为获取数据付费的企业，其付费的数据范围和信息主体对象范围，也是相对有限的，就数据劳务支付的对价在算法生产剩余中所占的比重也较低。[②] 而且，有理由怀疑，从长期趋势上看，类似付费安排的范围可能会变小、对价可能会变低，而不是相反——因为尽管机器学习和深度学习在一个阶段之内，仍会对人类生产、标注的数据高度依赖，但人工智能的发展有可能超越这个数据依赖阶段：例如，有学者预测，最快到 2024 年，用于训练人工智能的数据中会有六成来自机器自身生成的虚

---

① Tom Warren, "Microsoft is Now Paying People to Use Bing in the UK with its Rewards Scheme," *The Verge*, https://www.theverge.com/2017/6/1/15723566/microsoft-rewards-uk-features（last visited 2023/6/27）.

② Aindrajit Dube, Jeff Jacobs, Suresh Naidu & Siddharth Suri, "Monopsony in Online Labor Markets," https://irs.princeton.edu/sites/irs/files/monopsony_crowdsourcing_resubmission_sept_25_2018.pdf（last visited 2023/6/27）.

拟合成数据(synthetic data),而不再是实际收集的数据。① 如果确实如此,那么这意味着,人工智能企业自主设计数据劳务报酬安排的动力会变得可能更低。而假定这将是长期趋势,则在现阶段借助类似集体谈判等机制②,尽可能提高数据劳动者与使用生产力数据的企业之间约定数据劳务关系时的谈判地位和筹码,就可能具有更高的紧迫性——甚至,或许已经有点来不及了。

小　　结

借助法律经济分析的理论工具,本章首先将数据隐私问题在三个不同层次的思考维度上逐层进行了分析展示。提供多维度议题框架的意义,不仅在于识别需要讨论的问题,更在于提示形成问题解决思路的方向——或者至少指出不大可能行得通的方向。

本章指出,真正有益的方向,是更多关注应对不同问题的合理机制设计。而在法律层面建构适当规范的工作,应当以前述的实质性思考作为基础。但长期以来,法学界乃至政策实务界的思路,其实恰恰与此相反。许多人认为,可一揽子解决数据问题的思路,恰恰是形式层面的数据产权或数据确权。在我看来,这种思路背后,其实有一个颇值得玩味的理论误解——这是下一章的话题。

---

① Michal Gal & Orla Lynskey, "Synthetic Data: Legal Implications of the Data-Generation Revolution", (2023) 109 *Iowa Law Review*, Forthcoming, LSE Legal Studies Working Paper No. 6/2023, Available at SSRN: https://ssrn.com/abstract=4414385 or http://dx.doi.org/10.2139/ssrn.4414385.

② Imanol Arrieta-Ibarra, Leonard Goff, Diego Jimenez Hernandez, Jaron Lanier & E. Glen Weyl, "Should We Treat Data as Labor? Moving Beyond 'Free'", *American Economic Association Papers and Proceedings*, Vol. 108, 2018, pp.38-42.

第四章　数据"确权"?

数据法形式主义

　　1935 年,美国法律现实主义者科恩(Felix Cohen)在其经典论文《超验废话》(Transcendental Nonsense)①中,曾异常辛辣地解构了当时司法裁判中盛行的形式主义。科恩认为,法官在裁判案件时,存在将法律概念——例如"公司""商号"等——过度实在化(thingify)的倾向,这使得他们常误以为,解决社会争议不取决于伦理判断,而在于能否像把握有形物那样确切认知、把握法律概念的内涵和所指。②

　　例如,科恩认为,在裁定一家 A 州设立的公司能否在 B 州法院被起诉时,法院其实本应考虑,跨州开展业务的企业在设立州之外接受司法管辖,对被告企业、原告可能造成何种影响,相关司法管辖安排可能涉及哪些经济、社会、政治和伦理问题。可即使卡多佐、布兰代斯这样的法官,其执笔的司法意见,通篇也都只尝试回答在科恩眼中与"一个针尖上能站多少位天使"一样在事实意义上无从回答的伪问题:"一家公司身处何地(where a corporation is)?""一家公司是否来到了本州?"③又如,在科恩看来,尽管法律保护商标商号的初衷是为保护消费者,防止其被滥竽充数的

---

① Felix Cohen, "Transcendental Nonsense," *Columbia Law Review*, Vol. 35, 1935, p. 809.
② Ibid., pp. 809-821.
③ Ibid., pp. 810-812.

商家用误导性标识坑害,但法院在司法裁判的过程中逐渐认为,商标商号之所以被保护,是因为其实质是有市场经济价值的事物(thing),有价值的事物构成财产,因此应当获得法律上的财产权保护——而这里的悖谬在于,法院忘记了,其实原本恰是因为法律决定对商标商号予以保护,后者才会具有经济价值。①

类似于20世纪上半叶的"公司"和"商号","信息""数据"等概念,自21世纪初以来成为法律人关注的新鲜事物后,照例先引发了一波形式主义探讨:什么是"数据"?数据本质是人格还是财产?近百年后的中国法律学者中,受形式主义禁锢较深的也不算少,但好在更多人形成了现实主义自觉——后者即便在围绕概念展开讨论时,也至少能清晰地意识到,数据相关权利规则并非从天而降,而只能是法律回应社会对数字经济效率与公平关切的结果。②

但需要看到,形式主义思维在另一个意义上,仍深刻影响着当代数据法的话语和实践:人们习惯继续用传统财产法上的所有权逻辑,去理解数据的社会价值及其对应的制度需求。具体而言,近年来,法学界和经济学界中,都有论者常将"数据权属不清"称为数字经济持续发展面临的最大障碍,而"明确数据权属""建立数据要素产权",则被拔高为数据法的皇冠明珠式问题。相关论者的思路,看来被限定在了流行版本的"科斯定理"——"清晰界定财产权,资源就能通过市场交易获得有效率配置"——之上,即预设以所有权为原型确认数据财产权的经济必要性。③

然而,本章希望指出,基于数据自身的价值逻辑,科斯寓言中农民和

---

① Felix Cohen, "Transcendental Nonsense," *Columbia Law Review*, Vol. 35, 1935, pp. 814-816.

② 例如,崔国斌:《大数据有限排他权的基础理论》,载《法学研究》2019年第5期;邢会强:《大数据交易背景下个人信息财产权的分配与实现机制》,载《法学评论》2019年第6期;申卫星:《论数据用益权》,载《中国社会科学》2020年第11期;许可:《数据权利:范式统合与规范分殊》,载《政法论坛》2021年第4期。

③ 如申卫星,同上文。欧洲学者的财产确权思路,See Andreas Boerding et al., "Data Ownership - A Property Rights Approach from a European Perspective," *Journal of Civil Law Studies*, Vol. 11, 2018, pp. 323-370.

牧民在地上"修篱笆划界"①的意象，其实并不适用于理解数据的生产效率与配置效率如何实现。特别是，鉴于当代数字经济条件下企业通过平台架构控制数据获取和流动的现实②，创制或确认财产权的法律方案，与促进数据流动、共享、开放的目标之间，即使不是南辕北辙，也相隔遥远。③

第五章将进一步指出，数据法需要超越的形式主义思维，主要是传统的财产权属思维；而其出路，应是以开放利用的价值逻辑为基础，用"搭积木"而非"套模具"的方式，在主体间利益互动关系层面进行具体界权，逐步建成容纳多维度、多层次规范的领域规则网络。在我看来，在进入比特世界后，法律人必须更加自觉、明确地采用关系而非实体化(thingified)的方式去理解法律中的各类"权利""义务"概念。第五章将展开讨论这种关系视角。而借助这一视角，建构界定"数据权利"的法律规范不但可能，而且必要：数据价值实现的过程，本身是社会主体间合作或冲突的互动过程，因此科斯提出的法律"界权"必要性命题，仍然是成立的——但前提是对"界权"作适当理解。④

所谓"适当"理解，在此处，是指要理解这样一点："property rights"一词在经济学文论中出现时，其含义与法学中"财产权""物权"或"所有权"等概念的含义并不相同。换言之，经济学对清晰界权的强调，并不必然要求在法律上清晰界定以物权为模板、以对世(in rem)和排他(exclusion)为核心内容的完整财产权利。不过，不仅法律人不明白经济学所谓产权是

---

① R. H. Coase, "The Problem of Social Cost," *The Journal of Law and Economics*, Vol. 3, 1960, pp. 2-8.

② 参见，胡凌：《数字经济中的两种财产权——从要素到架构》，载《中外法学》2021年第6期；胡凌：《互联网"非法兴起"2.0——以数据财产权为例》，载《地方立法研究》2021年第3期；梅夏英、王剑：《"数据垄断"命题真伪争议的理论回应》，载《法学论坛》2021年第5期。

③ 有学者甚至指出财产权保护与基于流动的配置效率存在一般性矛盾。See Eric A. Posner & E. Glen Weyl, *Radical Markets: Uprooting Capitalism and Democracy for a Just Society*, Princeton University Press, 2018, pp. 30-49.

④ 过往讨论中学者提出"数据权属无法进行明确化的界权"一类观点，其中所说"界权"往往是相对狭义的确定所有权意义上的。参见丁晓东：《数据到底属于谁——从网络爬虫看平台数据权属与数据保护》，载《华东政法大学学报》2019年第5期。

何意,经济学家也时常误以为自己说的"产权"本身等同于法律上的财产权概念。由此,在数据问题上,目前出现了非常令人玩味的现象,即不仅一些法律人认为法律上的形式确权可以独立于实质判断,成为第一性考量,而且也有不少经济学家看上去近似"甩锅",认为制约数字经济发展的瓶颈,在于法律未能首先"明确产权"。

——或许,这也算是个"概念"问题? 但在我看来,这可能是少有的值得认真对待的"概念"辨析,且辨析的必要性不在"求真",而在于消除误会。

数据不是石油

在"大数据"概念炒热之前①,以界定并赋予财产权的方式,解决互联网环境中信息隐私问题的"科斯式"方案,曾风靡一时。包括莱西格等在内,多多少少受法律经济分析理论影响的学者都曾提出,由于互联网服务提供者以处理用户个人信息作为提供有价值服务的前提,因此法律与其只在出现损失时追究赔偿责任,不如赋予用户对个人信息的财产权保护,使用户和处理者在交易成本较低的网络环境中自愿交易,既实现个人信息经济价值,又使价值分配更有利于用户。② 不过,当互联网进入大型平台企业主导的格局后,用户与企业间存在明显信息不对称,有限理性对用户决策的负面影响则被进一步放大,这导致了自愿交易无法克服的市场失灵③,也使个人信息保护的理论和实践全面转向规制范式。

但如第三章讨论所示,个人权益保护层面的信息隐私问题,不是数据

---

① 标志应是 2013 年商业畅销书《大数据时代》出版。Victor Mayer-Schonberger & Kenneth Cukier, *Big Data: A Revolution That Will Transform How We Live, Work, and Think*, Mariner Books, 2013.

② Lawrence Lessig, *Code: And Other Laws of Cyberspace*, Version 2.0, Basic Books, 2006, pp. 228-230.

③ Alessandro Acquisti, Curtis Taylor & Liad Wagman, "The Economics of Privacy," *Journal of Economic Literature*, Vol. 54, 2016, p. 477; Jamie Luguri & Lior Strahilevitz, "Shining a Light on Dark Patterns," *Journal of Legal Analysis*, Volume 13, 2021, pp. 43-109.

问题的全部,更不是唯一重要的部分。在个人信息和隐私担忧之外,互联网及数字经济发展一直以来面临的更深刻质疑,在于新的技术和商业模式是否真能为社会带来其所承诺的价值愿景。目前来看,数据实现经济价值的最大挑战,莫过于各类数据控制者与数据利用者之间,能否形成开放性的合作关系网络。这一挑战,确实需要制度性应对,然而追求围绕数据建构类似所有权的财产权规范体系,却完全不是对路的安排,因为其与数据的价值逻辑是背道而驰的。

　　具体来说,数据为何有价值?数据常被比作石油,就像石油曾被比作黄金。① 但类比思维的误导性是极强的。石油本来就不同于黄金——石油具有重要的使用价值,不像黄金以作为交换中介为主要功能。而数据则更不是石油。石油可细切单位计价,但数据价值却以大规模汇聚为基本前提,且在算力不断提高、算法不断改进的前提下,数据规模的边际收益还可能递增。② 不仅如此,石油作为资源,其利用有对立性(rivalrous),例如将相同单位的石油用作燃料烧掉后,便没法再将其用作化工原料。但数据则完全不同。数据作为资源具有非对立性(non-rivalry),一人以某种方式对特定数据的使用,并不影响他人使用相同数据的价值。甚至,在相同数据上进行多主体、多层次、多元化开发,是数据价值实现的基本逻辑。

　　就此,可以先用一个相对直观的场景举例。一次机动车事故产生的数据,会被当事人、交警、法院、汽车厂商和保险公司分头或合作处理,以满足纠纷解决和产品改善等社会需求。相同数据还可再被媒体、学术界、交管部门、市场监管部门使用,产生公众警示、科学研究、社会治理等方面

---

① Katerina Pistor, "Rule by Data: The End of Markets?," *Law and Contemporary Problems*, Vol. 83, 2020, p. 106.

② 例如,在以机器学习方法处理数据之前,数据规模增加为预测准确度带来的边际收益确实是递减的。但机器学习意味着数据规模的增加使算法可以学会处理越来越复杂的问题,这意味着数据规模的边际收益可能是增加的。Eric A. Posner & E. Glen Weyl, *Radical Markets: Uprooting Capitalism and Democracy for a Just Society*, Princeton University Press, 2018, pp. 224-230. 又见 Michal S. Gal & Daniel Rubinfeld, "Data Standardization," *NYU Law Review*, Vol. 94, 2019, pp. 743-746.

的价值。① 而在相对不那么直观的场景中,这个逻辑同样适用。例如,当前公众广泛担忧人工智能算法研发会引发所谓"算法决策风险",即应用算法进行商业和公共决策时,由于各类原因,相关决策可能会产出不合理甚至歧视性的结果,伤害特定个体乃至群体的正当权益。针对此类风险,通常鼓吹的"算法透明"等应对方案,其效用是比较可疑的。② 而一些学者指出,如果允许并促成多方主体利用相同数据,开发相互竞争的机器学习算法,则能更有效地识别在公共决策中被采用算法的缺陷,并实现算法工具的不断优化。③ 而由此获得的以有效算法治理为内容的社会价值,同样还是来源于数据利用的非对立性。

只要理解上述逻辑,人们就应当能够意识到,以保护抽象的排他诉求为基本功能的传统财产权体制,与数据的规模价值和非对立性之间,是存在深刻张力的。但很显然,这种价值逻辑成立,本身并不意味着人们就会自觉地不对数据资源提出排他甚至独占的诉求。最基本、且看来最正当合理的排他主张来自个人,其诉求目前主要是避免因数据处理遭受隐私损害,而这实质上是借产权解决外部性的科斯逻辑。④ 但如前所述,赋予并保护用户对个人信息的产权控制,不足以在现实中使企业内化信息处理活动的负外部性。⑤ 除了信息和理性局限外,导致个体控制权安排难以有效应对信息处理负外部性的另一个原因是,基于算法的数据处理,可以借助个人自愿披露的信息,推知其本人和他人尚未或拒绝自愿披露的信息,而这会降低企业为获得个人自愿披露所需支付的对价⑥,甚至使人

---

① Hal R. Varian, "Artificial Intelligence, Economics, and Industrial Organization," https://ssrn.com/abstract=3218069 (last visited 2023/7/3).

② 沈伟伟:《算法透明原则的迷思——算法规制理论的批判》,载《环球法律评论》2019年第6期。

③ *See generally* Saul Levmore & Frank Fagan, "Competing Algorithms for Law: Sentencing, Admissions, and Employment," *University of Chicago Law Review*, Vol. 88, 2021, pp. 367-412.

④ Alessandro Acquisti, Curtis Taylor & Liad Wagman, "The Economics of Privacy," *Journal of Economic Literature*, Vol. 54, 2016, p. 452-453.

⑤ Ibid., p. 452.

⑥ Daron Acemoglu, Ali Makhdoumi, Azarakhsh Malekian & Asu Ozdaglar, "Too Much Data: Prices and Inefficiencies in Data Markets," National Bureau of Economic Research, https://www.nber.org/papers/w26296 (last visited 2023/6/28).

们有动力进入信息披露竞赛。① 即使假定个体完全理性,如前文提及,大规模个人信息处理可能产生系统性负面后果,例如引发政治安全风险,这类成本无法分解落在任何个人头上,无法指望借助科斯式交易将其内化。② 不仅如此,个人基于产权拒绝信息处理,也会产生负外部性。例如,发生公共卫生突发事件时,个体隐瞒相关健康信息可能造成整体防控损失。又如,赋予个体对自身医疗信息的排他控制,则其可能基于歧视偏好,拒绝个人信息被用于使特定种族或性取向群体受益的医学研究。③

前文曾提及,与个人相比,企业有更强的确认排他甚至独占性数据财产权的诉求,其依据是洛克以降证成私人产权体制时常用的为要素投入提供激励的逻辑:例如,不明确土地及其产出归谁所有,则无人有动力充分耕作;不明确智力成果归谁所有,则无人有动力投入文艺创作和技术研发,等等。

但实际上,在知识产权领域,获得著作权或专利权等排他权利,早被指出并非创造力和创作激励的唯一——甚至必要——来源。④ 数据资源的生产、维护和安全保障,的确需要投入资源;从静态、个别企业的视角算账,规模还相当可观。但从趋势上看,物联网和云服务的普及,不断降低着企业在数据收集和存储方面需要投入的固定成本和可变成本。而对于难以通过消费互联网等廉价数据源收集到的高价值生产力数据,如开发工业机器人所需要的工业生产行为数据,因其往往是企业核心运营活动的副产品,所以需要的额外生产激励往往也有限。

更重要的是,如政治经济学者所说,以大型平台企业("Big Tech")为代表的数据处理者,之所以要投资于数据资源的形成和积累,并不是为了倒卖数据赚取中间差价,而是要通过处理数据,生产基于算法的预测力

---

① See Scott R. Peppet, "Unraveling Privacy: The Personal Prospectus and the Threat of A Full-Disclosure Future," *Northwestern University Law Review*, Vol. 105, 2011, pp. 1153-1204.
② Omri Ben-Shahar, "Data Pollution," *Journal of Legal Analysis*, Vol. 11, 2019, pp. 104-159.
③ Jorge L. Contreras, "The False Promise of Health Data Ownership," *New York University Law Review*, Vol. 94, 2019, pp. 644-645.
④ See generally Jessica Silbey, *The Eureka Myth*, Stanford University Press, 2014.

(predictive power)。① 这种预测力可帮助各类市场主体更好地匹配供需、提升交易决策效率,由此产生价值。但与此同时,这种预测力也可以服务于平台企业对接入其架构的资源、交易活动和交易主体形成越来越强的控制。② 例如,网约车平台的数据分析能力,本服务于出行供需的更高效匹配,但因数据仅由平台掌握,呼叫、派单决策必须以平台算法为中介作出,因此消费者和司机无法绕开平台进行交易。甚至,在皮斯托(Katerina Pistor)看来,尽管数字科技使交易成本不断降低,但大型科技企业借助数据实施纵向控制的经济疆域不断扩大,平等主体基于自愿进行交易的古典市场,反而持续缩小——这与科斯定理的预测恰好相反。③ 由此看来,企业通过处理数据,不仅预期获得经济利益,而且追求获得支配权力。这至少可部分解释,为什么在一直没有明确法定财产权的情况下,企业毫不缺乏动力,源源不断地投入可控数据资源的生产。

综上,以完整建构基于所有权的财产权为目标,寻求对数据"确权",并非数据价值获得有效生产和充分开发的必要前提,也不足以应对数据处理产生的负外部性问题、竞争秩序问题和结构性不平等问题。斯蒂格勒或类似版本的"科斯定理"——没有界权,就没有效率④——不能在被过于简化地解读后,直接套用于有关数据权利规则建构的思考。

——话虽如此,但真的完全不用"界权"吗?

到底什么是"界权"

本节将暂时偏离数据问题的主线,讨论一个一般性的理论问题。乍看这有点"扯闲篇儿"的嫌疑。但实际上,如果不搞清楚所有人都在说的

---

① Katharina Pistor, "Rule by Data: The End of Markets?," *Law and Contemporary Problems*, Vol. 83, 2020, p. 111.

② Katharina Pistor, "Rule by Data: The End of Markets?," *Law and Contemporary Problems*, Vol. 83, 2020, pp. 111-112.

③ Ibid., pp. 101-104.

④ George J. Stigler, *The Theory of Price* (3rd. ed.), Macmillan, 1966, pp. 110-114.

"界权"到底是何含义,有关数据权利问题的讨论,可能永远谈不出个头绪。而就此,我的建议是,不妨回到大多数人在提及界权一说时,都明里暗里在援引的科斯,看看这个在流行认知中被视为鼓吹清晰界定私有产权的代表性理论家,到底主张的是什么。

前文已提到,法律应当为存在相互利益影响的社会主体提供界权(delimitation of rights),是法学界和经济学界都熟知的科斯式规范命题。① 这个命题对于数据经济仍然是重要的。但需要注意的是,至少在科斯的论述中,他所讲的"界权",完全不是"界定"或"确认"对世或排他性财产权(如所有权)的意思。在被视为当代法律经济学开山之作的《社会成本问题》一文中,结合对英美普通法侵扰案例的梳理,科斯首先提出的一个最有启发性的洞见,是所谓"损害相互性"(reciprocal nature of harm):同处于日益拥挤的现代社会中的不同主体,自行其是时,总会相互影响,因此法律无论如何界定权利,都并非"一碗水端平",只能是要么允许甲方妨害乙方,要么允许乙方妨害甲方。② 建立在损害相互性这一基本的描述性前提之上,科斯所谓"界权",其实所指的就是对任何可能出现的利益冲突定出解决方案。这种解决并不是要在因果责任的意义上判定谁对谁错,而只是"定分",即就利益冲突的最后结果,要在法律上有个说法,而不是交由双方各凭实力斗狠斗勇、自作了断。③ 而在科斯看来,存在交易机制时,法律给出的这种"说法",直接对应何种权益配置结果并不重要,重要或必要的,是界权存在,且足够清楚——这就足以为此后双方基于交易的重新配置提供起点。④

正是在科斯的上述讨论基础上,斯蒂格勒提炼出了举世闻名的"科斯定理",即所谓"交易成本为零时,初始界权不影响配置效率"⑤。波斯纳

---

① R. H. Coase, "The Problem of Social Cost," *The Journal of Law and Economics*, Vol. 3, 1960, p. 8.
② Ibid., pp. 19-28.
③ Guido Calabresi and A. Douglas Melamed: "Property Rules, Liability Rules, and Inalienability: One View of the Cathedral," *Harvard Law Review*, Vol. 85, 1972, pp. 1089-1119.
④ R. H. Coase, "The Problem of Social Cost," *The Journal of Law and Economics*, Vol. 3, 1960, p. 8.
⑤ George J. Stigler, *The Theory of Price* (3rd. ed.), Macmillan, 1966, pp. 110-114.

等法律经济学者则进一步发挥,提出若交易成本过高时,法律界权的重要性,就不仅体现为提供交易起点,而且也会、且可以被用于影响交易的终局结果及其效率。①

众所周知,科斯本人对斯蒂格勒和波斯纳等人的阐发并不认可,甚至多次公开抵制,认为与其自身的理论意图不符。② 但即便是经学者阐发"扭曲"过的理论,在进入更广泛的公共知识传播后,也难免遭到进一步编排,以至于如今许多人提起科斯定理时,连"交易成本为零"这个科斯痛恨的部分都不再提,而直接称其核心含义,就是私人所有权最有利于使资源价值获得最大实现。

若单就意识形态而言,科斯本人显然是认为私人财产权体制更有效率。③ 但如果将科斯在《社会成本问题》以及其他作品中提出的理论,只作此简单粗暴的理解,则实在可惜。如前所述,科斯理论中强调的"界权",并不是流行认知中所讲的"界定财产(所有)权属",而只是为利益冲突的解决给个"谁可以妨碍谁"的说法。在《社会成本问题》中,科斯考察的最主要利益冲突类型是侵扰(nuisance)——一方依自身偏好对其所有财产的使用,导致另一方无法依其偏好使用自身所有的财产,由此引发冲突。尽管发生这类冲突的典型场景,往往涉及财产所有权,例如两个相邻地块的所有人,但根据文中的讨论,科斯显然认为,为冲突的使用行为界权,与为财产的权属界权,完全是两回事,并且尤其不应被混同为一回事。

就此,最能说明问题、也最有启发的,莫过于科斯在文中对1571年英国 Boulston's case 与1913年美国 Bland v. Yates 两个案件中法院判决的对比分析。大西洋两岸这两桩有关动物侵扰的案件相隔300余年,跨越了由工业革命隔开的现代前后。在 Boulston's case 中,一户豢养的兔子挣脱

---

① Cooter & Ulen, *Law and Economics* (6th ed.), Pearson Education, 2012, p.85(格致出版社2012年影印版)。

② See R. H. Coase, "The Problem of Social Cost," *The Journal of Law and Economics*, Vol. 3, 1960, pp. 8, 13.

③ See R. H. Coase:"The Federal Communications Commission," *The Journal of Law & Economics*, Vol. 56, 2013, pp. 879-915.

牢笼,从自家院中逃出,进入邻家庄园肆意破坏,引发后者提起针对前者的侵扰诉讼。英国法院审理此案时认为侵扰不能成立,理由是兔子逃逸后,便不再是家兔,而变成了野兔;这种财产权属状态的变化,使得后者造成的侵害,不能继续再被归咎到原所有人头上。①

到了 20 世纪,在 Bland v. Yates 案中,被告在自家院子里堆肥,生出蝇虫大量飞入邻居家中,后者告到法院后,被告抗辩称蝇虫作为动物,并非其所饲养,与之无权属关系,侵扰照理不能构成。但在这个案件中,法院却判定被告在自家院中堆肥的行为,已构成侵扰,并且指出这种判定与蝇虫的财产权属或所有问题并不相干。

科斯在文中将两案作对比分析时,立场非常明确,即认为 Bland v. Yates 案中法院的思路才是正确、合理的:解决行为层面的冲突所需要的法律界权,没必要和财产所有权属的判定挂钩;而行为层面如何界权,则取决于不同界权对应的总体社会产出。②

说到这里,如果读者的思绪还没完全从数据问题上带走,或许已经应该有所触动了。像兔子和蝇虫那样,数据也具有高度流动性,且时常难以掌控。在处理者手中,数据像是"兔子"(有价值),但在处理者掌控之外,对其他利害相关人而言,则与"蝇虫"无异(纯属困扰)。而需要法律给出说法的数据争议问题,到底是数据的"所有权"或"权属"归谁,还是各式各样数据处理活动导致的冲突中,应允许谁妨害谁、要求谁忍受妨害?

如果让科斯穿越到当代,将上述有关数据的问题摆到他面前,我想,他的回答应当是非常清晰的。③ 特别是,如前所述,创造价值的数据处理活动不以对数据排他所有为前提,因此数据资源获得有效配置、充分利用,不必回答"谁拥有数据"的大问题,但需要在不同场景下为数据处理者和数据控制者就数据获取(access)行为提供具体界权方案,从而避免

---

① See R. H. Coase, "The Problem of Social Cost," *The Journal of Law and Economics*, Vol. 3, 1960, p. 36.
② Ibid., pp. 37-38.
③ Ibid., p. 44.

行为冲突无法解决,或以产出更低的无效率方式解决。① 举例来说,我们并不需要知道个人信息是谁的"财产",但需要知道,是允许企业自由开展影响个体隐私和安全的数据处理行为,还是允许个体要求企业在处理数据前必须征得其同意。我们不需要确认企业对其控制的数据有无"知识产权",但需要明确,是允许其他企业对相同数据进行自由爬取,还是数据控制企业可自行采取技术措施阻止爬取。我们不需要认定公共数据是否"国有资产",但需要规定,是允许政府机关对数据开放设置包括价格在内的限制条件,还是允许市场主体主张获得无条件开放,等等。甚至,基于损害相互性原理的启发,还应看到,当现实中的法律对具体数据获取行为未作明文规定时,这也未必意味着主体相互关系层面的界权是"真空"的。例如,若法律未明文规定禁止爬虫行为,这其实也可以被视为科斯意义上的界权,其内容是数据获取方被允许以爬取行为"妨害"控制方——除非或直至权威决策者给出与此不同的界权安排。

尤其值得强调的是,基于科斯的理论,在数据处理行为冲突层面、而不是数据作为财产的权属层面进行界权,不但是必要的,而且是充分的。换言之,只要能够对影响数据活动价值产出的行为制定出清晰的规则,包括经济学家在内,人们念念不忘的"清晰界定产权",孜孜追求的通过"产权"促进数据要素市场化配置,其实就都可以被视为达成了。

一个例子:基于"安全港"规则的数据界权

如何在不追求确立以所有权为内核的财产权基础上,提供数据经济活动不可或缺的科斯式"清晰产权界定"?在我看来,虽然其自身时常未能发觉,但法律人其实是握有现成技术工具的,其中之一便是所谓"安全港规则"(safe harbor rules)。

---

① Hal R. Varian, "Artificial Intelligence, Economics, and Industrial Organization," https://ssrn.com/abstract=3218069 (last visited 2023/7/3).

"有限""有条件"的安全

在中文语境中,人们最熟悉的"安全港规则"("safe harbor rules",也常译作"避风港规则")①恐怕要属已进入《民法典》的网络服务提供者侵权责任规则:当用户利用网络服务实施侵权时,服务提供者接到受害人通知,应及时采取删除、屏蔽、断开链接等必要措施,否则需对损害的扩大部分承担连带责任。② 这种"通知—删除"③规则,之所以又叫"安全港",是因为其源自更早时我国网络著作权保护制度对美国《数字千禧年版权法》(简称"DMCA")中"安全港规则"的借鉴。④尽管如今"安全港规则"常被视为网络法专用术语,但法律界其实还另有与之打交道更多的群体——例如证券法领域的研究者和从业者。该领域中"安全港"之说同样来自对美国法的比较研究和译介。⑤ 美国证券法的核心特点是覆盖范围极广。例如,除非符合法定豁免,否则地球上凡要售卖证券都需根据美国 1933 年《证券法》第 5 条依法注册。但在此原则规定下,立法不但本身包含一系列豁免特定类型证券和交易注册要求的规定,而且还赋予美国

---

① 本书将统一使用"安全港"的译法。我国法律界在探讨网络侵权语境中的"safe harbor rules"时,更常将其译为"避风港"。例如,刘家瑞:《论我国网络服务商的避风港规则——兼评"十一大唱片公司诉雅虎案"》,载《知识产权》2009 年第 2 期;陈昶屹:《"避风港规则"扩张适用网络人格权保护之困境与消解——兼论侵权责任法第三十六条之完善》,载《人民司法(应用)》2012 年第 1 期。而在经济法领域,"安全港"的译名更常用。例如,冯果、洪治纲:《论美国破产法之金融合约安全港规则》,载《当代法学》2009 年第 3 期;刘明:《论私募股权众筹中公开宣传规则的调整路径——兼评〈私募股权众筹融资管理办法(试行)〉》,载《法学家》2015 年第 5 期;沈朝晖:《上市公司私有化退市的"安全港"制度研究》,载《法学家》2018 年第 4 期;王慧群:《中国垄断协议安全港规则的立法逻辑:信息成本的视角》,载《法学家》2023 年第 1 期。

② 参见《民法典》第 1195 条。

③ 严格来说,在此类规则下,法律对网络服务提供者提出的要求是接到"通知"后采取的"必要措施"不只是删除,还有屏蔽、断开链接等。参见《民法典》第 1195 条。

④ 参见刘家瑞:《论我国网络服务商的避风港规则——兼评"十一大唱片公司诉雅虎案"》,载《知识产权》2009 年第 2 期;王迁:《〈信息网络传播权保护条例〉中"避风港"规则的效力》,载《法学》2010 年第 6 期。

⑤ 参见,例如,郭雳:《美国〈证券法〉注册豁免规定研究》,载《金融法苑》2003 年第 6 期;刘明:《论私募股权众筹中公开宣传规则的调整路径——兼评〈私募股权众筹融资管理办法(试行)〉》,载《法学家》2015 年第 5 期。

证监会(SEC)制定更多豁免规则的行政立法权。① 证券法之外,我国公司法、破产法、反垄断法等领域的研究者,也都关注到各自领域中美国法上的安全港规则。②

虽然各领域研究者往往未能有意识地将本领域与其他领域中的安全港规则作横向联系、比较,但实际上,安全港规则作为法律技术(legal technology),其一般制度原理是跨越法律领域的。③ 在本节讨论中,我用"安全港规则"指代权威机关在相对原则、一般的行为限制和追责体制下,以具体规则形式,为受法律约束的社会行为主体指明有限、有条件合规路径的一种法律技术;当行为主体选择在安全港范围内开展相关活动时,便可获得较为确定的免于被追究违法责任的预期。

尽管以"免责"为其适用结果,但安全港规则并非追求在全面、普遍的意义上,为行为主体提供免责预期。正如这一术语在修辞层面暗示的,安全港提供的是"有限""有条件"的安全。首先,之所以要开辟港湾,让行船人在其中感到安全,是因为开放海域上常有惊涛骇浪。在提供港内安全的同时,安全港做不到、也不追求使港外洋面风浪平息。其次,获得港湾内的安全并非无需代价,而以行为人满足特定条件为前提。很多安全港往往只对符合特定资格、条件者开放,甚或要求驶入者支付"入场费"。不仅如此,选择进入安全港还意味着航行者付出了机会成本:进入安全港固可求得安全、定心,但也将自己束缚在相对逼仄的腾挪空间内,放弃了在更广阔天地中另行探索。"有限性"和"有条件性"这两项核心特征,也意味着安全港规则是选用性而非强制性的——是否要借助安全港管控自身法律风险,行为人需要抉择,也保有一定选择空间。

---

① See Thomas Lee Hazen, *Principles of Securities Regulation* (3rd ed.), West, 2009, pp. 95-96.

② 参见,例如,沈朝晖:《上市公司私有化退市的"安全港"制度研究》,载《法学家》2018年第4期;冯果、洪治纲:《论美国破产法之金融合约安全港规则》,载《当代法学》2009年第3期;王慧群:《中国垄断协议安全港规则的立法逻辑:信息成本的视角》,载《法学家》2023年第1期。

③ 一个例外,参见魏俊:《证券法上的安全港及其制度价值——以前瞻性信息披露为例》,载《证券法苑》2014年第3期。

免责预期与数据交易困局

如前所述,当代论者呼吁数据确权的一个主要出发点,是数据作为新型生产要素,其价值实现,要依靠在充分流动的基础上以较大规模聚合并获得多元化利用。① 传统生产要素的流转和配置主要以市场自愿交易为形式,而清晰的产权规则通常是交易有效开展的前提。也正是受这一思路影响,许多数据经济与法律研究者,近年来致力于研究如何通过明确数据权属的方式推动数据交易。②

但在我看来,数据交易难以展开的关键制度障碍,虽然确与制度、界权规则缺失有关,可缺的并不是财产权属类规则。当前,数据流动要么在有足够技术和组织控制力的平台架构中开展,要么在合法性和安全性不足的灰市甚至黑市中完成。③ 前者主要吸引愿意加入平台生态的市场主体,而后者则吸引甘冒较大法律风险者(未必都是违法犯罪人员,也包括偏好风险的正常经营者)。如果"推动数据交易发展"的政策指向,是在既有流动场景之外开发出新的数据流动需求,那么新增制度应追求满足市场主体在较少受大平台业务控制、且法律风险较小这两点前提下展开数据交易的需求。

为开辟出这样的交易环境,需要的增量界权,主要不是划定数据权属的财产规则,而是数据交易相关处理行为法律后果的责任规则。抽象而言,数据交易是否有助于实现配置效率,主要取决于交易促成的新的数据处理活动,其边际社会收益是否大于边际社会成本——后者主要是数据隐私伤害、数据安全风险等负外部性。因此,法律不需要像对待有体物那样,通过财产确权,将责任承担与某种物理或拟制的排他性边界绑定在一起。④ 法律需要界定的,是负面社会后果发生时对应的法律责任承担:有

---

① 参见戴昕:《数据界权的关系进路》,载《中外法学》2021 年第 6 期。
② 参见,例如,申卫星:《论数据用益权》,载《中国社会科学》2020 年第 11 期。
③ 参见胡凌:《数据要素财产权的形成:从法律结构到市场结构》,载《东方法学》2022 年第 2 期。
④ See Lee Anne Fennell, "Property beyond Exclusion," *William & Mary Law Review*, Vol. 61, No. 2, 2019, p. 534.

了责任规则,数据获取方才能确知,其支付对价后,是否就可对数据提供方交付的数据在协议授权的范围内进行处理,要不要担心因数据隐私(如上游数据缺乏授权)和数据安全(如上游安保不足)等理由被要求停止处理,要不要负担对提供方或第三方的赔偿或补偿责任,甚或被追究监管乃至刑事责任;而数据提供方则同样可预期,在根据协议交付数据后,因获取方超越协议授权范围的违规甚至违法处理数据行为,本方要不要承担私人救济或公共监管层面的责任后果。

一旦此类交易方真正顾虑的责任后果可通过制度性界权的方式明确,数据获取方和提供方在进行磋商时,就会有比当前远要清晰的起点,不必因担忧参与交易的风险敞口(exposure)难以预计而犹疑退缩,也可基于协商作出内化相关外部成本的安排。反过来,即便在一般意义上界定数据的财产权,例如说清楚作为交易标的的数据是"你的还是我的",有时可以、但并不必然消除责任后果的不确定性。例如,即使数据提供方被确定对特定数据集享有所有权,获取方购得数据后,法律或监管规则仍可基于安全或隐私等公共利益理由(例如认定数据有某种敏感性),对获取方的处理予以额外限制。

数据交易安全港

推动数据交易只需订立责任承担规则,不需建构财产权属规则,并不意味着前者轻而易举。数据交易促生的新型数据处理活动有何种致害风险,本身不确定,这使得法律无法一揽子划定合法/不合法、有责/不担责的边界。目前来看,包括《个人信息保护法》《数据安全法》《网络安全法》等在内的本领域基础性法律,已建构出强调风险预防、损害问责的原则性制度框架。① 这种体现风险防范共识的规范框架不可或缺,但其笼统和模糊的形式,尚不能满足市场主体对更高可预期性的需求。而设计并施行范围有限、条件合理并动态调整的安全港规则,应是当前条件下有助于推动交易起步的一种务实方案。此前国内研究者也提出过建立"数据安

---

① 例如《个人信息保护法》第 9 条规定:"个人信息处理者应当对其个人信息处理活动负责,并采取必要措施保障所处理的个人信息的安全。"

全合规的责任豁免"制度①,这与安全港规则的方案思路相通。具体而言,在要求市场主体在交易前、中、后就数据隐私、数据安全和网络安全承担保障责任的原则基础上,立法机关和监管部门可指明至少一条供选择的合规路径,并为选择以相应方式开展数据交易活动的主体提供合规确认或免责预期——赋予该合规路径以安全港规则的法律地位。

在规则层面,对于"驶入"安全港的数据交易活动,权威机关应就参与交易主体划定范围,并对交易活动开展方式提出特定要求。例如,交易主体应具备特定合规资质(包括一般经营资质和数据领域安全资质等)和合规记录(包括一般公共信用记录和信息数据领域违法记录等);数据提供方应就数据来源作合规披露和保证(如已取得必要授权、已完成脱敏等);数据获取方应就数据用途作合规披露和保证(如对主要用途的描述和对特定高风险用途的排除),并承担持续经营信息报备义务等。而交易主体在满足上述要求前提下开展的交易,即可基于安全港的效力,对相关数据处理活动导致的损害,享有免责预期。

上述初看似乎只是常见数据合规要求,但将其明确组合适用时,就可以开辟出有实质效力边界的安全港,既不对所有数据交易开放,也不会让有意驶入者都感到合规不费吹灰之力。例如,尽管提供方和获取方的合规保证,其内容可靠性很难在做出当时审查,但在需要为虚假披露承担事后责任的前提下,交易方敢于做出细致披露和具体保证的前提,是其在专业人员指导下,建立、执行内部合规制度与流程——而这些投入本身具有降低交易活动数据风险的价值。数据交易安全港的范围宽窄和门槛高低,取决于决策者有关数据交易风险和收益的偏好、认知与权衡。由于技术环境快速变动,要求决策者通盘权衡并全面规范各类数据交易活动的风险与收益,难度极大。但结合已有信息,在有限范围内识别出一些风险可控的交易主体和交易方式,可行性更高。

不过,相比证券交易等实践较为成熟的市场活动,数据交易的风险仍处于被市场、社会和监管者充分理解的过程中,因此即使是设计和运行安全港,也有相对更高的难度。合理性不足的安全港规则,其过宽、过窄、过

---

① 参见杨力:《论数据交易的立法倾斜性》,载《政治与法律》2021年第12期。

高、过低的问题,可能在施行后才会显露出来。这意味着数据交易安全港需要相对更灵活的动态调整机制——但这又会对规则可预期性和制度可信赖性提出挑战。

　　基于此,数据交易安全港规则的设置和运行,在当前需要借助可信中介,以实现安全性和灵活性的优化组合。这种结构性的制度需求是数据交易所探索发展前路的契机。近十年间,国内各地纷纷推动建设数据交易所或交易平台,但已落地的项目普遍面临场内交易难以形成规模的困境。① 有论者指出,数据交易所需重新定位其功能,不能只提供集中交易场所,而应更多致力于交易撮合,甚至主动发掘交易需求,并提供符合数据交易特殊需要的交易服务(例如数据清洗等)。②

　　提高服务水平当然有助于提升交易所对市场主体的吸引力。但在练好"内功"之外,如果政策层面的确属意靠交易所带动数据要素流通,特别是希望提升场内交易相对于平台流通和灰黑市交易的吸引力,那么将交易所场内交易设定为安全港规则适用的首要场景,或是一条捷径。换言之,若交易所为场内交易设置的主体资格要求和交易行为规范,同时可获得权威效力背书,成为安全港规则,那么选择在交易所场内开展数据交易,就可使交易主体获得较场外交易更明确的免责预期。这明显可以成为交易所和场内交易的竞争优势。

　　而权威机关若以设定安全港的方式赋予交易所此种竞争优势,当然不能仅为扶持交易所,而需要充分的公共利益依据。除撬动数据交易活动形成规模化价值外,基于以下理由,与交易所结合的数据交易安全港规则,更可能符合优化设计原则,发挥功能优势,避免制度偏差。首先,场内交易更有助于保证安全港规则及其适用的公开、透明。其次,将安全港规则的适用限定在场内交易,固然是制度赋予交易所的红利,但也可为此名

---

　　① 据统计,2020 年,交易所场内数据交易只占国内数据交易市场总规模的 4%。中国网络空间协会、温州市委网信办及南都大数据研究院:《布局与破局——2022 年中国数据交易实践趋势报告》,第 31 页,道客巴巴网站 https://www.doc88.com/p-94087802708426.html,最后访问日期:2023 年 1 月 2 日。

　　② 参见丁晓东:《数据交易如何破局——数据要素市场中的阿罗信息悖论与法律应对》,载《东方法学》2022 年第 2 期。

正言顺地要求后者提供对价——尤其是要求交易所承担较当前更高的数据保护和数据安全保障责任。再次,与场内交易绑定的安全港规则,更易于随交易实践发展持续获得调整、校正。最后,安全港规则在交易所以集中、透明的方式施行,会更有助于合规交易模式产生溢出效应。相对规范、安全的场内数据交易模式,基于披露机制,可对场外交易产生引导作用,成为更大范围内市场主体在进行数据交易活动时协调行为的聚焦点。①

小　　结

《社会成本问题》一文临近结尾处有这样一段话,每次读起来,总让我觉得回味无穷:

> 如果在考虑生产要素时也能想到权利,那就很容易明白,从事会产生有害影响(例如制造废气、噪声、异味等)的行为的权利,其实也是一种生产要素。正如我们使用一块土地的方式可以是防止他人从其上穿行、在地上停车或建房那样,我们也有权使用这块土地,由此使他人无法看到景色、享受安静或呼吸新鲜空气。行使一种权利(或者说,使用一种生产要素)的成本,永远是权利行使在其他地方造成的损失后果——无法在地上穿行、停车、建房、观景、享受宁静或呼吸新鲜空气。②

在我看来,这段话可以说浓缩了《社会成本问题》对法律理论和法律经济学理论所做的核心贡献。实际上,经济学家挂在口头的"产权"(property rights),就是法律所界定的这种动态、相互影响意义上的行为权利,而不是法律人想象中对物质资源在静态上划定的归属。而在科斯以

---

① 更进一步的讨论,参见戴昕:《作为法律技术的安全港规则:原理与前景》,载《法学家》2023年第2期。
② See R. H. Coase, "The Problem of Social Cost," *The Journal of Law and Economics*, Vol. 3, 1960, p. 44.

及其他产权经济学家眼中,这种行为意义上的法律界权本身,就是生产要素,也即价值的来源。

就数据制度而言,这种理论思路的启示是尤为重要的。正如越来越多论者已经开始明确强调的,数据的价值并非在抽象意义上存在;脱离具体处理行为及其场景,无从谈论"数据"的价值——尤其是作为"生产要素"的价值。① 既然如此,围绕数据处理行为本身进行界权,其实就是数据权利制度——或者数据"产权"制度——的核心内容。

而所谓"数据要素",若确切理解,其实也应如科斯所说,指的是"数据权利要素"。如果法律界被指望对数据要素市场的建设有所贡献,那么我们能做的,其实是像科斯所说,尽可能识别出各类数据处理行为层面的冲突,并持续界权——或者说,在需要且可行的情况下,基于产出更优的原则,结合第三章谈到的有针对性的机制设计②,"正确"界权。

---

① 胡凌:《超越代码:从赛博空间到物理世界的控制/生产机制》,载《华东政法大学学报》2018 年第 1 期;胡凌:《数据要素财产权的形成:从法律结构到市场结构》,载《东方法学》2022 年第 2 期。

② See R. H. Coase, "The Problem of Social Cost," *The Journal of Law and Economics*, Vol. 3, 1960, p. 19.

第五章 关系界权

在科斯于1960年发表的《社会成本问题》中,并未见到其曾引用过四十多年前美国法学家霍菲尔德(Wesley Newcomb Hohfeld)的名作。甚至,粗粗查看科斯的其他作品,也找不到什么踪迹,暗示其对霍氏的法律关系学说有所了解,并受其影响。这本身倒不奇怪,因为科斯本是英国人,经济学专业出身,所接受的法律教育主要是本科后为期一年的"实践学习"课程。即便进入学术成熟期后的科斯,为了将经济学从想象中的均衡分析带回真实世界,直接进驻法学院,以从法律领域极为丰富的生活素材中获得灵感和理论资源,我们也不能推定,他因此就会同时对法律理论本身进行全面涉猎和深入研究。

但正是因为推测科斯对霍菲尔德理论并不了解,才更让人不由得要感慨,的确是"英雄所见略同"。在我看来,霍菲尔德早先提出的有关法律权益和法律关系的分析概念框架(以下简称"霍菲尔德框架"),与科斯有关法律就相互损害关系界权的命题,在其理论内核上高度一致,均体现了在关系意义上认知、理解法律的思想。而且,二者在应用层面几乎完美匹配,即科斯所理解的法律界权,若借助霍菲尔德的概念工具落实为具体规范,其实是最适合不过。特别是,就建构数据权利而言,如前所述,本书强调当代人应超越传统的财产权属思维,以开放利用的价值逻辑为基础,用"搭积木"而非"套模具"的方式,在主体间利益互动关系层面进行具体界权,逐步建成容纳多维度、多层次规范的领域规则网络。此即本书所谓数据界权的"关系进路",而其理论基础,即主要融合了科斯和霍菲尔德的理论。

前一章简单讨论了科斯的理论。而在以下介绍霍菲尔德框架之前,需要说明，本书无意在一般意义上论证霍菲尔德框架作为法律概念方法的优越性，也并不主张其可直接替代当前使用的任何概念体系。毫无疑问，用霍菲尔德术语在形式层面重新书写现有法律规范，会带来太高的转换成本。在本章中，我的提议是非常节制的：在思考抽象和具体的数据界权问题时，法律人不妨考虑将霍菲尔德框架作为一种有效组织思维的分析性概念工具——至少在不需要运用现有法条概念直接回应实务问题的时候，尝试"换换脑子"。而实际上，作为一种批判理论，霍菲尔德框架最初就是被用于对"财产"等法律权利概念作解析乃至解构的。眼下，"财产"概念再一次亟待重构，适当借助霍菲尔德框架，通过关系界权理解和建构数据法规则，同样有助于我们在实质而非形式层面更具体地把握不同权利规范的内涵与后果。

权利作为关系

霍菲尔德框架在 1990 年代由前辈学者引介到中国[①]，但因与大陆法系教义学的主流概念体系差异过大，除开王涌[②]等例外，少见中国学者有意识地将其运用于具体法学研讨中。近年，张永健追求"一步到位"，提出用更为现代的霍菲尔德框架，彻底取代传统的德式民法概念体系，既打通"债物二分"[③]，又打破合同与侵权基于"债"的同构[④]。这当然是极有理论抱负的主张，但鉴于法学领域极其强劲的路径依赖和智识惯性，预计也很难在较大范围获得应和。

但霍菲尔德框架相对于传统概念体系，到底优势何在？通常认为，霍菲尔德框架追求提供比原有法律概念更清晰、少含混的概念——而这听

[①] 沈宗灵：《对霍菲尔德法律概念学说的比较研究》，载《中国社会科学》1990 年第 1 期。
[②] 王涌：《私权的分析与建构：民法的分析法学基础》，北京大学出版社 2020 年版。
[③] 张永健：《物权的关系本质：基于德国民法概念体系的检讨》，载《中外法学》2020 年第 3 期。
[④] 张永健：《损害赔偿（之债）作为公因式？大民法典理论下的反思》（未刊稿）。

上去很像是一种形式主义的学术旨趣,其也因此常被做此误解。① 但其实,稍作了解就不难知道,霍菲尔德在最初撰文时,直接的批判对象就是法律形式主义;而霍氏理论在 20 世纪上半叶最热心的追随者,则是法律现实主义者。②

在霍菲尔德看来,形式主义的问题表面是"不严谨",但根源在于对法律概念的本质化理解。例如,在形式主义法律论说中,作为客观事实的"财产"(property)和"合同"(contract),常被与"财产法律关系"和"合同法律关系"混为一谈。但霍氏强调,后者与前者不同,法律关系并无客观"本质",只是法律权威依据社会伦理和实践考量而作的建构,不但无形无体(incorporeal),且应在特定价值的指导下不断获得重构。③ 换言之,与此前提到的法律现实主义者科恩一样,霍菲尔德不认为法律概念对应任何"超验"实在;法律中的大量权利、义务、责任等概念,都不对应各自独立的"客观事物",必须被置于法律在人与人之间设定的关系——霍菲尔德所谓"法律关系"(jural relations)之中才能作有效理解。

在此基础上,霍菲尔德搭建了由八个概念、四对关系构成的那个著名框架,其中人与人之间可在法律上存在的二元(dyadic)关系有四种④:

(1)"请求权"(claim)—"义务"(duty):一方有权请求另一方作为或不作为,而另一方对应承担的义务是根据对方请求作为或不作为;

(2)"自由"(privilege)—"无请求权"(no right):一方有自由选择作为或不作为,而另一方无请求权对应要求对方不作为或作为;

(3)"权力"(power)—"负担"(liability):一方享有可行使的权力,单

---

① Pierre Schlag, "How to Do Things with Hohfeld," *Law and Contemporary Problems*, Vol. 78, No. 1, 2015, p. 189.

② 例如,科恩认为霍菲尔德为在经验意义上重新定义每一个法律概念提供了逻辑基础。Felix Cohen, "Transcendental Nonsense," *Columbia Law Review*, Vol. 35, 1935, pp. 828-829.

③ Wesley Newcomb Hohfeld, "Some Fundamental Legal Conceptions as Applied in Judicial Reasoning," *Yale Law Journal*, Vol. 23, 1913, pp. 21-24.

④ *See* ibid.; Wesley Newcomb Hohfeld, "Fundamental Legal Conceptions as Applied in Judicial Reasoning," *Yale Law Journal*, Vol. 26, 1917, pp. 710-770. 相关概念中文翻译有多个版本,此处沿用雷磊和张永健的版本。雷磊:《法律权利的逻辑分析:结构与类型》,载《法制与社会发展》2014 年第 3 期。

方面改变另一方所处的法律关系,而另一方则需承受对方行使权力带来的法律关系改变的后果;

(4)"豁免"(immunity)——"无能力"(disability):一方可主张自身所处的法律关系不因另一方单方行为改变,而另一方此时的法律负担称为"无能力"。

上述框架中,八个概念是自成一体(sui generis)的最小概念,且必须在包含两方主体的法律关系中相互定义。例如,在霍菲尔德框架中,若在世上找不到一个某乙就某种作为或不作为承担"义务"(duty),则说某甲享有"请求权"(claim)毫无意义,反之亦然。① 或者,若在世上找不到一个某丁承受被他人单方面改变法律关系状态的负担(liability),说某丙享有"权力"(power)毫无意义,反之亦然。由此可见,基于霍菲尔德框架,没有人与人之间的相互影响,就根本无所谓法律,遑论法律上的权利。因此,正如张永健借此指出的,德国民法理论物权部分所包含的人对物的"支配权"一类概念,若基于霍菲尔德框架的视角加以审视,是尤其显得虚妄而无谓的。②

霍菲尔德框架主张用四种法律权益(ablements)概念和四种法律负累(disablements)概念,替代传统的"权利""义务""责任"等概念。霍菲尔德援引大量示例,指出"权利"一词常被法学家和法官在同一论述中无意识地指称两三种不同法律权益,由此导致法律推理错误。例如,若说原告有"权利"(right),但实际意思是其相对被告有自行其是的"自由"(privilege),如此会导致的错误可能是,接下来会推论被告应履行作为或不作为的"义务"(duty)——尽管对应于原告的"自由",被告的法律负担只是"无权利"(no right)。③

而除了上述批判分析用途,霍菲尔德框架还有重要的建构功能。霍

---

① Pierre Schlag, "How to Do Things with Hohfeld," *Law and Contemporary Problems*, Vol. 78, No. 1, 2015, p.189.

② 参见张永健:《物权的关系本质:基于德国民法概念体系的检讨》,载《中外法学》2020年第3期。

③ *See* Wesley Newcomb Hohfeld, "Some Fundamental Legal Conceptions as Applied in Judicial Reasoning," *Yale Law Journal*, Vol. 23, 1913, pp.33-37.

菲尔德框架中的四对关系，并不直接对应法律规范通常呈现出的形式，而是用于分析理解法律规定实质内容的"最小公约数"。如此一来，这一框架也便具有"创生性"（generative），可帮助法律人反向搭建更为灵活、丰富的法律规则。例如张永健主张用霍菲尔德框架取代德式物权概念，其基本理由是，通常被理解为"权利"的"所有权"概念，本身并非一项具体请求权（right）；所有权人享有的所有物返还请求权（right）等才是足够具体的权利①，而作为制度的"所有权"则由一系列霍菲尔德法律关系组合而成，即所有权人在与其他主体的关系中针对对方的请求权、自由、权力和豁免，及对应相关主体承担义务、无请求权、负担和无能力。② 同时，传统学说描述所有权人享有"对世"（in rem）权，应解析为其与每一个与之相互影响的其他个体之间的法律关系，例如所有权人可向每个他人请求不得妨害占有，每个他人则对所有权人背负不得妨害的义务。而若采这一视角，"对人"（in persona）与"对世"（in rem）的截然分野就会被消解③，这有助于更精细地描述财产权利在生活世界中的真实意义。例如，一本书的所有者，可以给两三个朋友设定入室阅览的自由（privilege），并保留自己针对这几位朋友享有的翻阅自由（privilege），同时又享有主张其他熟人不得翻阅的请求权（right）——看到如此简单所有权对应的权益束（bundle of entitlements），其实可包含多根"长短不一"的霍菲尔德权益，有助于我们更好地理解并想象所谓"对世权"的真实构造。

如前所述，以霍菲尔德框架撼动传统物权学说不容易。但在数据权利这样没必要主动背上历史包袱的领域，法学理论本应有别开生面的机会。在电子著作权领域，"所有权终结"的命题早已被提出——读者"买

---

① 张永健：《农村耕地的产权结构——成员权、三权分置的反思》，载《南大法学》2020年第1期。

② 张永健：《物权的关系本质：基于德国民法概念体系的检讨》，载《中外法学》2020年第3期。

③ 在霍菲尔德的论说中，转化为"大量"（multital）关系和"少量"（paucital）关系的区别。Wesley Newcomb Hohfeld, "Fundamental Legal Conceptions as Applied in Judicial Reasoning," *Yale Law Journal*, Vol. 26, 1917, p. 712.

下"电子书时,无法获得与"拥有"纸质书时相同的权益组合。① 而数据的持有、控制和处理,在不同主体间对应的关系形态及其组合多样、多变,不能指望借任何有形载体或"本质属性"实现一般性明确。霍菲尔德框架有助于我们下沉到更具体的关系层面,理解数据法需要完成的界权工作。截至本书完稿时,法学界以数据权益或"权属"为主题的文论中,霍菲尔德框架在背景中其实已隐隐出现②,但对其运用显然尚不够充分、自觉。

个体权益维度的关系界权

这一节首先结合个人信息保护制度中的若干规则,展示霍菲尔德框架在数据权利问题上的应用及启发。③

个人信息保护制度的基础规范,是处理个人信息原则上以个人"知情同意"为前提。④ 这一规范虽可被理解为卡拉布雷西和梅拉梅德式的"财产规则"(property rule)⑤,但这却不等于个人信息保护制度为个人赋予了所有权式的权利。个人信息保护类法律文本,都会从定义"个人信息"入

---

① See Aaron Perzanowski & Jason Schultz, *The End of Ownership: Personal Property in the Digital Economy*, The MIT Press, 2016.

② 例如崔国斌:《大数据有限排他权的基础理论》,载《法学研究》2019 年第 5 期;许可:《数据权利:范式统合与规范分殊》,载《政法论坛》2021 年第 4 期。又如包晓丽、熊丙万:《通讯录数据中的社会关系资本——数据要素产权配置的研究范式》,载《中国法律评论》2020 年第 2 期;丁晓东:《被遗忘权的基本原理与场景化界定》,载《清华法学》2018 年第 6 期。

③ 在 20 世纪 70 年代个人信息保护制度刚刚出现时即有人对相关规范用霍菲尔德框架加以分析。See e. g. Layman E. Allen, "Formalizing Hohfeldian Analysis to Clarify the Multiple Senses of 'Legal Right': A Powerful Lens for the Electronic Age," *Southern California Law Review*, Vol. 48, 1974.

④ 《中华人民共和国个人信息保护法》(以下简称《个保法》)第 13 条规定"取得个人同意"是在没有其他法定情形时处理个人信息的基本前提,第 14 条规定个人同意"应当由个人在充分知情的前提下自愿、明确作出"。

⑤ Guido Calabresi and A. Douglas Melamed: "Property Rules, Liability Rules, and Inalienability: One View of the Cathedral," *Harvard Law Review*, Vol. 85, 1972, pp. 1106-1110.

手。但本书导论中曾经提到,以"可识别"为核心的主流定义①,在大数据挖掘的技术条件下几乎包罗一切信息;而由于"匿名化"理论上几乎都可逆,将"未加匿名化"加入定义,并不能有效限缩个人信息范围。② 因此,个人信息或数据不但没法被想象成物,也不同于知识产权客体(如"作品"),而法律不可能为每个公民设定一种无远弗届的财产权。

但个人与信息处理者之间围绕是否同意而可能产生的相互影响关系,是可以也需要作具体界权的。借助霍菲尔德框架,可以更清楚地看到,成文法规则在何处留出了仍待填补的界权空间。——这恰恰也能对应地暴露出,像"同意权""撤回权"等传统权利概念,及其对应的实体化权利理解,在内涵方面其实大有空洞之处。在此仅举两例:

> 例一:《个保法》第 13 条提供了信息处理者不需取得同意即可处理个人信息的例外情形。但基于霍菲尔德框架的提示,不同例外情形中,信息处理者有关处理活动享有的权益,恐怕要有所区别。例如,为公共利益实施新闻报道、舆论监督而"在合理的范围内"处理个人信息时③,处理者针对信息主体,或许只有收集信息的自由(privilege),而未必有要求对方采取配合行为的请求权(right)。但若为应对突发公共卫生事件④,则处理者享有的应是要求个人配合提供真实信息的请求权(right)。

> 例二:《个保法》第 15 条规定个人有权撤回处理其个人信息的同意。参照霍菲尔德框架,撤回权应是个人针对处理者享有的一种权力(power),一旦行使,则处理者不再有处理信息的自由(privilege),而要针对个人背负不得继续处理信息的义务(duty)。但如果

---

① 《个保法》第 4 条:"个人信息是以电子或者其他方式记录的与已识别或者可识别的自然人有关的各种信息,不包括匿名化处理后的信息。"

② 例如敏感的医疗数据,生物基因数据等,其重新识别化正随着技术日益可行。Jorge L. Contreras, "The False Promise of Health Data Ownership," *New York University Law Review*, Vol. 94, 2019, p. 655.

③ 《个保法》第 13 条(五)。

④ 《个保法》第 13 条(四)。

处理者此前已将相同信息提供给第三方处理,则个人撤回对处理者的同意,对第三方有何影响?根据第 23 条的规定,处理者向第三方(法条中的"接收方")提供其处理的个人信息时,需要再次向个人作出告知并征得单独同意。个人对处理者作出的单独同意,使第三方针对个人享有了处理信息的自由(privilege)。此时,处理者与个人之间、第三方与个人之间,各有一项"自由—无请求权"法律关系。个人根据第 15 条对处理者撤回同意时,是仅在针对处理者行使单方改变关系的权力(power),还是同时也向第三方行使了权力(power)?想来,个人若不愿其信息再被处理者处理,也应对处理者的合作第三方并无好感,但个人仅希望针对处理者撤回的情形在现实中显然并非不可能存在。若简单规定个人撤回时必定是"对全世界"撤回,给数据流动带来的成本恐怕过高。因此,鉴于 15 条规定"个人信息处理者应当提供便捷的撤回同意的方式",所谓"便捷方式",应当包含向个人提供辅助其就撤回范围作明确选择和表示的操作选项。

除有关信息处理的一般同意规范外,《个保法》就一些特定问题作出的规定,同样可结合霍菲尔德框架,看到其中可再做进一步界权的地方。例如,《个保法》第 24 条规定,一些条件下个人可拒绝接受自动化决策的决定或要求予以说明。但若个人不拒绝自动化决策,其有无要求决策者在决策中考虑某些参数、甚至其本人特定个人信息的请求权(right)?学界当前对自动化决策的想象以灰暗为主色调,担忧其带来的系统性偏见、歧视等风险。① 但部分社会成员可能只是反对具体决策结论,并希望以积极而非消极方式干预自动化决策过程。例如,针对信用评价算法,存在负面记录的个人若能要求决策者将特定的"修复信息"输入评价模型,则可由此获得更为合理的评价结果和社会待遇。②

当代个人信息保护制度尽管仍强调个人同意,但总体上已转向公共规制模式。仍以前述撤回权规则为例。不难想见,即使法律为个人提供

---

① See e.g. Virginia Eubanks, *Automating Inequality: How High-Tech Tools Profile, Police and Punish the Poor*, St. Martin's Press, 2018.
② 戴昕:《声誉如何修复》,载《中国法律评论》2021 年第 1 期。

可绝对自主选择行使的权益,指望其理性地以之为基础,控制数据处理漫长链条上的一系列信息处理者,难度还是很大。换言之,法律在个人与处理者关系层面,能做的文章是有限的。基于此,法律将政府监管机构作为主体引入,寻求建设个人、处理者和监管者之间的法律关系网络。例如,法律为监管机构设定要求信息处理者纠正违规处理行为的权力(power),处理者对应有其负担(liability),即在监管机构查实违规后,处理者需负担根据监管机构请求权(right)履行具体纠正措施的义务(duty)①。也可赋予信息主体乃至其他个人举报违法的权力(power),举报后则举报人与监管机构间形成"请求权—义务"关系,前者可请求后者依法及时处理并告知处理结果。②

尽管霍菲尔德生前文论以讨论私法问题为主③,但其理论抱负,实为用统一的法律关系概念工具打通部门法——包括公法和私法部门——规范思考。数据领域公私法规范交织、制度机制整合既是现状,也是趋势。而就个人信息保护制度来说,其权利规范在法律性质上的私人权利和国家义务之争④,或许可借霍菲尔德框架化解:个人信息保护制度设定的,是由私主体间及公私主体间霍菲尔德法律关系构成的法律关系网络,其中同时包含在关系意义上相互界定的私人权益、私人负担、国家权益和国家负担。而基于这种视角,公共机关对个人信息保护的介入,虽然直观上是范式变革性(transformative)的,但落到实处也仍是边际性的。例如,美国法上,公民有无"宪法上的信息隐私权"(constitutional right to information privacy),至今存疑。⑤ 形式上,这当然与欧陆宪法性文件中单列"数据保护

---

① 《个保法》第 64 条:"个人信息处理者应当按照要求采取措施,进行整改,消除隐患。"
② 《个保法》第 65 条:"收到投诉、举报的部门应当依法及时处理,并将处理结果告知投诉、举报人。"
③ 但也有明确的公法示例,如公民担任陪审员的公法义务。Wesley Newcomb Hohfeld, "Some Fundamental Legal Conceptions as Applied in Judicial Reasoning," *Yale Law Journal*, Vol. 23, 1913, p.53.
④ 参见王锡锌:《个人信息国家保护义务及展开》,载《中国法学》2021 年第 1 期;王锡锌、彭錞:《个人信息保护法律体系的宪法基础》,载《清华法学》2021 年第 3 期。
⑤ See Daniel J. Solove & Paul M. Schwartz, *Information Privacy Law* (5th ed.), Wolters Kluwer, 2015, pp.566-567. 美国最高法院通过判例早已明确了宪法上的决策隐私权(decisional privacy),但这与宪法层面的信息隐私权不同。

权"作为公民基本权利有重大差别。① 但在实质层面,由于联邦和州有其他规制政府处理个人信息行为的立法,因此没有一般性宪法权利,其主要的结果,应理解为导致在公民与政府的互动过程中缺失一些具体法律关系(如"请求权—义务"关系)。②

企业竞争维度的关系界权

如前所述,数据作为生产要素的属性,与企业的数据处理活动密不可分,而企业进行数据处理的过程,则同时是其积累数据资源的过程。互联网平台企业在发展早期,便清晰意识到数据资源化和资本化的有利前景,呼吁法律对企业持有数据确认财产权。③ 而为推动数字经济发展,官方也强调要"加快建立数据资源产权"等基础性制度。④

法学界同样较多从传统财产权思路入手讨论企业数据权问题。虽有部分论者认为企业数据权只需非常有限的特殊财产权利(如大数据集合的公开传播权)⑤,但更有影响力的观点倾向于体系建构,即先打下完整财产权利基础,再进一步演绎数据访问、许可、转让、修改、清除等具体权利。⑥ 而由于围绕数据商业利用发生的争议不断出现,前文提到,我国法

---

① Article 8, Charter of Fundamental Rights of the European Union.
② Lior Jacob Strahilevitz, "Reunifying Privacy Law," *California Law Review*, Vol. 98, 2010, pp. 2016-2018.
③ 例如参见丁道勤:《基础数据与增值数据的二元划分》,载《财经法学》2017 年第 2 期。
④ 例如工信部于 2020 年 5 月 13 日发布的《关于工业大数据发展的指导意见》明确提出,"企业普遍反映,因数据权属界定不清、规则不明、难以定价等基础性问题没有得到解决,跨企业、跨行业的数据共享流通难以开展。"
⑤ 崔国斌:《大数据有限排他权的基础理论》,载《法学研究》2019 年第 5 期。
⑥ 申卫星:《论数据用益权》,载《中国社会科学》2020 年第 11 期。See Jeffrey Ritter & Anna Mayer, "Regulating Data as Property: A New Construct for Moving Forward," *Duke Law & Technology Review*, Vol. 16, 2017, pp. 220-269.

院结合竞争法裁判,已建立了以"三重授权"为代表的界权规则。① 但常见看法是,竞争法只能禁止特定不正当竞争行为,不能像法定财产权那样提供一揽子数据界权方案。②

这一编的基本观点是,数据法的界权任务不必定要确认企业有无财产权。实际上,若从霍菲尔德框架的视角切入审视,无论以财产权立法还是竞争法裁判规则方式界权,都预设了某些必要法律关系在当前的缺失。而从数字经济现状出发,关系界权的进路有助于让我们更为聚焦地思考"权属不明"所指为何。

企业控制获取作为起点

呼吁为企业持有数据确权的逻辑仍然是科斯式的,但企业数据权界定并不在"科斯世界"中发生,而要以企业——包括大型平台企业——控制并持续积累有价值数据资源的现实作为起点。此处可以再次结合第一编中讨论的多元规制视角。③ 实际上,在法定财产权缺失的世界中,企业一直在通过其他规制力量,对数据及其流动实施有效管控。之所以如此,是因为数据虽不具有利用方面的对立性,但有形承载的数据与抽象的信息或思想有所不同:组织化的力量,通过物理(如封闭管理的数据中心)、技术(数据加密)、商业模式(数据换服务)、劳动关系(员工雇佣协议中的保密条款)甚至社会规范(互联网早期被认可的 robots 协议)等机制控制数据获取(access control),远比"禁锢"信息或思想更为可行。④ 不仅如此,法律同样也已为企业维持甚至加强数据控制提供了强劲支持;即使对

---

① 徐伟:《企业数据获取"三重授权原则"反思及类型化构建》,载《交大法学》2019年第4期。

② 程啸:《论大数据时代的个人数据权利》,载《中国社会科学》2018年第3期;申卫星:《论数据用益权》,载《中国社会科学》2020年第11期。

③ 戴昕:《超越"马法"?——网络法研究的理论推进》,载《地方立法研究》2019年第4期。

④ Charles I. Jones & Christopher Toneti, "Nonrivalry and the Economics of Data," *American Economic Review*, Vol. 110, 2020, p. 2821. 对市场中数据获取门槛的讨论,另见 Daniel L. Rubinfeld & Michal S. Gal, "Access Barriers to Big Data," *Arizona Law Review*, Vol. 59, 2017, pp. 339-381。

其所控制数据并无"产权",企业仍要依法采取各类网络和数据安全措施,而这类措施不但旨在应对黑客,客观上也同样对其他经营者形成限制。①

鉴于上述,我们显然不能认为,缺失完整财产权利体制的企业数据市场,就必定是处于"无法无天"的"自然状态"。在思考企业数据界权问题时,我们需要想的,其实是法律还应为企业对数据获取的实际控制建构何种额外法律关系,这种法律关系应当支持、增强还是在一定程度上抵消既有的控制。正如霍菲尔德在辨析"财产"(property)一词时所说,这个词既指称实物,又指称法律规范,但二者其实是两回事。② 在数字经济中,一个企业客观上控制特定数据资源,可以、但不必然意味着其与其他主体间,就应当存在财产权通常对应的一系列法律关系,例如持有企业享有要求其他企业非经授权不得获取的请求权(right)。法律是否应当建立此类或其他相关法律关系,需要考虑如此界权是否符合数据价值逻辑和分配公正要求。

例如,若决策者有理由认为当前持有企业对数据控制过强,则法律可考虑将持有企业与获取企业之间的法律关系,仅设定为两组"自由—无请求权":(1)持有企业有自行控制其持有数据的自由(privilege),获取企业就分享数据无请求权(no right),且(2)获取企业有通过爬取公开数据等非授权方式获得数据的自由(privilege),持有企业亦无权请求(no right)获取企业不得如此获取。甚至,法律可进一步明确,获取企业享有要求持有企业不得使用技术措施阻止其爬取数据的请求权(right),而持有企业对应背负不阻挠的义务(duty),负担重于仅有无请求权(no right)时。此种界权的典型示例,便是第三章中介绍的 hiQ Labs v. LinkedIn 案中,联邦

---

① 参见梅夏英:《在分享和控制之间:数据保护的司法局限和公共秩序建构》,载《中外法学》2019年第4期。近期典型事例如电商平台基于数据合规理由对消费者订单信息作加密处理,可能使平台商家难以使用相关数据作二次运营。参见原瑞亭:《个保法、数安法生效在即:阿里加密用户信息》,载财新网,https://www.caixin.com/2021-08-21/101758209.html,最后访问日期:2023年6月28日。

② Wesley Newcomb Hohfeld, "Some Fundamental Legal Conceptions as Applied in Judicial Reasoning," *Yale Law Journal*, Vol. 23, 1913, pp. 21-25.

地区法院对 LinkedIn 发出的停止阻挠 hiQ 使用爬虫的禁令。① 这种界权，是对 LinkedIn 通过技术控制数据能力的釜底抽薪。但若法律仅界定 hiQ Labs 有爬取自由(privilege)，LinkedIn 对此无请求权(no right)②，却有采取防御性技术措施的自由(privilege)，则技术控制仍可行，只是实施成本被提高，获取企业此时说服持有企业自愿开展数据合作的难度，相对就更大。

企业数据的关系界权：到底缺什么？

虽然进一步强化企业控制的界权方案，总体上不符合数据开放利用的价值逻辑，但第三章中已经讨论过的，为持有企业确权的主张，也不乏行为激励层面的理由。③ 然而现实中的数据流转，其主要模式并非一些人想象的"中间商赚差价"，即便没有财产权的激励，也不意味着企业会没有动力投入处理数据。④ 而更一般而言，企业间数据交易、流通机制运行不畅，包括大数据交易所等探索尚不成功，这种种效率缺乏，当前也被归因于"产权不明"。确实，若法律不能界定持有企业与获取企业之间的"权力(power)—负担(liability)"关系，令前者有权力设置后者与前者之间有关数据获取和使用的"自由(privilege)—无请求权(no right)"，则获取企业会缺乏动力寻求与持有企业交易。就此，第四章提到的安全港规则可以是一种为潜在交易方提供必要可预期性的界权思路，而安全港规则的内容，实际上就可以理解为对上述企业间法律关系的界定。

---

① *hiQ Labs, Inc. v. LinkedIn Corp*, 938 F. 3d 985 (9th Cir. 2019). 美国最高法院在 2021 年因另一个解释 CFAA 的先例出台而撤销了第九巡回法院的裁定并将该案发回重审，尤其要重新审定 LinkedIn 采取的技术防御措施和律师函警告等是否足以使 hiQ 的爬取数据行为性质转变为"未经授权"。Petition Granted, *LinkedIn Corp. v. hiQ Labs, Inc.*, 19-1116 (Sup. Ct. June 14, 2021).

② Wesley Newcomb Hohfeld, "Some Fundamental Legal Conceptions as Applied in Judicial Reasoning," *Yale Law Journal*, Vol. 23, 1913, pp. 32-33.

③ 例如，程啸：《论大数据时代的个人数据权利》，载《中国社会科学》2018 年第 3 期；邢会强：《大数据交易背景下个人信息财产权的分配与实现机制》，载《法学评论》2019 年第 6 期；崔国斌：《大数据有限排他权的基础理论》，载《法学研究》2019 年第 5 期。

④ Katharina Pistor, "Rule by Data: The End of Markets?," *Law and Contemporary Problems*, Vol. 83, 2020, p. 111.

但在此之外,持有企业"受法律保护""可以依法交易"的"财产权益"[①],是否还包括其为数据获取企业设置针对第三方的排他请求权(right)的权力(power)? 这种更强的财产权益,未必为交易发生所必要,主要影响交易价格——或持有企业在数据流转增值中分配到的份额。

同时,还需看到,企业间数据权交易及大数据交易所运行在现实中面临的主要困难,一是供需匹配不足,二是数据难以定价。二者也笼统被说成"产权不明"的结果,但其真正原因,其实是机制设计匮乏。匹配不足源于搜寻成本过高,但即使对于传统物权体制而言,法律界权也只是信息成本降低的部分原因,国家建立公示登记系统和权利公示规则同样至关重要。解决数据市场的匹配难题,需要考虑围绕交易所机制建立企业数据资源的披露规则。而定价困难同样是信息不足的后果。在缺乏客观定价依据的情况下,持有企业和获取企业对数据的主观估价差异很大,沟通议价会有极强策略性。打破困局的一个可能方案,是前文在第三章中介绍的一种特殊的强制交易机制:要求数据持有企业自行披露并登记公示本方数据资产的主观转让估价,并被强制与任何接受公示价格者完成交易,且通过基于估价收税的方式避免持有企业报价过高。[②] 这既可保证持有企业回收成本并适当获利,也可保证其不会借财产权过度限制数据流动。不难看出,以上机制如要落地,需要的法律界权反倒是增加持有企业的霍菲尔德式法律负担(disablements),而不是法律权益(ablements)。

更重要的是,第三章曾指出,科技企业投入数据处理活动的动力,主要不来自预期通过许可或出让数据获得报酬,而是借助处理数据形成更强的算法决策能力[③],而这种能力服务于企业建立并控制更长的价值生产链条乃至庞大多元的商业体系,而链条或体系中的生产活动又成为新

---

① 参见《广东省数字经济促进条例》第40条:"自然人、法人和非法人组织对依法获取的数据资源开发利用的成果,所产生的财产权益受法律保护,并可以依法交易。法律另有规定或者当事人另有约定的除外。"

② See Eric A. Posner and E. Glen Weyl, *Radical Markets: Uproting Capitalism and Democracy for a Just Society*, Princeton University Press, 2018, pp. 55-62.

③ See Katerina Pistor, "Rule by Data: The End of Markets?," *Law and Contemporary Problems*, Vol. 83, 2020, p. 111.

的可控数据来源。① 若这一闭环逻辑成立,企业生产数据资源和建设数据壁垒的激励都不会因缺乏额外的财产权保护而降低,企业间数据合作也可以持有企业对数据获取的实际控制为起点,通过契约、技术措施甚至企业兼并等方式完成。因此,若大型企业对数字经济的主导增强,法律对企业数据提供额外财产保护的必要性反会下降。

"三重授权"还是"可携权":用户与企业数据法律关系

企业数据权讨论中,常被认为最棘手的问题,是企业持有数据中包含的用户个人信息"归谁所有"。② 能够识别个人的数据有匿名化数据不能替代的经济价值③,但信息隐私理论强调个人信息是人格尊严的载体,至少不能仅被视为可交易财产。④ 但数据"本质"是人格还是财产,不足以决定法律如何对包含个人信息的企业数据界权:即使数据本质是人格,不意味着个人有排他主张;即使是财产,也不意味着企业可排他控制。而参考霍菲尔德框架,企业数据权涉及的个人信息界权问题,同样可落在主体间法律关系层面分析考虑。

前文已经介绍,我国法院对企业持有用户个人数据的基本界权安排,被描述为"三重授权":最初收集用户数据的企业需要先获用户授权,而后续企业为获取上述数据,既要得到当前控制数据的企业授权,还要再次获得用户授权。⑤ 不难想见,"三重授权"试图保证数据持有企业与用户均能参与数据交易决策,以此在满足获取企业参与竞争需求的同时,也保护持有企业的投资预期,并关照用户信息利益。这种综合平衡虽在理念

---

① See Katerina Pistor, "Rule by Data: The End of Markets?," *Law and Contemporary Problems*, Vol. 83, 2020, p. 111.
② 参见丁晓东:《数据到底属于谁——从网络爬虫看平台数据权属与数据保护》,载《华东政法大学学报》2019年第5期。
③ 例如通讯录包含的实名社交网络数据的价值。见包晓丽、熊丙万:《通讯录数据中的社会关系资本——数据要素产权配置的研究范式》,载《中国法律评论》2020年第2期。
④ 见丁晓东:《什么是数据权利?——从欧洲〈一般数据保护条例〉看数据隐私的保护》,载《华东政法大学学报》2018年第4期。
⑤ 徐伟:《企业数据获取"三重授权原则"反思及类型化构建》,载《交大法学》2019年第4期。

第五章　关系界权

上可取,但做不到"一碗水端平":正如"损害相互性"命题所提示,鉴于持有企业实际控制数据获取,法律在持有企业和获取企业之间界权,要么支持这种控制,要么削弱这种控制,总是要有所取舍。

理想来看,若获取企业与持有企业就数据流转已达成一致,则此时"三重授权"规则专门赋予用户针对获取企业非授权不得获取的请求权(right),以及针对持有企业非授权不转让的请求权(right),有助于企业将交易对用户产生的外部成本内在化,避免数据过度处理,也可使用户获得一定对价。这是知情同意规则的基本经济学理由,但如第三章中所说,其福利推论成立的重要前提,是用户能够自主理性地行使权利。然而,与初始收集授权相比,在数据持续流动的过程中,有效完成每一次后续授权,对用户的边际认知成本只会不断攀升——理解后续数据处理后果的难度,相较在前难度,只会越来越大。因此,"三重授权"为个体设定的请求权,其保护个体利益的效果恐怕有限。

而现实中,"三重授权"更常被适用的纠纷场景,往往涉及获取企业无法得到持有企业授权。更确切地说,参考微博诉脉脉以及微信诉抖音等案,持有企业与获取企业间的纠纷,往往发生在二者合作破裂时:持有企业意识到"企业授权不足"之说未必足够有力,便搬出"用户授权不足",以额外支持其恢复数据控制。在法律关系层面,用户二次授权规则意味着用户享有对应企业负担(liability)的权力(power),其若拒绝授权,便可在持有企业和获取企业之间建立"请求权(right)—义务(duty)"关系,即前者可请求后者不得获取数据。但若持有企业对用户能够施加较强影响力,则法律赋予用户的权力(power)会服务于支持而非节制持有企业的数据控制。

由此可见,"三重授权"的界权方案,不但未必加强个人信息保护,也难以促进数据流动。另一种制度思路,则是GDPR等欧洲法律力推的"可携权"(portability),即将"三重授权"变为"二重授权":持有企业拒绝时,获取企业仍可直接基于用户授权获取数据。可携权的制度设计在各法域都尚处探索中①,但一般来说,都应包含用户要求数据迁移的权力(power),对应持有企业配合的负担(liability),而用户既可基于此权力设定获取企业要求持有企业积极配合数据迁移的请求权(right),也可仅设定获取企业有获得数据的自由(privilege),持有企业无请求权(no right)排除获取,但也无积极义务(duty)配合,或最多有不采取技术干预措施的消极义务(duty)。②需要注意的是,可携权看似是为用户赋权,但当持有企业意识到自身针对用户的负担加重时,其寻求与获取企业达成合作性数据共享安排的意愿,也就会变得更强。而企业间更多以合作形式处理数据,可能意味着用户个体对其数据的事实控制能力反而下降。③但基于服务改善,用户其实也可以部分分享合作数据开发带来的新增价值。

公共数据体制的界权

企业数据界权对数据流动和共享的可能推动作用,受限于主导企业控制数据资源的市场格局。而自政务信息化改革以来,公共机关处理并实际控制的数据资源(即"公共数据")规模日渐庞大,一个看上去更有希望坚持开放性的数据资源池呼之欲出。公共数据体制应致力于建设、维护并扩大这一公共数据资源池,而政府对公共数字基础设施建设和运营

---

① See Peter Swire & Yianni Lago, "Why the Right to Data Portability Likely Reduces Consumer Welfare: Antitrust and Privacy Critique," *Maryland Law Review*, Vol. 72, 2013, pp. 335-380; Barbara Engels, "Data portability among online platforms," *Internet Policy Review*, Vol. 5, 2016, pp. 1-17;丁晓东:《论数据携带权的属性、影响与中国应用》,载《法商研究》2020年第1期。

② 《个保法》第45条:"个人请求将个人信息转移至其指定的个人信息处理者……个人信息处理者应当提供转移的途径。""提供转移的途径"应属设定义务,但其具体行为内涵并不清晰。

③ Gal & Rubinfeld指出,数据标准化、可互操作以及可携带等方面的改善,会导致消费者面临更多个性化定价。Michal S. Gal & Daniel Rubinfeld, "Data Standardization," *NYU Law Review*, Vol. 94, 2019, p. 755.

的持续投入,则是实现这一目标的基本前提。近年来,国家和地方立法①都在不断试图为此提供规范依据。但随着公共数据规模的累积和数据处理要求的提高,相关投入不断增长,主事者必然面临现实财政及公共责任压力,需要进一步证成公共数据资源的价值及其实现机制。这是自新世纪进入第二个十年之后,政府急切推动公共数据加大开放的重要原因。

明确公共数据权属,同样被视为开放的前提,因此颇受关注。但仍借助霍菲尔德框架审视可知,无论国有还是基于信托的产权方案,都有局限性;在正确理解公共数据价值的基础上,法律仍应结合机制设计作具体界权。

国有资产还是公共信托

"权属决定流转"的认知,在决策层面颇有影响力,以至于有地方立法甚至一度考虑将公共数据定性为新型国有资产。② 毫无疑问,公共数据的处理过程与成果不应被私人控制乃至垄断;在法律上明确国有属性,确系有力的立场宣示。③ 但实际上,私人主体控制的数据,因其利用非排他性和处理活动强外部性,同样有高度公共性。而即使公共数据明确国有,其价值生产各环节仍有私人主体参与,相关法律关系还是要包含为私人设定法律权益的内容——例如个人请求公共机关更正数据错误的请求权(right)、企业就获授权处理的公共数据享有的自由(privilege),等等。这一层面如何具体界权,仅凭"国有"二字,是根本无法回答的。甚至,在政务数据内部共享仍存阻力、控制优质数据的部门时有主张为其部门利益"确权"的局面下,宣示公共数据为"国有资产"的操作,还会有被部门利益劫持、用以反对共享和开放("严防流失")之忧。

当前,西方学界提出了基于公共信托(public trust)规则建构数据资

---

① 如《数据安全法》中有关国家大力推进电子政务建设的一般要求,及各地方立法中关于政府数字基础设施建设运营的具体规定。

② 2020年7月15日深圳市司法局发布的《深圳经济特区数据条例(征求意见稿)》中曾有此表述。商希雪:《政府数据开放中数据收益权制度的建构》,载《华东政法大学学报》2021年第4期。

③ 美国医疗数据领域也有过类似的呼吁。Marc A. Rodwin, "The Case for Public Ownership of Patient Data," Journal of American Medical Association, Vol. 302, 2009, pp. 87-88.

源公共权属的方案。① 这与我国学界此前引进的用私人信托安排解决个人与企业间数据权属的主张有所不同。私人数据信托将用户作为个人信息名义所有权人,而企业作为受托人,对数据享有实际财产权,并就数据处理对用户承担信义义务,不得滥用。② 与此不同,普通法的公共信托安排中,信托资产以国家为实际所有人,但国家使用、处置信托资产又面临比纯粹国有财产更多的约束,即要承担"保护全民共同财富的责任"。这种公共信托在美国法上常由司法裁判创制,用于维系包括水域、地下水、野生动物等资源的开放性,其核心是拒绝私人主体对相关资源的独占主张(right),并要求国家基于事前控制和事后监督,确保资源优先或限定用于公共目的。③ 而数据公共信托的设想,则是将数字经济各角落产生的个人数据都在法律层面归到公共信托之下,从而使其处理受控于作为受托人的国家设定的各类消极和积极用途要求。④

公共数据信托在理念上符合数据资源公共化的追求。但与私人数据信托一样,与其说公共数据信托是一种权属安排,毋宁说其还是在对所有权问题采取的"绕行"策略,仔细想想还是说不清楚,只好顾左右而言他。我国学者批评私人数据信托主张时,指出其无法兼容于中国法律框架。⑤ 但移植私人数据信托的最大困难,在于英美信托构架经年累积成型的法律关系网络⑥,靠立法或司法都难以快速搭建起来。而公共信托在中国语境里是比私人信托更加陌生的概念。公共信托模式能否成功的关键,不在于确认国家所有者地位,而在于公共部门应被设定有何权益和责任,以维护并推进数据利用的公共性。

---

① Aziz Z. Huq, "The Public Trust in Data", https://papers.ssrn.com/sol3/papers.cfm? abstract_id=3794780# (last visited 2023. 7. 3).
② 参见冯果、薛亦飒:《从"权利规范模式"走向"行为控制模式"的数据信托——数据主体权利保护机制构建的另一种思路》,载《法学评论》2020 年第 3 期。
③ See Aziz Z. Huq, "The Public Trust in Data", https://papers.ssrn.com/sol3/papers.cfm? abstract_id=3794780#, pp.41-45 (last visited 2023. 7. 3).
④ See Ibid. , pp.54-57.
⑤ 申卫星:《论数据用益权》,载《中国社会科学》2020 年第 11 期。
⑥ 霍菲尔德提出其概念框架的一个重要目标就是全面重新分析信托法。Wesley Newcomb Hohfeld, "Some Fundamental Legal Conceptions as Applied in Judicial Reasoning," *Yale Law Journal*, Vol. 23, 1913, pp.16-20.

公共数据开放:价值与对价

"公共数据利用不足""价值(收益)不够",这类抱怨到底意味着什么?如前所述,数据不是石油,而公共数据也不是国有土地——政府固然不应仿效"好地越卖越少"的逻辑,把有用数据"捂"在手中,但也不能用"出让变现""回收资金"的狭隘思路,去理解数据资源的价值所在。政府建设数字基础设施、开发公共数据资源,首要追求是提高治理效能和公共服务效率。这种价值很难量化,也不只落在具体受益人或群体头上,因此相关工作"吃财政饭"①具备公共经济理性,也有政治伦理基础。实践中,政府主导的数字基建和政务电子化工程,在建设和运营阶段,通常引入企业参与。政府可采用定向或有条件开放模式,允许合作企业接入获取公共数据,以此作为后者投入资金和技术的部分对价。在保证安全的前提下,这种模式既减轻公共财政负担,又可对相同数据资源同时进行公共和私人价值开发,契合数据利用的非对立性。

但当前被抱怨更多的,是公共数据资源在政务场景外,没能更广泛地被市场和社会主体获取并利用。除了保证数据安全,公共数据开放的关键考量,是开放对价是否符合分配正义要求:公共数据获得私人利用越多,产生社会价值总量越大,但新增价值在私人主体和社会公众之间如何分配,是公共数据体制必须思考的问题。早前有观点认为,尽管数据定价困难,但通过公共数据开放获得数据的市场主体,至少应基于成本向政府支付数据授权费用。② 而包括《深圳数据条例》在内,一些有探索性的地方数据立法都将免费开放作为原则,尽管也留出收费的制度空间。③

---

① 例如《浙江省公共数据开放与安全管理暂行办法》第3条规定县级以上人民政府"将公共数据开放、利用和安全管理纳入国民经济和社会发展规划体系,所需经费列入本级财政预算"。
② 参见何渊主编:《数据法学》,北京大学出版社2020年版,第319—320页。
③ 例如《深圳经济特区数据条例》第47条:"依照法律、法规规定开放公共数据,不得收取任何费用。法律、行政法规另有规定的,从其规定。"《政府信息公开条例》中有部分参考价值的规定为第42条:"行政机关依申请提供政府信息,不收取费用。但是,申请人申请公开政府信息的数量、频次明显超过合理范围的,行政机关可以收取信息处理费。"作为参照,欧洲最近的动向,是基于成本收费。*Data Act*, Regulation 2022/0047 of the European Parliament and of the Council of 23 February 2022, Art. 9.

"免费"开放作为原则是合理的,因为"收费"并非实现数据公共价值的最佳机制。公共数据的价值与开发和使用方式密切相关,且肯定超出打包变现价格(更不用说"成本价格")。收费开放带来的财政收入固然"聊胜于无",却可能让官员产生只要收费就已实现价值或"完成任务"的错觉,助长短视。由于数据不像土地那样"越卖越少",只要机制设计合理,数据开放的过程应同时成为公共资源池"越做越大"的过程。具体来说,不应狭隘地将"公共数据开放"想象为仅有公共数据被私人主体获取的单向流动。近年来,欧美一些城市尝试要求获得授权,参与城市交通系统运营的服务商,将其运营产生的用户数据提供给公共数据平台。[①] 以相关经验为参照,公共数据开放未来完全可以探索在"不收取费用"的前提下,以企业向公共数据资源池回传自身运营数据,作为其获取公共数据的对价或"开放条件"。

与当前较常见的有条件开放模式相比,这种以"数据换数据"为核心交易条件的公共数据开放,也有利于简化有关开放条件的界权。从地方立法提供的框架来看,除了数据安全保障一类普遍而言不可或缺的合作条件外,立法还要求政府机关在事前审核乃至设定开放公共数据的具体用途。这种行为控制虽在理论上有利于保证开放数据利用的公共性,但却不切实际地预设了公共部门有能力在事前判断数据开放后的最优利用方案。

相比之下,若将"数据换数据"确立为公共数据开放的核心条件,在数据安全之外,公共机关可不对利用作过多约束。就关系界权而言,可明确获取开放公共数据的利用主体,享有开发利用数据的自由(privilege),而公共机关在授权开放后无请求权(no right)作具体干预。这有助于增强市场和社会主体开发数据的自主性和能动性。公共机关借助企业运营数据回流的要求,既可提高实际安全监管和追责能力,还可借此推动数据标准化[②],并实现公共数据资源池不断扩大这一基础性公共利益。相比

[①] *See* Aziz Z. Huq, "The Public Trust in Data", https://papers.ssrn.com/sol3/papers.cfm? abstract_id = 3794780#, pp. 4-5 (last visited 2023. 7. 3).

[②] *See e. g.* Michal S. Gal & Daniel Rubinfeld, "Data Standardization", *NYU Law Review*, Vol. 94, 2019, pp. 764-769.

于受困垄断与定价难题的私人数据市场,公共数据体制借此可能形成流动性优势,或至少提供一种额外的数据流动渠道,以"增量"撬动"存量"。

现实中,公共部门其实已发起过性质类似、形式有别的数据合作①,但效果有待观察。通常认为,这是由于公私双方均以积极获取对方数据、又借隐私和安全之名"捂住"己方数据作为占优策略,从而陷入合作困境。不难想象的是,控制较大规模数据资源的主导企业,贡献公共数据资源池的意愿有限。但通过公共数据开放降低数据获取成本,对中小企业或初创企业是有吸引力的。通过扶持、聚拢中小企业,公共数据体制也有望建立更好的数字经济生态。

如前所述,当前国家政策和地方立法均在探索为数据开发成果确权的方案②,这些方案也应适用于企业处理开放公共数据后获得的成果。基于维持公共数据资源开放的总体原则,此处有关"财产权益"保护的规范表述,对应何种界权,仍有可进一步明确的空间。特别是,私人主体就利用公共数据资源享有的权益,不应有排他性。例如,政府将数据开放给企业时,虽对企业利用的自由(privilege)负担无请求权(no right),但仍应保持将相同数据自行开发或对其他主体开放的自由(privilege),而企业的权益则明确不应包含主张其他数据开发者不得开发利用相同数据的请求权(right)。

小 结

本章借助霍菲尔德框架,尝试在实质政策考量和机制设计的基础上,对数据界权问题进行规范分析,以求将法律理论的形式和现实维度在这一论题上尽可能结合起来。本章以及本编中的其他章节,都基于现实主义的视角出发,对数据权利问题的形式主义提出了批判。但法律现实主

---

① 如征信领域建立公私数据控制主体共同参与的征信机构。
② 《广东省数字经济促进条例》第40条:"自然人、法人和非法人组织对依法获取的数据资源开发利用的成果,所产生的财产权益受法律保护,并可以依法交易。法律另有规定或者当事人另有约定的除外。"

义作为研究进路,并非简单主张抛开法律中的一切形式因素。现代法律在运行过程中离不开概念工具。但概念的价值是帮助组织思路(how to think),而不应限定结论(what to think)。① 有关法律概念的思辨若不紧密结合功能(functional)视角,"正本清源"的探讨就容易"不接地气"②,甚至沦为穷究伪问题。

在数据领域,建构性的法律界权,不应被既有概念形式体系过度束缚,特别是不应误以为可以、甚至必须先找到数据在所有权规范体系中的"定位",才能自上而下演绎规则。此前已有其他学者针对流行的数据确权主张提出过商榷意见。③ 例如,梅夏英曾指出,数据在私法上确权面临理论和操作困难,而现有法律和技术条件下已形成的数据控制则足够支持利用和交易秩序,额外确认私权则不利于数据分享。④ 在总体认同上述看法的基础上,我希望强调,今天人们对不同数据制度安排所对应社会福利后果的理解,仍以大量有待继续观察和验证的假说为主。这一认知过程中,因信息的持续增加,会不断出现新的阶段性判断,因此不能指望任何"体系化""一揽子"的界权方案可以毕其功于一役。而这既意味着当前决策者需要就数据权益提供权宜性的法律安排,更意味着所有已作出和待作出的安排也都应被视为权宜之计——由此保持数据法对规则变化的开放态度,并注重对有效机制设计作逐步积累。

以一些地方近年来的数字经济立法为例,其中出现了有关保护市场主体"对依法获取的数据资源开发利用的成果……所产生的财产权益"

---

① See Pierre Schlag, "How to Do Things with Hohfeld," *Law and Contemporary Problems*, Vol. 78, No. 1, 2015, p. 189.
② Felix Cohen, "Transcendental Nonsense," *Columbia Law Review*, Vol. 35, 1935, p. 811 ("thought without roots in reality").
③ 基于物权或/和知识产权原理及制度规范建构数据权利的主张,及反对这一进路的观点,二者的一个简要综述,可参见许可:《数据权利:范式统合与规范分殊》,载《政法论坛》2021年第4期。
④ 参见梅夏英:《在分享和控制之间:数据保护的司法局限和公共秩序建构》,载《中外法学》2019年第4期。

的明文确权规范。① 地方立法者试图借原则规定撬动生产和流转的想法可以理解。但这种"财产权益"到底意味着何种个人、企业和国家之间的具体关系界权？例如,企业处理数据后进行公开展示,吸引用户和广告商并获得收入,固然是合法财产权益,但竞争企业爬取公开展示数据,是否仅因权益的"财产属性"就必定不被允许？ 又如,企业通过政府数据开放获得公共数据,加工后用于经营活动并形成收益,该收益的财产权益属性,是否意味着企业对政府及第三方开发利用相同数据的行为,也可提出反对？这些具体界权问题的答案,都无法从对财产权的笼统确认逻辑推演得出。

正如数据价值开发须以开放为原则,数据法建构同样要打开思路。优先考虑走熟悉的大道,是务实的好习惯,但不应因此否认或忽视另辟蹊径的可能。而若论者接受数据权利可在传统财产模式外另起炉灶,那么财产法提供"标准化"或"模块化"②界权规则组合的思路,对数据权利即便有参考价值,也未必要照猫画虎。法律经济学理论中,财产权利标准化为有限模块的核心理由是降低信息成本。有价值事物及由其利用引发的人际互动可在万千维度上存在差异,但法律规则只在不那么直观可见的有限维度上提供界权,可帮人们在利用财产和进行交易时聚焦关注,减轻认知负担;而将相互配合的权能打包在一起形成模块,在利用和交易时自然就更加方便。③

这一思路并非完全不适用于数据。但对数据权利进行标准化的难度比有形财产更高,因为数据的来源、规模、信息内容等决定其可能利用方式和后果的诸多关键维度都非肉眼可见,这意味着法律需要对数据进行标准化界权的维度可能太多;什么样的数据权益可以组成最具互补性的

---

① 《广东省数字经济促进条例》第 40 条:"自然人、法人和非法人组织对依法获取的数据资源开发利用的成果,所产生的财产权益受法律保护,并可以依法交易。法律另有规定或者当事人另有约定的除外。"

② 许可:《数据权利:范式统合与规范分殊》,载《政法论坛》2021 年第 4 期。

③ See Thomas W. Merrill & Henry E. Smith, "Optimal Standardization in the Law of Property: The Numerus Clausus Principle," *Yale Law Journal*, Vol. 110, 2000, pp. 26-34; Henry E. Smith, "Economics of Property Law," in Francesco Parisi ed., *The Oxford Handbook of Law and Economics*, Vol. 2, Oxford University Press, 2017, pp. 152-154.

模块,也并不直观。例如许可提出,应设计使数据生产投入与数据成果分享在不同主体间"成比例"的标准规则,以保护投资激励并避免"反公地悲剧"。① 但由于数据利用方式的多样性和数据价值生产在人工智能场景中的不可预测性,很难想象这类规则如何"标准化"。若难以自上而下建构"标准化模块",那么数据权利说到底还是要在类似"权利束"的框架中,结合围绕数据开发利用产生的互动关系,累积界权规则,"一根一根"增减,以求务实,也更加灵活②,避免为套用标准模具而在瞬息万变的数字经济中削足适履。

通过条文留白("法律对数据、网络虚拟财产的保护有规定的,依照其规定"③),《民法典》实际上已经提供了充分空间,允许数据的界权思路跳出传统民事财产权体系的窠臼。无论是个人数据、企业数据还是公共数据,有实际意义的法律界权都不是在地上划线分清"你的""我的",而应逐步搭建、并灵活调整多元主体之间的法律关系网络。如此法律关系网络才能架设在真实世界的市场资源和权力配置格局之上。而法律作为各类行为规制力量中最具能动性的一种④,则应通过一次次关系界权,有意识地在边际上探寻可以撬动现状、推进开放的机会。

---

① 许可:《数据权利:范式统合与规范分殊》,载《政法论坛》2021 年第 4 期。
② 包晓丽、熊丙万:《通讯录数据中的社会关系资本——数据要素产权配置的研究范式》,载《中国法律评论》2020 年第 2 期。
③ 《民法典(总则编)》第 127 条。
④ Lawrence Lessig, "The New Chicago School," *Journal of Legal Studies*, Vol. 27, 1998, pp. 661-662.

第三编

声誉
私人处遇与社会信用

在当代所谓"声誉经济"(reputation economy)和"声誉社会"(reputation society)①中,声誉机制对个体利益和社会福利的影响,已经在学术和公共话语层面受到广泛关注。

本编中,第六章对声誉问题的讨论,将再次结合多元规制框架,借此展示声誉损害及其救济发生的实质性原理与机制。如导论中已提到的,我所关注的是声誉现象中蕴含的信息隐私问题一般原理,而讨论声誉的目的,则是将形式规范层面看似割裂的部门化法律议题论域进一步打通。第六章的讨论将展示,对声誉机制的观察和思考,有助于我们更深刻地理解信息对于联结个体自利与群体共善所起到的关键作用。在这个意义上,尽管涉及声誉的纠纷和争议在法律上常仅从私权的角度获得处理,但对于以群体乃至公共利益为其决策依据的决策者而言,其对声誉信息生产与使用过程的干预和参与,本身是社会意义上的效率与公正得以实现、或无法实现的基本依据。而借助总体福利或公共福祉的视角,以社会公正的尺度理解声誉,我们也能够更恰当地理解在微观层面救济声誉——例如,在信用场景中提供"信用修复"——的恰当意义与尺度。

而第七章有关中国社会信用体系建设的讨论,则旨在更直接、聚焦地呈现声誉逻辑在公共治理领域的展开。对数据信息工具的广泛和系统化使用,是21世纪各国公共治理领域最重要的进展。中国在这一领域中做出了许多有新意的尝试和探索,而社会信用体系无疑是其中受到广泛关注的一个案例。不过,围绕社会信用体系发生的公共传播,本身也是一个相当经典的个案。这项早先在中国国内并未引起太大民间反响、甚至长期缺乏民间认知的政策工程,原本是决策部门在1990年代后期、2000年初期"引进国外先进做法"的结果,但自2013年之后,却先在国外被媒体

---

① 参见 Hassan Masum and Mark Tovey eds., *The Reputation Society: How Online Opinions Are Reshaping the Offline World*, The MIT Press, 2012.

和研究者发现、炒作,形成"友邦惊诧"。① 而中国的法律和政策研究者,基本上是在这之后,才发现这一看上去颇有"中国特色"的实践,并将其中呈现出的各类非传统做法,视为展开传统的合法性分析的富矿。特别是,法学界在 2018 年至 2019 年期间的关注和密集发声,促使政策主导部门自 2019 年以来明确了推动社会信用体系建设法治化的工作方向。② 在此基础上,法律论说似乎也有"鸣金收兵"的意味——在 2020 年之后,涉及该议题的法学论文发表量,较此前两年出现了非常明显的回落。

但实际上,在诸如黑名单、联合惩戒的合法性一类问题之外,社会信用体系建设这一当代制度现象背后,还蕴含着诸多更为深刻的结构性和建构性制度议题,有待进一步学术发掘。特别是,把社会信用放到公共治理数字化的更大背景中,把声誉逻辑作为基本的分析线索,人们应看到,这一政策工程的真正后果,是数据化公共治理的扩展和升级。通过考察、理解社会信用体系建设的探索实践与经验,我们的思考,需在"声誉国家"浮出水面之时,转向建构"数据宪制"这个下一阶段最重要的议题之上。

---

① 在此期间,不得不说,国内学界和媒体评论界的部分人,在发声前,对相关制度实践及其政策背景的理解,并不多过常常闭着眼睛信口开河的西方媒体。例如,高考高分考生因父亲失信而被高校拒收的消息,照理应是对国内高招体制稍有认知者就会知道不可能属实,且也被相当高级别的权威机关辟谣,但却不仅被西方媒体广为以讹传讹,甚至国内一些法律界人士一本正经地进行讨论。

② 例如,《国务院办公厅关于进一步完善失信约束制度 构建诚信建设长效机制的指导意见》(国办发〔2020〕49 号)。

第六章 声誉机制:损害与修复

"好名声乃命中至宝"

从古至今,名声一直都被认为是件大事。莎士比亚戏剧《奥赛罗》中,有句流传甚广的台词:"好名声乃命中至宝"。("Good name in man and woman, dear my lord, [i]s the immediate jewel of their souls[.]")① 把英文原文翻译得更直白些,就是说,一个人的好名声,相当于他的灵魂佩戴的珠宝。

——这话乍听起来有点无厘头:灵魂为什么要佩戴珠宝?细想之下,大概意思是说,一个人固然内在品格高贵,但要想让别人从外部可以了解,还是得靠传扬出来的名声,就好像富豪的身家,得靠穿戴的饰品推测一样。

但好名声固然难在一世经营,却往往毁于一旦。而最能让我们感知声誉重要性的时刻,恰恰是其受损伤、毁坏之时。进而,受损的声誉,还有挽回、甚至修复的余地吗?特别是在当代传播环境中?很不幸,这种努力有时甚至堪比要黏合碎成一地的玻璃,岂止艰辛,简直悲壮。

晚近让我印象特别深刻的一例,涉及著名刑辩律师、公共知识分子、哈佛大学法学院退休教授阿兰·德肖维茨(Alan Dershowitz)。德氏讲述其传奇刑辩经历的畅销著作等身,如《最好的辩护》等,在中国也有众多

---

① William Shakespeare, *Othello*, Act III, Scene III, in W. J. Craig et al. eds., *Shakespeare Compete Works*, Oxford University Press, 1966, p.959.

粉丝。① 虽然早就因其参与的诉讼活动及政治活动而不时卷入争议②,但顶着业内资深的光环,德肖维茨行走江湖,大半生都是众星捧月的待遇。未料,到了耄耋之年,这位业界泰斗却被迫下场干起真正的"脏活":在舆论法庭中为自己洗刷污名。

2014 年末,自称曾被臭名昭著的政商掮客杰弗里·爱泼斯坦(Jeffrey Epstein)③雇为"雏妓"、招待名流显贵的一名女性,在爱泼斯坦案的法庭书状中称,自己当年也曾被爱泼斯坦安排,与包括英国安德鲁王子和德肖维茨等在内的大人物发生关系。④ 尽管德氏之后并未因这一涉嫌奸淫幼女的严重指控而面临刑事调查,但女子的说法被主流媒体广泛报道,德氏一夜间沦为千夫所指的"老流氓"。

随后几年中,德肖维茨坚称自己从未接受过色情招待,甚至从未见过该名女子,不但对后者发起民事诉讼⑤,甚至主动要求执法机关对自己展开刑事调查。⑥ 2019 年,德氏出版了《控告即获罪:米兔时代证明清白的挑战》(下称《挑战》)一书。该书电子版曾一度免费发行,其中极尽琐碎地罗列了德氏手中证据,包括其与爱泼斯坦、女子的代理律师、其他相关人士和各类记者之间的通信记录,不但证明自己不可能见过该女子,且痛

---

① 例如〔美〕艾伦·德肖维茨:《最好的辩护》,唐交东译,中国法律图书有限公司 2014 年版。

② 例如被批评为以色列说客,John Mearsheimer and Stephen Walt, "The Israel Lobby," *London Review of Books*, https://www.lrb.co.uk/the-paper/v28/n06/john-mearsheimer/the-israel-lobby (last visited 2023/7/3);并在参与特朗普弹劾案辩护时有争议表现,Jonah Goldberg, "Dershowitz's Dangerous Defense of Trump", https://www.nationalreview.com/2020/01/trump-impeachment-trial-alan-dershowitz-defense-dangerous/ (last visited 2023/7/3)。

③ 关于爱泼斯坦的介绍,参见 "Jeffrey Epstein: Biography, Financier, Registered Sex Offender," https://www.biography.com/crime-figure/jeffrey-epstein (last visited: 2023/7/2)。

④ Alan Dershowitz, *Guilt by Accusation: The Challenge of Proving Innocence in the Age of #MeToo*, Hot Books, 2019, pp. 12-16 (Kindle version)。

⑤ Tom Jackman & Deanna Paul, "Alan Dershowitz Countersues Accuser in Jeffrey Epstein Case, Then is Sued by David Boies," *Washington Post*, https://www.washingtonpost.com/crime-law/2019/11/08/alan-dershowitz-countersues-accuser-jeffrey-epstein-case-then-is-sued-by-david-boies/ (last visited 2023/7/3)。

⑥ Alan Dershowitz, *Guilt by Accusation: The Challenge of Proving Innocence in the Age of #MeToo*, Hot Books, 2019, pp. 121-122 (Kindle version)。

陈该女子的律师缺乏职业操守、记者枉顾伦理，而法庭文书记述内容免于诽谤侵权责任的法律规则尤属弊制。①

我大概是在 2015 年时，从国外媒体上粗略读到德肖维茨卷入"雏妓门"一事。当时虽感意外，但也没觉得不可信——毕竟，著名律师不等于道德完人，上流社会声色犬马的尺度仅受限于普通人的想象力。但翻看过德氏《挑战》一书后，我又倾向于认为，其确遭构陷。无论事实为何②，身处晚节不保的困境，德肖维茨使出浑身解数，穷尽"自力救济"，其声誉修复操作堪称做到了极致——但效果如何？在 2020 年前后，我曾多次用 Google 搜索"alan dershowitz"，所得大量新闻报道，仍以德氏可能有罪为基本口径，而通过网络新闻了解此事者的数量，想必远超《挑战》一书读者。换言之，在当时看来，尽管可谓"无所不用其极"，但德氏很难摆脱"雏妓门"对自己名声的负面影响。实际上，直到更近几年，由于德肖维茨在美国前总统特朗普的弹劾案及卸任后遭国会调查程序中为特朗普辩护的表现，媒体和公众舆论中针对德氏的负面报道侧重，才多少从"雏妓门"的聚焦上有所偏转。③ ——这可能有些黑色幽默的味道，却与本章靠后部分提及的一种声誉修复策略，倒是不谋而合。

在回头再聊德氏遭遇的后续之前，以下还是要先从头说起：所谓声誉损害，到底是什么样的一种损失？这种损失又是如何发生的？

---

① Alan Dershowitz, *Guilt by Accusation*: *The Challenge of Proving Innocence in the Age of #MeToo*, Hot Books, 2019, pp. 121-122（Kindle version）.

② 此事至今尚未完结。德肖维茨曾在书中料定该女子不敢在法庭外其他场合指控自己，因为没有了法庭文书记述豁免，女子将会面临严重的诽谤侵权责任。但 2020 年，该女子在公开放映的电视纪录片中明确陈述爱泼斯坦曾六次安排其与德肖维茨发生性关系。David Brinn，"Alan Dershowitz hits back at Netflix over Epstein-linked allegations," *Jerusalem Post*，https://www.jpost.com/diaspora/alan-dershowitz-faces-reversal-of-fortune-with-epstein-linked-allegations-638557（last visited 2023/6/28）.

③ 针对其在弹劾案中表现的批评，参见，例如 Steven J. Harper, "Why Did Alan Dershowitz Say Yes to Trump?," *New York Times*, https://www.nytimes.com/2020/01/22/opinion/alan-dershowitz-impeachment.html（last visited：2023/11/8）.

声誉利益与声誉损害

声誉如此重要,声誉损害自然就会受到关注,人们也会指望法律对声誉损害予以干预、救济。法律制度中,包含许多形式各异的制度,都与应对声誉损害有关。人们比较熟悉的情形,比如明星控告"狗仔队"侵犯隐私权,大V控告与他对骂的另一个大V侵犯名誉权,这些诉求依据的,都是民法上有关人格权的规定。而除了民事责任,以侮辱诽谤的方式,造成他人严重声誉损害的,还可能导致加害人面临刑事责任。此外,法律还通过《商标法》和《反不正当竞争法》等法律中包含的规则,对经营者面临的商业声誉损害予以保护,等等。

但在讨论法律可能以何种方式救济声誉损害之前,我们首先需要思考的,是损害的发生机制和内容。这其实是讨论如何救济损害、修复损害的必要前提——法律救济,总要对症下药,不能扬汤止沸,也不需要小题大做。

交易利益和尊严感受

如前所述,声誉信息的社会价值在于其可作为有效决策的依据:人们根据特定个体既有的特征与行为,预判其在未来的行为倾向,例如履行契约、遵守规则的倾向,并由此决定自己应如何与之互动——是否与其开展任何社会经济交往或交易,可开展哪类交往或交易,以及与之交往或交易需基于何种条件(包括对价)、防范哪些风险,等等。对应于上述理解,声誉受损便意味着个体的声誉信息出现了负面变化,特别是新增了负面内容,而这种信息变化导致他人与之互动时的决策相应变化,例如相比以前减少甚至拒绝为其提供可欲的交易机会或交往待遇,使得声誉主体遭受切实的交易利益损失。

不仅如此,声誉受损还可能意味着声誉主体主观上承受负面精神体验。而正如第一编讨论隐私时所说,这种体验或感受损失(experiential loss),不必然以客观利益损失为基础或者来源。不难想见,当一个人身处负面传言中时,哪怕他人尚未真正基于负面声誉信息采取行动——例如对其实施排斥、停止与之正常来往——被谣言的对象也会生出忧心、焦虑乃至其他消极身心反应。这种主观体验损失是当代人格权制度所着重保护的尊严利益(dignitary interest)的心理基础。社会主体的自我(self)和身份(identity)通常需要凭借反馈机制完成塑造。① 这里的微妙之处在于,人格型塑过程中的反馈,未必实实在在来自外部,有时也可以只是自身对外界评价的想象——这意味着即使声誉信息的负面变化尚未给声誉主体造成客观利益损失,也可构成值得关注的损害。

  基于上述,在更确切的意义上,不妨将"声誉损害"理解为一个中介概念,而这种损害的实质后果,是导致声誉主体客观交易利益损失和主观尊严感受损失,后者则是声誉损害在现当代法律体系中具有一定程度可救济性的更根本理由。表面来看,交易利益损失在自然人或企业等组织作为声誉主体时均可适用,而尊严感受损失则只适用于自然人。但在此处,一个合理的"方法论个人主义"式假定是,群体和组织既由个体成员组成,群体或组织声誉的损失——无论客观还是主观——最终都仍可落回到个体层面获得理解和观察。例如,一个企业商誉受损,被指"坑蒙拐骗",固然可将其影响描述为企业整体价值降低,但说到底,还是投资者、管理者和打工人的钱袋缩水。又如,若某学者所属学科被贬低为"非主流"甚至"异端",则其影响或可谓"学科发展受限",但落到实处,无非是学者个体可获得的学术资源减少、自身专业认同感和荣誉感下降。完全落在抽象的组织和群体层面、不下沉为具体个人影响的声誉损害,在经验层面并不多见。②

  与此相关,即使是组织或群体声誉的修复,其最终动机和行动力也都来自个体。特别是,由于组织或群体声誉损害的影响,在个体成员之间的分布往往是不均匀的——一些人受更多牵连,"荣辱与共",另一些人却

---

① 参见 Erving Goffman, *The Presentation of Self in Everyday Life*, University of Edinburgh, 1956.

② 但个体以自身名义提起诉讼主张群体名誉利益受损,通常还需满足言论指向方面的特定要求。见陈昶屹:《不特定群体名誉受损中个人名誉权保护的裁判规则研究——从"驻马店人歧视案"说起》,载《法律适用·司法案例》2017年第10期。

少受波及,甚至有办法把自己摘干净。因此,群体层面的声誉修复,往往会因集体行动困境而受抑制。鉴于此,即使承认组织或群体声誉客观存在,以个体为分析单位,也更有利于细致讨论声誉修复的实践可行性和规范合理性。

声誉损害的信息机制

声誉损害发生的核心机制,是特定主体的声誉信息中新增了负面内容。新增的负面声誉信息可能是描述性的,例如声誉主体此前不为人知的属性特征或言行。这些描述性信息与事实可能相符,也可能不符。在法律语境中,与事实相符的描述性声誉信息,其处理活动往往引发隐私争议,而与事实不符的描述性声誉信息,则主要涉及诽谤。[①] 据此,声誉主体寻求修复因真实和虚假信息导致的声誉损害时,需诉诸不同的法律救济工具。但就导致声誉损害的程度而言,很难说揭露隐私和造谣中伤,何者更为严重。尤其在密布信息茧房和认知操控的当代传播环境中,特定信息能否对人们的认知和决策实际产生影响,甚至主要不取决于其真实性,而更在于信息传播者能否运用最适当的传播手段,并精准找到最适宜的受众网络。[②]

导致声誉损害的新增负面信息,也可能是纯粹评价性的。我们时常会看到、听到关于某人或某企业的负面评价("差劲""不靠谱"),但这种评价信息在传播时未必总会伴随可作为支持的描述性事实——甚至,在人们传递负面评价信息时,有时还会刻意回避给出具体例证("欲言又止")。纯粹评价信息当然也会影响人们有关声誉主体的决策,并由此造成声誉损害。但明显缺乏事实基础的纯粹评价信息,其影响决策的能力也可能因此有限。例如电商平台中某商家页面上差评刷屏,但若细看全无实质内容,明显为机器人水军所作,稍有经验的用户也不会当真。不过,即使是空洞差评,若铺天盖地,难免还是可能使至少部分消费者心生

---

① Daniel J. Solove, "A Taxonomy of Privacy," *University of Pennsylvania Law Review*, Vol. 154, 2006, p. 549.

② 例如,David M. J. Lazer et al., "The Science of Fake News," *Science*, Vol. 359, 2018, pp. 1094-1096.

疑虑,并由此降低了消费意愿。

更进一步而言,导致声誉损害的新增信息甚至不必然与声誉主体直接相关;声誉损害的发生,还可能只是由于社会背景评价规范的变化。同一个人在前一个时代被视为英雄,在下个时代则立马遭到唾弃,不是人变了,可能只是因为时代更替;甚至,在相同或相近的时间,只是换了个场合,同一个人也可能获得不同的评价和待遇。① 更一般而言,声誉信息的生产和使用本就是深嵌在社会经济语境之中的:何种既有特征可用于预测未来行为倾向,何种行为反映声誉主体长远或短浅的利害观念,都需参照社会背景中为人们采纳的文化认知、行为规范甚至预测算法,才能得以确定。② 在基于大数据的信用和风控实践中,包括社交关系等在以往并未直接进入信用模型的信息,如今被认为具有判断违约风险的价值和意义,由此给部分信用主体造成的影响③,其实质也可理解为来自声誉评价规则变化。

更有意思的情形是,假使在一个竞争性的环境中,个体并未新增负面声誉信息,但与之存在竞争关系的其他人均有正面信息新增,前者因此在横向比较的意义上落入不利境地。这其实也可被视为声誉损失。"逆水行舟,不进则退","得失"都应在竞争和比较的语境中理解;而当声誉被用于决定规模固定的稀缺资源如何分配时,就更是如此。④

例如,在第七章讨论的政府主导建立的公共信用体制中,个人和企业

---

① 当然更值得玩味的情况是,同一个场合中两种不同评价标准共同获得适用。参见崔俊超:《李小璐直播首秀被骂四个小时,收益却高达 2000 万,难怪她要转行》,载搜狐网,https://m.sohu.com/a/389963806_424446? spm = smwp. home. fd-yule. 8. 15875518836853xXgdzn,最后访问日期:2023 年 6 月 29 日。

② 参见 Dan M. Kahan & Donald Braman, "Cultural Cognition and Public Policy," *Yale Journal of Law and Public Policy*, Vol. 24, 2006, pp. 147-172; Eric A. Posner, *Law and Social Norms*, Harvard University Press, 2000.

③ Nizan Geslevich Packin & Yafit Lev-Aretz, "On Social Credit and the Right to be Unnetworked," *Columbia Business Law Review*, Vol. 2016, 2016, pp. 343-345.

④ 因此莎士比亚(笔下人物)对声誉的理解并不准确——让他人名声受损未必"损人不利己"("But he that filches from me my good name [r]obs me of that which not enriches him, [a]nd makes me poor indeed."). William Shakespeare, *Othello*, Act III, Scene III, in W. J. Craig et al. eds., *Shakespeare Compete Works*, Oxford University Press, 1966, p. 959.

的"守信信息"时常被用来作为使其获得包括便捷化行政审批等优惠待遇的依据①,而学界和舆论界倾向于认为,这种做法比运用"失信信息"进行惩戒更具正当性。② 但正所谓"朝三暮四"——若旁人都享受优待而我只获得"正常待遇",也完全可将我的处境视为受到了"惩罚"。③ 如果可将因"低调"或"不进取"而在横向比较中落于下风的后果,也宽泛地理解为声誉损害,那么这提示我们,"修复"声誉虽常要从信息入手,但人们最终看重的,还是信息变化给自身带来的不利处遇。

为了(也仅仅是为了)保证论说简洁统一,对于评价规范变化和他人正面声誉信息增加这两种导致个体声誉损失的机制,本章以下仍将其描述为"新增负面信息"。这本也合理:评价规范变化或他人正面声誉信息增加后,即使声誉主体的描述性声誉信息并无变化,其也可能获得新的评价,而这意味着出现了新的负面声誉信息。

"声誉修复"

虽然个体因声誉损害遭受的主客观损失后果,必然经由信息机制发生,但抽象来看,"修复声誉"既可能意味着对个体的声誉信息做必要处理,从而使导致损害的新增负面声誉信息不再以对声誉主体不利的方式影响他人决策(下称"**声誉信息修复**"),也可能意味着直接救济或填补个体遭受的交易利益或尊严感受损失(下称"**损害后果修复**")。

"声誉修复"的这两重含义关系微妙,也使其可能对应的制度和社会实践形式多样。以下,我将重点分析损害后果修复的内涵,并结合损害后果修复的局限,指出声誉信息修复的必要性。

---

① 例如,《山东省社会信用条例》第 26 条。
② 例如,李怀胜:《犯罪记录对社会信用体系的耦合嵌入与功能校正》,载《法学杂志》2021 年第 3 期;《"信用修复"帮助失信企业"重新出发"》,载微信公众号"杭州海关发布",https://mp.weixin.qq.com/s/FeNFiBuEYkXGOlq3wi680A,最后访问日期:2023 年 7 月 2 日。
③ 戴昕:《理解社会信用体系建设的整体视角:法治分散、德治集中与规制强化》,载《中外法学》2019 年第 6 期。

能"修"吗？

古往今来，"毁了名节"后绝望自尽者无以数计，说明至少在较为极端的情景中，当事人并不相信声誉损害还有获得修复的余地。但如果将声誉主要理解为一种中介性价值——人们看重名声是为了获得积极的交易利益和待遇，或保持正面的尊严感受，那么借助包括法律在内的制度性手段修补声誉损害后果，是存在可行性的。

不难想见，交易机会减少、交易处境恶化、交易利益损失一类后果，不但可以救济，而且可通过金钱予以补偿。例如，企业商誉受竞争者诋毁时，可基于因此遭受的经营损失向竞争者求偿。① 尽管与客观利益损失相比，主观尊严感受损失获得修补的难度更大，但也并非不可能。确实，一个人若被揭丑、遭遇诋毁、甚或"万夫所指"，其感受到的精神痛楚可能无法抚平，甚至终生难忘；但在金钱赔偿之外，通过赔礼道歉等救济方式填补精神损害，对于现代法律实属寻常操作，其效果也并非仅是"聊胜于无"。②

即使仅就金钱赔偿而论，虽然精神利益与物质利益不能完美等同，但也不是在任何意义上都无法通约。在福利经济学的视角下，精神损害赔偿制度的理论基础在于，精神满足和物质满足的不同组合，常常会处于同一条效用无差异曲线之上——例如，选择职业时，人们既可接受"有意思但挣钱少"，也可接受"枯燥无味但收入高"，两个组合虽然内容有别，但给个体带来的效用却完全可以相同。更重要的是，法律救济虽然常以金钱赔偿为直接呈现形式，但金钱赔偿也具有表达功能（expressive function）③：名誉受损者提出诉讼时，无论是主张天价赔偿，还是"一元钱"赔偿，都可被理解是不为求钱、只为出气。

---

① 司法实践中商誉损失计算有多种方法。见黄骥：《论我国商誉损害赔偿计算规则的完善——以美国相关规则为借鉴》，载《知识产权》2015 年第 10 期。

② 甚至针对法人的"非财产侵害"（但未必是"精神"侵害）亦会适用赔礼道歉作为救济。见蔡立东、杨晔：《赔礼道歉责任与法人名誉权的救济》，载《广东社会科学》2016 年第 1 期。

③ 参看 Cass Sunstein, "On the Expressive Function of Law," *University of Pennsylvania Law Review*, Vol. 144, 1996, pp. 2021-2053.

不过,以主观幸福感为主题的一些心理学研究表明,人类的心理适应能力,超出自身想象,其主观情感体验在遭受打击、大幅下降之后,有可能自行调整、回升。例如,有研究表明,即使是被判监禁后失去自由的囚徒,其主观福利在刚刚入狱时经历严重下降后,随时间推移,也会由于心理适应机制的作用而逐渐攀升,恢复至接近入狱前的水平。[①] 但声誉损害带来的尊严感受损失,可能与其他原因导致的主观体验下降有所区别:身体伤痛——包括严重肢体残疾——导致的精神伤痛,可能会随着痛感的稳定而达成适应,而负面声誉影响造成的精神压力虽会随记忆淡漠而减弱,却有可能由于个体和社会记忆机制的作用被随时激活。这并非意味着尊严感受损失这种后果无法修复,反倒提示了法律或其他外部能动性干预力量的重要性。

能"复"吗?

字面上看,"修复"不但意味着"修"的动作,还要求有"复"的效果。而法律各领域中的救济制度大多分享"完满填补"(make whole)的经典理念,即救济要达到的理想效果,是使受损者的处境与假定损害未曾发生时一致。

但所谓"假定损害不曾发生"这一基准,既可意味着救济要使受害者回到损害实际发生前的状态,也可指通过救济,使受害者在当下时点达到其在损害发生前原本期望达至的——因此是反事实的(counterfactual)——状态。

这二者对应的利益可能差别不大,也可能相去甚远,取决于当事人对于在"损害发生前"和"救济完成时"这两个时点之间的区间中,本应发生什么,抱有何种期望。例如,在讨论合同救济的语境中,"期待利益赔偿"(expectation damage)标准所对应的可救济损失,通常高于"信赖利益赔偿"(reliance damage),因为前者假定守约方之所以自愿进入合同,就是预期在合同履行完成时其处境相较于合同未能履行时更好,而"期待利益

[①] 直至出狱时再经历一次由新环境和犯罪记录相关污名等因素带来的福利下降。John Bronsteen et. al., "Happiness and Punishment," *University of Chicago Law Review*, Vol. 76, 2009, pp. 1046-1055.

赔偿"填补的正是这种预期亏缺。与之相比，基于"信赖利益"标准的赔偿，只求使守约方回到合同不曾存在时的状态，违约方需要填补的是守约方因进入合同而遭受的损失。①

声誉损害及其救济通常落入侵权法的部门论域。与合同相比，侵权救济关注"期待/期望"较少，所谓"完美补偿"，通常追求的是使受害人福利回复到侵权行为发生之前的水平（status quo ante）。② 但"预期"在侵权救济中并非不存在。例如，受损的若是人身健康，那么法院可厘定的赔偿中，除了包含致力于"填补"过往的医疗和误工费用，也会包含具有"期待"性质的残疾赔偿金——受害人如果没有遭受严重致残伤害、可以继续参加劳动的话，本预期可获得的劳动收入。③ 此时，侵权救济就包含了类似于合同救济的时间维度，即救济的作出，不仅考虑损害发生前的"原初状态"，也考虑从损害发生到救济作出之间，"本可以"发生什么。

当个人或组织的声誉受损时，以声誉损害修复为目标的救济，其参照基准，应是新增负面声誉信息出现前声誉主体所享有的交易处遇或尊严感受，还是假设负面信息未曾出现、声誉主体"理应"在当下享有的交易处遇或尊严感受？相较而言，前者更容易想象、把握，但现实中人们确实会主张遭受了后一类以对未来的预期为基础的损失。例如，求职者可能因为社交媒体上的一些负面评价被潜在雇主看到，失去原本可获得的工作机会；演员被诋毁后，无法再获得本预期拿到的代言收入机会；企业因被传言支持某种特定政治立场，而遭到持有相反立场的商业合作伙伴和消费者抵制，失去原本预期收获的订单，等等。上述各类情形中，声誉主体谋求的救济，都不仅是恢复到负面声誉信息出现之前时点的状态，更是

---

① Eric A. Posner, *Contract Law and Theory*, Wolter Kluwer Law & Business, 2011, pp. 169-170.

② Anne Bloom & Paul Steven Miller, "Blindsight: How We See Disabilities in Tort Litigation," *Washington Law Review*, Vol. 86, 2011, pp. 727-728.

③ 例如，《最高人民法院关于审理人身损害赔偿案件适用法律若干问题的解释》第25条规定："残疾赔偿金……按照受诉法院所在地上一年度城镇居民人均可支配收入或者农村居民人均纯收入标准，自定残之日起按二十年计算。……受害人因伤致残但实际收入没有减少，或者伤残等级较轻但造成职业妨害严重影响其劳动就业的，可以对残疾赔偿金作相应调整。"

要使当前处境能够等同于假定负面声誉信息未出现时自身本预期应达到的状态。换言之，声誉主体的真正诉求，是要把"失去的时间"抢回来。

无论抽象还是现实而言，这种诉求当然都有合理性。但立法者和司法者对于将声誉主体反事实的福利预期，作为"完美声誉损害修复"的标准，至少常存顾虑和犹疑，甚至有时鲜明抗拒。"如果没有你，我会在哪里"，这样的问法固然很文艺，但只要不仅是用设问在搞修辞，答问者就既得对事物间的因果关联有可靠把握，还要能自觉对抗"情感预测偏差"（affective forecasting errors）——人们通常无法准确预测未发生的事件对自身情感体验将会有何影响。① 之所以"期待利益损失"作为救济标准在合同领域被较多使用，是因为合同本身为合理预期的存在和规模，提供了较为可信的依据/证据。而在侵权领域，除了有市场价格信息（在保守的意义上）支持估测的预期劳动收入外，法院基于反事实思考，认定期待损失的难度通常很高；要其估测声誉主体原本可基于良好声誉获得的交易利益和尊严效用，挑战无疑更大。

特别是，反事实推论，从来都很难招架"多因一果"的质疑。例如，即使没有他人诽谤，某明星也可能因其他各种缘由丢失看来唾手可得的代言收入，其中有些难以预见（突发疫情），有些理论上可以、但并未被实际预见（金主跑路），还有些则是自己心知肚明但他人无从知晓（造成损害的负面声誉信息本来也马上会被他人爆料，只是实际披露人抢先一步而已）。从法律决策机关的角度看，如果上述情形是可能的，那么声誉主体有关自己原本期待享受的交易处遇和尊严感受的主张，就会显得十分可疑。这也是为什么在许多相关诉讼中，原告提出的巨额诉求，总会和法院厘定的有限赔偿之间形成巨大反差。

填补还是威慑？

期待性声誉损害客观存在，只是法律很多时候难以在权威机关作出有效事实确认的基础上提供充分救济。由此导致的事后救济不足，既意

---

① Timothy D. Wilson and Daniel T. Gilbert, "Affective Forecasting: Knowing What to Want," *Current Directions Psychological Science*, Vol. 14, 2005, pp. 131-134.

味着法律有理由运用事前规制应对声誉损害问题,又意味着声誉主体会有动力采取自力救济行动,追求符合自身愿望的修复效果。

然而以赔偿为内容的事后救济,固然未必能完全填补个案当事人的损失,但向后(ex post)赔偿责任制度的一项重要功能,是提供预防损害发生的向前(ex ante)行为激励:就社会总体而言,已然发生的损害后果并无任何挽回余地,所谓"补偿",只是在不同主体间分配这些损失而已;之所以还要追究致害人的赔偿责任,是因为这种责任可在未来减少同类致害行为的发生,而通过改变行为降低总体社会成本,则是赔偿责任制度真正的价值产出。[1]

如果将威慑视为救济制度的主要或至少重要功能,那么即便赔偿在规模上小于声誉主体受到的实际损害,其在威慑的意义上却未必"不足"。至少一些时候,损害声誉的行为,对行为人和声誉主体造成的影响是不对称的——无心诋毁或披露他人隐私,或许只是为一时口舌之快,绝不是真想要当事人身败名裂,因此某种程度的责任足以让人们"谨言慎行",意识到有些话不是"说说而已"。但对于确实心怀恶意者,或者以处理声誉信息为营生的专业人士(如媒体、信用、公关等行业从业人员)而言,赔偿不足的制度环境相当于为其"松绑",甚至提供补贴。此时,威慑规模的提升,甚至会需要借助刑罚来补足——这也是《刑法》中设立"侮辱诽谤"等相关罪名的基本理由。

不仅如此,由于事后救济在填补和威慑两个层面都可能存在不足,因此法律对声誉信息处理者还常提出事前规制要求。特别是对于包括商业信用评价机构乃至新兴的公共信用信息处理者来说,由于其主要业务活动正是对他人声誉信息进行批量处理,因此事前对其提出预防损害的行为要求更有效率,也有必要。[2] 如前所述,这也是当代基于行政规制的个人信息保护制度,在原有隐私侵权体制外得以发生的主要逻辑。

---

[1] John P. Brown, "Toward an Economic Theory of Liability," *Journal of Legal Studies*, Vol. 2, 1973, pp. 323-349.

[2] Steven Shavell, "Liability for Harm Versus Regulation of Safety," *Journal of Legal Studies*, Vol. 13, 1984, pp. 357-374.

后果修复还是信息修复?

损害后果修复意义上的声誉修复,除了可能不足以填补过往损失或威慑未来行为外,还面临另一项重要局限,使其无法完全替代信息修复。由于声誉的影响在理论上可能不断向前持续(所谓"好/恶名声跟人一辈子"),因此完美的声誉"修复"不仅要填补当下之前发生的损失,更要使声誉主体在未来不继续受相关负面声誉信息的不利影响。基于此,充分的声誉修复不能只补偿已发生的损害后果,还需要对被新增信息改变了的总体声誉信息作"修复性"处理,例如对负面信息作出澄清、更正、删除等。

更确切地说,理论上,即使不对声誉信息作修复性处理,若声誉主体能在未来所有时点就特定负面声誉信息导致的损害后果持续获得补偿①,这当然也可被视为完美的"声誉修复"。但很显然,大多数情境中,这种修复方式的总成本,应比修复声誉信息更加昂贵,因此并不足取。可能的例外是,若法院或其他权威机关作出的赔偿判决,确有澄清特定负面声誉信息的表达功能,或相关信息基于遗忘等因素,原本不会产生持续负面影响,那么此时就声誉信息作积极修复性处理的必要性,就会有所降低。

当然,常见的情形是,针对声誉损害,声誉主体主张且可能获得法律支持的救济方案,既包含对已发生损害后果的金钱赔偿,又包含如回收出版物、更正删除记录等旨在避免负面信息持续造成新的损害后果的信息修复措施。而下一节将讨论的,即是声誉信息修复的机制及其限度。

声誉信息的修复机制

如何通过处理声誉信息的方式,有效满足声誉主体修复声誉的需求?以下讨论的几种不同机制均有其可行性,但也各有局限性。

---

① 或在现时就未来损失总值折现后价值获得一次性补偿。

"交给时间"

若将"修复"视为动作,则意味着为实现修复的目的,特定主体需承担积极行为义务。但若将"修复"理解为结果或效果,则未必只有积极作为,才能消解污名甚至恶名的影响。仅是"时过境迁",曾经给人带来损伤的负面声誉信息,也可能不再构成太大困扰。时间作用之强,在生活中是不证自明的常识。而"时间流逝"(lapse of time),则在许多领域中都对应着重要法律效果。

借助时间修复声誉有几种不同路径。首先,个体和社会记忆是受限的,而时间可以促进遗忘。有关他人的陈年旧事,当然可以通过口口相传的流言机制不断在个体与集体记忆中保留,但对于大多数负面声誉信息而言,其掌握者和使用者会在自然条件下衰减。特别是,遗忘可能意味着信息被赋予的主观重要性会自然下降,因为底层的事件在一定时间后便难以引发诸如道德义愤(moral indignation)一类情感,不再能像最初那样,有力驱动人们作出排斥或规避与声誉主体进行交易的决策和行为。不过,自现代媒体、特别是数字传媒兴起以来,信息的存储和提取已越来越少地受个体与人群自然记忆力的局限;"时间"与"遗忘"之间的关联已遭到严重削弱。

第二,时间流逝有时是评价规范流变的基础。尽管人类道德伦理数千年来包含相对稳定的内容,但前人尤其看重、甚至在道德评价层面赋予"一票否决"权重的某些行为,例如婚前性行为,在今人的社会交往中就至少不会再被同样看重——这正是评价规范发生变化的结果。当然,如果在这个意义上认为,可以将声誉修复交给时间,自然隐含了一个假设,即评价性社会规范随时间变化会不断宽和、松弛。在较为狭义的社会道德领域,总体趋势看来确实如此(但也不尽然①)。但在包括金融信用、行政监管等领域,评价规范的变化趋势却可能"趋严":随着过往行为与未来行为倾向之间的可能联系,被越来越多地通过数据挖掘等手段发现或

---

① 也可能趋于严格。例如唐人张籍诗《节妇吟》中称"恨不相逢未嫁时"的女子为"节妇",到清代如贺贻孙、沈德潜等文人却认为此女实乃精神出轨,不可称为"节妇"。

建构,曾经不被传统规范体系赋予决策权重的行为,如今也可能具有评价意义。① 在这些语境中,不能指望时间必然可以通过改变规范,来减弱甚至消除负面声誉信息的影响。

第三,时间还使声誉主体有自力救济的机会。在支持修复的制度性资源缺位或匮乏时,声誉主体理论上可采取多种形式的自力救济行动,以避免或减少声誉损害继续发生。此类行动的实质,都可理解为向环境中注入新的信息——无论是对不实声誉信息的辩白澄清,还是强调自身已改过自新,甚或只是向外界展示其除了被关注到的负面情形之外,还有其他不为人知、但值得被考虑的积极属性和特质。这些自力救济性质的信息操作需要时间完成并产生效果。但毫无疑问,时间并非自力救济生效的充分条件。不是所有声誉受损者都能掌握像德肖维茨那样的自力救济资源,而一些自力救济措施也很难改变他人认知及相应决策:本人自辩,不如他人背书,而背书者与本人之间的关系或距离,也可能影响背书效果。

基于第一编介绍的多元规制框架,我们可以将时间理解为一种架构因素,它能以相对隐蔽的方式影响围绕声誉展开的社会互动及其后果。然而,鉴于前述提及的诸多限制条件,尽管时间可以是促成声誉修复的因素,人们通常不能也不会将修复声誉仅仅"交给时间"。

诉诸隐私

作为社会规范和法律制度的隐私保护,一直被视为个体可资修复声誉的重要凭借。隐私保护制度的一项传统功能,其实就是使声誉受损者有机会东山再起。例如,第一章中曾提到,根据弗里德曼的分析,北美社会 19 世纪的制度性隐私保护规范——特别是禁止借他人丑闻敲诈勒索的规范——起到的重要作用,就是保护方才在新大陆积累起物质和社会资本的精英,不会因其逾矩行为事发声名尽毁,前功尽弃且无法翻身。②

---

① Nizan Geslevich Packin & Yafit Lev-Aretz, "On Social Credit and the Right to be Unnetworked," *Columbia Business Law Review*, Vol. 2016, 2016, pp. 343-345.

② Lawrence Friedman, *Guarding Life's Dark Secrets: Legal and Social Controls over Reputation, Propriety and Privacy*, Stanford University Press, 2008, pp. 66-80.

第六章　声誉机制:损害与修复

与时间类似,隐私也能促成遗忘。但相比依靠时间淡化记忆,运用隐私保护规则是更为进取的操作。私法上的隐私保护救济包括损害赔偿、传播禁令(包括事前禁止披露和事后禁止扩大传播)等。虽然传播禁令有助于直接限制负面声誉信息的传播范围,但即便是事后对传播者追究赔偿责任,也可在一定程度上形成事前威慑,甚至产生"寒蝉效应"(chilling effect)。

当代数据保护体制中,基于隐私逻辑支持声誉修复的制度形式仍然常见。比较典型的,是一些规则限制甚至禁止收集某些与决策需求实际存在相关性的信息。与价值宣示意味更浓重的敏感信息(如种族、民族、宗教信仰等)限制收集规则相比,对犯罪记录一类负面信息限制收集的信息保护规则,更能体现出支持声誉修复的政策考量。犯罪记录不但是个人信息,也是公共记录(public records)。美国许多法域立法要求雇主至少在招工过程的靠前环节不得向求职者收集犯罪记录信息,这正是希望尽量让"曾经判刑"这一负面声誉信息不把声誉主体重新开始的路堵死。[①]

而鉴于信息处理在当代全面数据化,法律还会在一些时候提出对特定负面声誉信息予以删除的要求。严格来说,"信息"本身无法删除,但作为信息载体的数据却可以删除,或至少从某些调用最为频繁的存储系统中移除。金融信用法律制度中,一直包含着某种形式的负面信用数据删除要求,这种要求通常与数据被生成、记载以来已过去多长时间挂钩[②]——这恰恰说明人们意识到,信息数据化后,仅靠时间很难实现遗忘。中国当代的公共信用信息体制借鉴了相关删除要求,并将其扩展到了政府机关存储相对人负面信息的其他领域。[③] 而在欧洲法院判例中形成并为《通用数据保护条例》(General Data Protection Regulation)确立并

[①] Dallan F. Flake, "Do Ban-the-Box Laws Really Work?," *Iowa Law Review*, Vol. 104, 2019, pp. 1087-1091.

[②] 如《征信业管理条例》中规定对个人不良信息的保存期限自不良行为或者事件终止之日起为五年,超过五年的应当予以删除。

[③] 如《上海市社会信用条例》第37、38条规定,在失信认定所依据的行政行为和法院判决被撤销以及信息主体完成修复的情况下,失信信息应从公共信用信息中心的数据库或公共信用信息平台上删除。

扩展的"被遗忘权"规则,无论是重点适用于网络搜索引擎的结果展示,还是伸张为一般性的"擦除"(erasure)要求,其实质追求的效果,都是大幅降低负面声誉信息的可见性①,以减小其对声誉主体的影响。

但借助隐私保护支持声誉修复,也有明显的局限性,甚至可能带来社会损失。第一,对曾经出现的负面信息加以遮蔽甚至删除,未必真能将已进入社会认知的信息抹去。如前所述,在大众传媒兴起之后,声誉信息在口耳相传的人际网络外获得了稳定的存储和传播中介,想要通过时间乃至空间抹去记忆愈发困难。对数据进行屏蔽或删除的操作,其范围往往限于特定数据控制者控制的数据系统。可一旦数据已经进入了其他系统,其实很难想象,怎样做,才能达到像 GDPR 等数据体制所期待的那种全面追溯、全面屏蔽的效果。②

第二,即使负面声誉信息在一定意义上可实现屏蔽或删除,声誉主体所预期的交易待遇和利益也未必能因此恢复。无论以何种标准理解"恢复",若仅靠屏蔽或删除特定信息就想实现,则屏蔽或删除的操作需要非常精准。若删得不够,他人可自行脑补;若删得太多,生出空白,同样会引起怀疑。甚至,在存在竞相披露动机的环境中,空白本身还可能直接成为他人作出负面推论和决策的基本依据。③ 例如,招聘单位见到某求职者所提供履历上的空白时,可能怀疑,此人在这期间的经历实在拿不出手。

第三,通过屏蔽或删除的隐私保护机制支持声誉主体的声誉修复诉求,即使符合声誉主体改善交易处境和尊严感受的私人利益,也可能与公共利益不符。隐私与言论自由、公共决策透明和民众知情权等公共价值

---

① Robert Post, "Data Privacy and Dignitary Privacy: Google Spain, the Right to Be Forgotten, and the Construction of the Public Sphere," *Duke Law Journal*, Vol. 67, 2018, pp. 986-988.

② General Data Protection Regulation (GDPR), Regulation 2016/679 of the European Parliament and of the Council of 27 April 2016, Art. 17, Sec. 2.

③ Lior Jacob Strahilevitz, "Reputation Nation: Law in an Era of Ubiquitous Personal Information," *Northwestern University Law Review*, Vol. 102, 2008, pp. 1682-1687.

之间的矛盾传统,过往文论中已有较多讨论。① 但更一般而言,如果导致个体受损的负面声誉信息,在某种意义上本属"应得"(deserve)时,通过屏蔽或删除,使与之可能发生交易的其他主体无法在决策时获取并使用相关信息,这是否就会促进社会整体福利? 是否"公正"? 如果声誉信息被用作分配某些高度竞争性的稀缺资源的依据,那么将特定个体的负面声誉信息屏蔽,使之与竞争者混同,这又在什么意义上公平或有效率?

基于上述考虑,尽管宽泛意义上的隐私保护,固然是声誉修复的常用手段,但不能简单预设其有效性和正当性。

增加信息

与诉诸隐私恰呈反向的声誉修复路径,是向环境中增加信息,以矫正或至少削弱既有负面信息对他人认知和决策的影响。这种信息修复机制,与表达自由理论中的"思想市场"(marketplace of ideas)假说有相通逻辑。而对表达自由持强烈偏好者,甚至会倾向于认为,通过增加——而不是减少——信息,来应对包括声誉损害在内的信息问题,是具有更高正当性的制度路径。对由于诽谤导致的声誉损伤来说,增加信息作为一种可行救济的理由很好理解。例如第一章提到,在类似纽约时报诉苏利文案②这样的判例所设想的场景中,享有远超普通人的各类发声渠道的"公众人物"③,在面临他人诋毁时,虽若求得噤声删帖,会更痛快,但通过摆事实、讲道理自证清白,既能教育吃瓜群众,修复声誉的效果也可能更好;藏着掖着,反容易引起负面推论。

但现实中,声誉主体即便确实掌握较多传播资源,可若只靠自己或代理人传播用于"自证清白"的声誉信息,可信度在旁人眼中难免打折扣。而展开负面声誉信息攻势的人中,若本就有策略性动机者,声誉主体自我澄清的难度更会急剧增加。在开篇提及的"雏妓门"中,德肖维茨固然已

---

① 例如,Robert Post, "Data Privacy and Dignitary Privacy: Google Spain, the Right to Be Forgotten, and the Construction of the Public Sphere," *Duke Law Journal*, Vol. 67, 2018, pp. 981-1075.
② *New York Times Co. v. Sullivan*, 376 U. S. 254 (1964).
③ *Gertz v. Robert Welch, Inc.*, 418 U. S. 323, 344 (1974).

使出了普通人甚至无从奢望的自辩招数,但奈何其面对的不仅是一名"无知少女",其身后至少还有另一位江湖地位不低于德氏的传奇律师①,如此攻防均势,也难怪德氏费力如此,尚难完成辩白。

与诽谤相比,由隐私——真实但原本隐秘的负面信息——披露导致的声誉损害,似乎更难通过向环境中增加信息的方式实现修复:令人羞愧的私事若不能埋在心底,那么一朝揭露便覆水难收,且既是事实,还不像谤言那样有任何"澄清"余地。但如果隐私泄露造成声誉损害的实质,是新增负面信息导致不利待遇,那么个体增加信息,其实有可能改变这种待遇。一来,"浪子回头金不换",至少在社会评价规范包含"宽容"或"容错"内容的场景中,因隐私披露而声誉受损者,可以通过增加"改过自新"式的信息,重新积累正面评价。二来,"看人要全面"。当个体的一则负面信息爆出时,人们更容易仅凭这一则信息得出评价性结论。但熟知某人的朋友,却会同时念起与此人平日交往的更多维度("虽然好色,但很讲义气"),企业的老客户则会联想到其在"出事"问题之外的其他表现("服务是差,但产品质量不错")。这些额外信息未必能完全对冲负面声誉信息的影响,却至少可在一定程度上将其削弱。如果假定他人针对特定声誉主体所作的决策,最终要基于与其有关的信息总合(类似证券披露领域所说的"total mix of information")②,那么通过增加积极信息的方式,改变信息总合的厚度或宽度,避免个人或组织只因一则负面声誉信息就被"一棍子打死",应是对声誉修复的一种合理理解。

不过,认为通过增加信息能够有效修复声誉,就好像假定证券市场中交易价格反映发行者所有重要信息一样,不但要求低信息成本③,还需要声誉信息使用者具备足够的理性认知能力。但在存在信息过载或借助认

---

① 即大名鼎鼎且同样充满争议性的 David Boies。Alan Dershowitz, *Guilt by Accusation*: *The Challenge of Proving Innocence in the Age of #MeToo*, Hot Books, 2019, pp. 40-50 (Kindle version).

② 证券法在判断被遗漏的信息披露是否具有"重大性"时的一个标准,即是考虑其有无实质可能改变理性投资者作出投资决策时会考虑的信息总体。*TSC Industries, Inc. v. Northway, Inc.*, 426 U.S 438, 449 (1976).

③ Ronald J. Gilson & Reinier H. Kraakman, "The Mechanism of Market Efficiency", *Virginia Law Review*, Vol. 70, 1984, pp. 565-567.

知偏误展开信息操控等现象的环境中,"更多信息"未必能带来"更公允决策"。例如,若市场中消费者或潜在交易伙伴的认知,已被其先期接触到的负面声誉信息锚定(anchored),那么商家即便努力发布更正信息,也难以挽回口碑;即使少数用信者能关注到修复信息,在多数人不改变负面评价的情况下,前者也仍可能因从众心理和声誉流瀑效应(reputational cascades)等因素,选择继续参与"墙倒众人推"。社会认知的非理性因此会成为借助增加信息实现声誉修复的限度,或至少是挑战。

但反过来,增加信息作为声誉修复的方案,有时也可能借力于认知非理性:增加环境中的信息,不见得是要人们注意这些新增信息,而可能只是为减少人们对原有信息的关注。"搜索引擎优化"(SEO)以及其他一些常用的"灌水"式"声誉管理"手段,就是典型的利用人们注意力局限的操作。基于这一逻辑,"声誉修复"在某种意义上,甚至可以通过引入新的负面信息实现——或者,更确切地说,通过更吸引人眼球的其他负面信息,来冲淡之前负面信息的受关切程度。仍以德肖维茨的遭遇为例,如前所说,由于其最近几年参与为特朗普服务的法律辩护工作,因此针对德氏的舆论评论甚至批评,似有更多转向以其政治伦理和操守为目标的倾向。这类争议同样使其在一些美国自由派把持的场合遭受社交抵制。但不难想见,对德氏这样的人来说,将围绕自身的争议从"私德"转向"公德",无疑堪称一种声誉修复。不过,可想而知,这种操作如果要刻意为之,对许多人来说可能难度过大,分寸不好把握,很容易成为"玩火"。因此,在舆论场中,更常见的搜索引擎优化,不是引入有关本人的新的负面消息,而是给他人的负面消息"买个热搜"。

声誉修复的当代场景:"信用修复"

前文基于理论分析指出,声誉损害的实质是交易利益和尊严感受的减损,而声誉修复则可从损害后果修复与信息修复两个角度着手。为将讨论进一步具体化,以下将结合"信用修复"这一近年来在社会信用、数据化政务等领域有一定热度的现实问题,展示相关理论如何可能在制度设计与实施层面启发思路。有关社会信用体系的更全面讨论,是第七章的内容。而此处先从声誉的角度切入,分析信用修复这一制度问题,也意在初步展示,如何能够借助声誉机制的逻辑,更深入、整全地理解社会信用体系相关问题。

信用信息是系统化数据环境中最重要的一类声誉信息。当代中国语境中,"社会信用信息"通常被宽泛界定,指在公私各部门数据系统中获得处理、被公权机关和市场主体使用的与个体和组织履约、守法状况有关的信息。① 随着社会信用体系建设的推进,特别是信用奖惩实践的铺开,企业与个人日益感受到信用的切身影响,失信主体主张获得信用修复机会的诉求受到决策者重视,建立信用修复制度也被确认为政府优化营商环境工作的一项重要任务。②

在政策文件、公共舆论和一般实务探讨中,"信用修复"所指宽泛,而根据有学者归纳,至少包括"自然修复"(基于期限结束过时失信信息公示)、"救济修复"(更正错误信息)和"主动修复"(根据信用主体主动满足特定修复条件的情况决定修复)三类机制。③ 对"信用修复"作包容性界定并无不妥,因为不同机制分享的声誉修复逻辑相通。但相较而言,自然修复和救济修复在制度设计层面已基本成熟④,主要难在各地、各领域落实水平不一。而主动修复则在建构原理层面对决策者提出了更大挑战,也将是以下讨论的重点。

虽然此处无意直接提供具体的制度设计方案,但希望借助理论分析

---

① 例如,《上海市社会信用条例》(2017)将"社会信用"定义为"具有完全民事行为能力的自然人、法人和非法人组织(以下统称信息主体),在社会和经济活动中遵守法定义务或者履行约定义务的状态",而社会信用信息即"可用以识别、分析、判断信息主体守法、履约状况的客观数据和资料"。

② 近期,例如《中共中央、国务院关于构建更加完善的要素市场化配置体制机制的意见》(2020年3月)、《中共中央、国务院关于新时代加快完善社会主义市场经济体制的意见》(2020年5月)、《国务院办公厅关于印发全国全国深化"放管服"改革优化营商环境电视电话会议重点任务分工方案的通知》(2020年11月)、《国务院办公厅关于进一步完善失信约束制度构建诚信建设长效机制的指导意见》(2020年12月)、《最高人民法院关于依法妥善办理涉新冠肺炎疫情执行案件若干问题的指导意见》(2020年5月)等。

③ 刘南申:《信用规制中的企业信用修复路径》,载《国际商务研究》2020年第6期。

④ 《民法典》第1029条中也已作出一般性规定。

提示几点思路:(1) 信用修复的制度价值在于激励;(2) 修复条件的设计,应在追求正向行为激励的同时抑制道德风险;(3) 应考虑使用增加而非删除信息的信息处理机制;(4) 信用修复应优先追求对不同信用主体的"适当"而非"同等"对待。

修复作为激励

负面信用评价——无论以列入失信"黑名单"、降低信用等级、扣除信用分还是其他为评价形式——会使作为信用主体的个人和企业蒙受重要利益损失。现代商业经营以信用为基础,因失信评价失去债权人和其他商业合作伙伴的信任,至少意味着经营主体将面临更为苛刻的交易条件和更高融资、运营成本。而在中国的公共信用体制下,被认定"失信"或"严重失信",将使经营主体不但遭受官方负面公示,还会失去来自公共部门的资源支持和交易机会,并面临行为限制(所谓"失信惩戒")。①

假定相关失信评价并非基于错误或(根据相关规则)"过时"信息作出,那么失信主体遭受的损失可谓"应得",理论上不必求其填补。可即便如此,信用制度是否仍应为失信主体提供"重新来过"的机会?总的来看,"报应正义"并非任何形式的信用制度所应追求实现的首要价值。作为声誉机制,信用的核心功能是辅助用信人决策——特别是与配置稀缺市场和公共资源有关的决策。在此之上,用信人的决策又会对信用主体产生积极的行为激励;为了维持良好信用评价,信用主体有动力避免采取可能被认定为失信的行为。

这种正向行为激励是信用制度被期待促成市场秩序健康循环的基本理由。而建立信用修复机制,理论上有助于创制更进一步的正向激励:对于失信主体来说,如尚有机会重获正面评价,则其会有新的动机采取修复条件中要求的有积极价值产出的行为,即"修复行为"。"往者不可谏,来

---

① 参见王伟:《失信惩戒的类型化规制研究——兼论社会信用法的规则设计》,载《中州学刊》2019年第5期。

者犹可追",正如不少研究者意识到的①,相比于纯粹面向过往的"宽恕"或"宽容",这种面向未来的行为激励,才是信用修复制度真正的价值。

然而也正是基于向前激励的视角,我们能更清楚地看到信用修复制度的设计难点甚至困境:提供修复机会,对于已失信者可产生积极行为激励,但对于未被认定失信者却反有可能削弱其守信激励——后者如在事前预知,即使未能做到履约合规,亦有补救余地,便有更大动力冒险违约违规,或仅剩更小动力确保履约合规。换言之,信用修复可能引发道德风险。而只有妥善处理这种道德风险,才能避免信用修复机制对信用制度本身的激励作用造成系统性破坏。

修复条件设计

只有妥善设计信用修复条件,才有可能最大化信用修复的正向激励,并最小化其道德风险。而在每个相关的具体政策场景中,手握"修复"筹码的制度设计者,说到底只需要自问:失信行为及其损害既已发生,还希望被认定失信者做些什么?

直观来看,如果导致现有失信评价的行为及其后果(如厂商违反环保规定造成环境损害)有改善的余地和可能,那么规制者考虑借助修复的激励,促使相关主体更为积极地采取最小化未来损害(如第一时间清理已排污染等)的措施,具有合理性。但在已有损害的总体规模本身不会因行为人是否采取补救措施而变化时,行为人原本面临的法律后果,无非是缴纳罚款或对受害人作出赔偿。此类情形中,行为人及时、足额履行相应责任的表现,可否作为信用修复的依据?

需要注意的是,我国公共信用体制下,某些严重违法行为的行为主体,会被直接认定为失信,无论其是否按要求履行缴纳罚款和赔偿义务。② 虽然这一规定受到争议,但其合理性在于,现有法律法规项下的罚款和赔偿责任,对于威慑相关行为而言可能不足,而这也是信用监管被引

---

① 崔凯:《上海社会信用立法:促进与路径》,载《地方立法研究》2019 年第 2 期;刘俊海:《信用责任:正在生长中的第四大法律责任》,载《法学论坛》2019 年第 6 期;黄锡生、王美娜:《环境不良信用信息清除制度探究》,载《重庆大学学报(社会科学版)》2018 年第 4 期。

② 例如,《山东省社会信用条例》第 29 条、《南京市社会信用条例》第 40 条。

入相关语境的重要理由。① 基于上述逻辑,允许及时足额履行罚款和赔偿责任者重新获得"守信"评价,看似会消解信用制度原本寻求新引入的额外激励。但特别是考虑到,一些情形中赔偿责任执行不力、受害人受偿不足的现实制度局限,若决策者希望追求加快赔偿到位,则通过信用修复增加激励,也是合理的。

更微妙的问题则是,能否将当事人采取与补救违法违规后果或及时足额履行罚款、赔偿义务的情况没有直接关联的行为,例如"参加志愿服务、慈善捐助"等②,设置为信用修复条件?这看上去,显然很有"不当联结"的意味。③ 但事物之间的相关关系,在经验层面总是不断被发现的,行为与声誉评价之间的"联结",在理论上也并不恒定。例如,一家企业因污染而导致某地无可挽回的生态损失,虽缴纳罚款和/或依法给付相关补偿,仍可被认定为严重失信;但为修复信用,该企业大量捐资用于另一地方的生态保育,则政府和社会公众基于后续行为改变对企业的印象、看法和待遇,也合情合理。

当然,允许制度设计者和实施者根据规制需要,更为灵活地借助信用修复激励行为人,最大的危险是导致权力滥用。这除了滋生寻租和腐败之外,更会破坏信用制度的整体激励效果。由此可知,实践中曾经有过的以搞"学习班"的形式实施信用修复的做法,确实很成问题。④ 一方面,尽管要求失信企业参加政策法规培训未必毫无价值,但如果信用修复机会所能创造的行为激励,仅被用于将企业负责人带进教室,那实属浪费。另一方面,如果通过参加学习班,或最多只是作出"整改承诺"而尚无实际整改行为,即可修复失信记录,这至少在一些情形中会引发道德风险。

删除记录还是增加信息?

"失信"评价意味着信用主体的信用记录中被新增一条负面信息,而

---

① 戴昕:《理解社会信用体系建设的整体视角:法治分散、德治集中与规制强化》,载《中外法学》2019 年第 6 期。
② 《国务院办公厅关于加强个人诚信体系建设的指导意见》(2016)。
③ 周泰来、张宇哲等:《信用修复如何"过罚相当"》,载财新网,https://weekly.caixin.com/2020-05-09/101551832.html,最后访问日期:2023 年 6 月 29 日。
④ 同上。

"修复"对应的信息操作因此似乎应是将这一则信息从记录中抹去。如前所述,无论在传统的金融信用、犯罪记录管理还是当代的公共信用制度中,要求对超过一定时限的负面信息予以删除的规则都很常见。而根据权威部门的设想,信用修复的一项核心内容,即是将涉及失信行为的信息从信用网站上撤下,不再作公示或提供查询。①

但如前所述,尽管"删除"看上去"干净",实际修复效果却存疑。特别是,信用信息基于其定义,在生成后并非保存在单一数据控制者手中;即使不作一般公示,也会基于查询等方式而为不特定用信主体获取。因此,修复时"移出失信名单"的操作,即便以删除为目标,通常也只能从一些公共信用信息查询平台中删除,而不可能"全网删除"。即便某信用主体的负面信用记录能够从所有官方信用系统中被一并删除,只要无法保证市场主体不会继续保存甚至传播、使用相关记录,则"官方"和"非官方"信息之间的错位甚至可能为信用主体带来负面的社会认知效果(如公众推论相关删除动作"有猫腻")。

有理由认为,通过增加信息的方式进行信用修复,应是更优的设计。所谓"增加信息",大致意味着如下操作:失信主体如满足规定的修复条件,则其原有失信记录并不被删除,但信用记录中需新增一条修复记录,明确解释修复的理由和修复后的信用评定(如"守信")。在新增的修复信息进入信用记录后,无论市场主体还是政府机关都可在查询、了解特定主体完整信用记录的基础上,对重获"守信"评价的主体予以相应交易待遇。甚至,为了强化新增信息的传播效果,保证用信主体获得充分提示,有学者还提出,可采用更具仪式感的"信用修复宣誓"方式,公开发布失信主体进行失信反省和整改成效的情况。② 这听起来虽有些"大费周章",但理论上,确实会比"不动声色"甚至"偷偷摸摸"删掉失信记录,更可能产生好的修复效果。

---

① 《国家发展改革委办公厅关于进一步完善"信用中国"网站及地方信用门户网站行政处罚信息信用修复机制的通知》(2019)。
② 刘俊海:《信用责任:正在生长中的第四大法律责任》,载《法学论坛》2019 年第 6 期。

公正还是混同

前述基于增加信息的修复机制,能带来"恢复"信用的效果吗?不难看出,新增信息可以使修复后的信用主体,与未得修复的失信主体分开,但也使人们能够将前者与从未有过失信记录的守信主体加以区别。这意味着,"修复"并未使信用主体变回"一张白纸"。但"变回一张白纸",应当是信用修复的目标吗?信用信息的最大价值,原本正在于辅助公共部门和私人主体决策者有充足信息,可基于合理目的对"从未失信""失信"和"曾经失信但已修复"的信用主体加以区别对待。至少,在"公正对待每个人"的意义上,这种区分待遇是符合公平要求的。

不过,即使是要在适当区别待遇的意义上实现修复效果,无疑也要以用信者能够理性处理相关信息——特别是结合新增信息调整针对信用主体的决策为前提。如果不删除已有失信记录,那么囿于潜在受众有限的注意力或理解力,新增信息既可能完全被淹没在其他信息之中,也可能即使被看到,也无法撼动人们已形成的前见。这种担忧在经验层面无疑是真实的,否则《悲惨世界》《基督山伯爵》等故事中的主人公,也不必为了翻身非得更名换姓。

但如前所述,删除的切实局限,是不可能真删干净。相比之下,至少在公共信用制度的语境中,通过新增信息实现有效修复的可行性相当高,因为公共信用信息的使用主体和使用规则有较强可控性:前者以政府部门为主,后者则可根据政府监管的实际需要和利益考量作合理设计。对公共机关来说,要求其将修复主体"移出失信名单",实质上就意味着同时要求其变更监管待遇。由于公共机关运用信用信息开展交易、实施监管本身,相比私人主体进行交易决策,本来就要在依法行政框架下受更多约束和限制[1],因此至少不用像担忧私人主体认知和决策受制于有限理性那样,担忧公共机关非理性地忽视或错用新增修复信息——这不是说公共机关及其工作人员必定更"理性",而是说制度可以通过事前规范等

---

[1] 高层此前突出强调这一点。见《李克强主持召开国务院常务会议 确定完善失信约束制度健全社会信用体系的措施等》,载中国政府网,http://www.gov.cn/xinwen/2020-11/26/content_5565216.htm,最后访问日期:2023年6月29日。

方式,将可以预见的不适当信息使用行为,排除在可接受决策的范围之外。

而对公共机关以外的用信人,如何在分散的社会经济决策中参考、运用公共及市场信用信息,法律很难借助"命令与控制"的方式提出统一要求——若真如此规制,在公共机关之外实质上旨在便利分散决策的信用制度,便也将失去价值。但即便市场主体受制于理性局限,由于信用信息处理中介的存在,可以预计信息更多的信用市场,至少不会比信息更少(尤其是因不断删除记录而存在大量缺失、空白)的信用市场更缺乏效率。而对于社会存在道德共识的某些极为不当的信息使用方式,法律也可以借助"负面清单"等工具,规制其底线。不仅如此,对于新增修复信息可能因信息过载而无法有效影响认知和决策的问题,还可考虑借助定向甚至个性化推送等新型传播手段,使相关用信者有效接收并关注修复信息。当然,市场领域信用的修复或重建,说到底还需要结合合理的破产制度,以进一步从各类无法履行承诺的"失信"者中,甄别出确无能力履行、但更值得再被给予机会的个体——而这仍是要在信息层面做加法、而非做减法方能实现。①

小　结

声誉是作为社会性存在的个体和组织,在公共与私人生活中获得不同对待的重要依据。声誉损害的修复也因此攸关利益,不但激发个体倾力投入资源,也常催生制度性回应的需求。

本章在理论层面分析了声誉损害的逻辑,以及声誉修复的可能性与限度。这一分析也应有助于启示法律制度介入声誉保护及救济的合理路径。特别是,在当代信息环境中,声誉信息处理全面系统化、数据化,制度设计者和行动者更应突破被"删除"和"遗忘"锁定的思维,重新在"适得其所""恰如其分"的意义上,理解声誉修复的意义与效果。

---

① 刘静:《个人更生类型程序的中国化路径》,载《经贸法律评论》2020年第5期。

第六章 声誉机制：损害与修复

毫无疑问，基于声誉"公正对待每个人"①，抽象而言，是一种极难把握的正义要求。但即便是在嘈杂纷乱的舆论场中，我们其实也经常能看到，人们拿捏声誉问题时，并不是全无智慧与分寸感。2020年下半年，一则围绕"抗疫女护士"爆发的舆论争议，其中出现的"声誉修复操作"，就让我印象深刻。② 该事件中，一位江苏女青年曾于2020年2月志愿到武汉隔离点服务，由此获得官方荣誉，并被媒体广泛报道、赞誉为"最美女护士""最美逆行者"。但女子后来于10月被揭出并无医护资质、曾因债务纠纷被列入失信被执行人名单、个人私生活"复杂"等，"人设崩塌"。

事件发酵后，女子所属单位公开发布了一项简短情况说明③，首先确认女子参与武汉抗疫的事实，承认其严格来说"不是医护"，但强调其行为本身值得积极评价：

> 2020年2月，在疫情形势不明朗、存在巨大风险的情况下，她积极响应武汉市武昌区退役军人事务局的征召，克服困难前往武汉，先后在两个隔离点参与非医疗志愿服务50多天。她的这一行为体现了一位公民的社会责任感，体现了新时代青年勇于承担社会义务的热情。

之后提供重要的信息更新，说明女子狭义的"信用"已修复这一事实：

> 对于她个人的债务纠纷，经向相关部门了解，其被列入失信被执行人的债务纠纷案件，债权人已于2020年3月2日确认其偿债义务已履行完毕，目前无其他在诉、在执行的债务纠纷案件。

随后，在不否认有关其私人生活传言的前提下，又提示个人事务在公共评价中不应被赋予过多权重：

---

① 〔古希腊〕柏拉图：《理想国》，郭斌、张竹明译，商务印书馆2009年版。
② 《抗疫女护士"人设崩塌"？工作单位回应了!》，载澎湃新闻，https://www.thepaper.cn/newsDetail_forward_9613547，最后访问日期：2023年6月29日。
③ 同上。

婚恋属于个人事务,相信她会依法妥善处理。

最后,再以表达自身评价的方式,向围观者交代其认为更为合理全面的声誉评价规则:

> 我们认为,她在国家重大突发公共卫生事件中,勇当"逆行者",甘当志愿者,值得肯定和赞扬。我们呼吁,对成长中的青年人给予更多的宽容和爱护,帮助他们扬长补短,更好服务社会。

一个镇卫生院,在卷入全国性舆论漩涡时,尚能如此沉着应对,不但保全本单位("感谢社会各界的关心!"),更为谋求修复声誉的员工伸出有力援手,令人感佩。的确,即便读过这一说明,旁观者恐怕也仍然不会再对"女护士"抱有之前媒体炒作出的美好印象。但是,至少其中一部分人,应更有可能对其作出公正、客观的评价和对待——孰能无过,但毕竟难得有为!为建立在更多信息和更合理评价标准之上的声誉修复提供支持,也应是相关法律制度追求的合理目标。

第七章　社会信用与声誉国家

如何理解"社会信用体系"

中国当代的大规模社会信用体系建设，萌芽于1980年代后期银行金融系统有关建立现代征信制度的专门工作。[①] 但最迟自20世纪末、21世纪初开始，社会信用体系建设已延展至金融之外的其他领域。[②] 2014年6月，国务院发布了《社会信用体系建设规划纲要（2014—2020年）》（以下简称《规划纲要》）。这一顶层设计文件的出台，标志着社会信用体系建设被正式定位为全面提升治理能力的系统工程。

而社会信用体系成为大众舆论和学术热点，主要是《规划纲要》发布之后、甚至更晚近的事。除各部门的确在2014年之后较以往投入更大精力外，就传播本身而言，社会信用体系建设作为话题的升温还主要得益于两个因素。第一，与《规划纲要》发布时间接近的几年中，"大数据""人工

[①] 参见林钧跃:《社会信用体系理论的传承脉络与创新》，载《征信》2012年第1期；张英杰等:《中国社会信用体系建设与改革40年》，https://mp.weixin.qq.com/s/QftkFnUl7kDQu4vYmQww3A，载微信公众号"源点credit"，最后访问日期：2023年6月29日。

[②] 据林钧跃介绍，"社会信用体系"概念最早是在1999年由中国社会科学院世界经济与政治研究所的研究人员在一项相关课题研究中提出的。参见林钧跃:《社会信用体系理论的传承脉络与创新》，载《征信》2012年第1期。官方文件中，2002年党的十六大报告提出社会信用体系概念，2003年十六届三中全会《关于完善社会主义市场经济体制若干问题的决定》提出要"增强全社会的信用意识，形成以道德为支撑、产权为基础、法律为保障的社会信用制度"。参见孙金阳、龚维斌:《中国社会信用体系建设40年》，载《社会治理》2018年第11期。

智能""金融科技"等概念也被不断炒作,而新一轮社会信用体系建设,较之以往更突出强调技术能力的建设与运用,双方"互蹭热点",形成舆论共振。① 第二,出于对数据隐私和技术监控等话题的习惯性敏感,西方媒体和智库研究者,比中国媒体和学界更早留意到社会信用体系建设这一动向,但其报道常以不确切的传闻甚至想象为基础,将西方社会自身对新技术应用的政治焦虑投射于其中,借此建构出又一个广为流行的反乌托邦式中国意象。② 这种外部关注大约在 2016 年、2017 年左右反馈回到中国,引起国内媒体和学界对相关议题的更高重视。

虽然在 2017 年之后,中外学界显著增加了对社会信用体系建设相关问题的研究投入,但总的来看,关于这一制度现象的学术性理解、阐释和剖析,在很长一段时间里都并不充分。在一定程度上,这和研究面临的信息局限有关。除了一手资料本身不容易掌握之外,社会信用体系建设本身覆盖的现象范围十分广泛,涉及的问题高度复杂、多样,因此每个研究者都只能在角度和侧重上各做选择。但在一定程度上,这也导致了大量研究成果面临"盲人摸象"的困境:对于社会信用体系到底"是什么、为什么、会怎样",少有人能有效地提供整体性描述与解释。而在经验认知和逻辑梳理都不全面的时候,如前所述,法律研究者的策略,总体上是径直进入规范层面的合法性分析,用既有的行政法治原则检验信用监管、信用

---

① 例如,《互联网大数据如何助推社会信用体系建设》,载搜狐网,https://www.sohu.com/a/277641945_100019209,最后访问日期:2023 年 7 月 2 日;《京东金融副总裁郑宇详解信用城市体系打造 强调人工智能作用》,载微信公众号"中国城市信用",https://mp.weixin.qq.com/s/21kXcQJIvW_NYDBBz5wgvw,最后访问日期:2023 年 7 月 2 日。

② See e. g. Adam Greenfield, "China's Dystopian Tech Could Be Contagious", https://www.theatlantic.com/technology/archive/2018/02/chinas-dangerous-dream-of-urban-control/553097/ (last visited 2023/7/3); Martin Chorzempa, Paul Triolo & Samm Sacks, "China's Social Credit System: A Mark of Progress or a Threat to Privacy?", Peterson Institute for International Economics, https://www.piie.com/system/files/documents/pb18-14.pdf (last visited 2023/7/3). 美国政界对社会信用体系建设的理解在很大程度上受此类媒体报道和智库报告的影响。See e. g. "Vice President Mike Pence's Remarks on the Administration's Policy Towards China," https://www.hudson.org/events/1610-vice-president-mike-pence-s-remarks-on-the-administration-s-policy-towards-china102018 (last visited 2023/7/3). 美国政府在贸易领域也对社会信用体系的一些适用领域表达了意见。See e. g. "Office of the United States Trade Representative, Special 301 Report," https://ustr.gov/sites/default/files/2019_Special_301_Report.pdf (last visited 2023/7/3).

惩戒等领域的相关做法,识别其中的违法性风险,并敦促将相关工作法治化。① 这些研究有很重要的价值,也已经产生了现实的政策影响,但其局限性在于无法促成研究形成深度和可持续性。

而在法学界之外,传统专注于征信问题的经济政策研究与实务工作人员,则时常从"专业主义"立场出发,认为在社会信用体系建设的宏观政策背景下,信用概念被过度泛化了,而当下则应将狭义的"征信"与宽泛的"信用""诚信"等概念严格加以区别,并由此将信用体系建设的内核重新收缩回金融范畴,以避免宏观政策场域中的乱象影响甚至伤害到金融征信领域内多年专业建设积累的成果。② "名正言顺"确实有助于减轻研究者认知负担,而切割金融征信和其他领域的社会信用实践,也有现实合理性。但至少,对于研究者而言,鉴于社会信用体系建设的实践早已超出金融,社会信用体系的金融与非金融部分也已经或潜在发生联结(例如经由"信易贷"等替代性征信数据设施),刻意限缩论域,恐怕并非学术研究有效认识、回应真实问题的可取进路。③

实际上,不仅学者,在社会信用体系建设工作开展到当前阶段后,身在局中的政策行动者,也更需要寻求形成更具整体性的认知和理解。尽管《规划纲要》在宏观上,已经描述了决策者有关建设"社会信用体系"的基本构想,但其中并未对实施路径做详尽布置。决策者的基本预期显然是,各部门、各地方乃至全社会在"加强信用建设"的总体精神指导下,自行探索合理有效的实施方案。④ "八仙过海"数年之后,实践中涌现诸多

---

① 例如,沈毅龙:《论失信的行政联合惩戒及其法律控制》,载《法学家》2019年第4期;周海源:《失信联合惩戒的泛道德化倾向及其矫正——以法教义学为视角的分析》,载《行政法学研究》2020年第3期;沈岿:《社会信用惩戒的禁止不当联结》,载《暨南学报(哲学社会科学版)》2021年第11期。

② 笔者在多个研讨场合听到金融和财经背景的信用研究者表达过这一观点。另见,傅蔚冈:《"征信"扩大化,或变身"道德"档案》,载新浪网,https://news.sina.com.cn/zhiku/zkcg/2016-04-21/doc-ifxrpvcy4271519.shtml,最后访问日期:2023年6月29日;陈果静:《个人征信边界须厘清》,载经济日报,http://paper.ce.cn/jjrb/html/2019-05/10/content_390787.htm,最后访问日期:2023年6月29日。

③ 参见罗培新:《善治须用良法:社会信用立法论略》,载《法学》2016年第12期。

④ 国家发展改革委在《规划纲要》发布后随即发布了《关于贯彻落实社会信用体系建设规划纲要加强当前社会信用体系建设的通知》(2014年),但其中也只在较为概括的层面上提出了十个方面的工作部署。

值得关注的探索。但正如业内人士意识到的,"顶层设计"的缺乏构成社会信用体系建设继续推进的瓶颈。① 而此处所谓"顶层设计",又必然以对社会信用体系"是什么、为什么、会怎样"的整体理解为基础。根据《规划纲要》,国家期待

> 到2020年,社会信用基础性法律法规和标准体系基本建立,以信用信息资源共享为基础的覆盖全社会的征信系统基本建成,信用监管体制基本健全,信用服务市场体系比较完善,守信激励和失信惩戒机制全面发挥作用。政务诚信、商务诚信、社会诚信和司法公信建设取得明显进展,市场和社会满意度大幅提高。全社会诚信意识普遍增强,经济社会发展信用环境明显改善,经济社会秩序显著好转。②

这些用公文中常见的模糊语言表述出来的目标,在那个已经过去的时间节点,是否有具体、甚至可量度的现实对应?当前工作已取得的成果,离相关目标还有多大距离?

尽管官方并未对前一阶段社会信用体系建设工作发布总结梳理性质的正式文件,但从其对下一步工作的布置和指引(尤其是中办国办于2022年3月发布的《关于推进社会信用体系建设高质量发展促进形成新发展格局的意见》)③中,可以看出,决策层总体上认可既有工作在机制和方法层面已经做出的探索和打下的基础,决议继续将社会信用体系作为改善经济社会各领域运行水平的基础设施来建设。而从2022年末发布的全国性信用建设立法征求意见稿来看,将《规划纲要》中覆盖传统金融征信与其他领域新型信用应用的政策结构,仍然被以突出的方式坚持。④

---

① 谭浩俊:《社会信用体系为何需要依靠顶层设计》,载中国网,https://mp.weixin.qq.com/s/RPVUQF7k1DznyaoxzBH1lg,最后访问日期:2023年7月2日。
② 引自《规划纲要》一(三)"指导思想和原则目标"部分。
③ 《关于推进社会信用体系建设高质量发展促进形成新发展格局的意见》(2022年3月)。
④ 《中华人民共和国社会信用体系建设法》(征求意见稿)第2条:"本法所称社会信用体系建设,是指国家动员和引导政府、市场和社会各方面力量,推动政务诚信、商务诚信、社会诚信和司法公信建设,完善征信体系……"

基于此,相关实务工作者,同样需要持续致力于从整体上把握这一系统性公共治理工程的制度逻辑,厘清其现实和愿景,否则恐怕就会觉得难以摸到继续过河的石头。

本章在理论层面,提出可用于整体理解中国当代社会信用体系建设这一宏大政策工程的三种基本制度逻辑。为简洁计,姑且将三者概括表述为自由主义叙事的"法治分散"逻辑、国家主义叙事的"德治集中"逻辑,与发展和现代化叙事的"规制强化"逻辑。

这三种制度逻辑相互区别,但内涵关联——特别是,可以将三者视为声誉机制在公共治理空间中的逐层扩展。而这样的理论理解,也可帮助我们在社会信用体系建设的多元实践之间形成串联。从更具整体性的视角切入,学术界和实务界才能够更恰如其分地理解社会信用体系建设的愿景与现实、可能性与局限性。而对于关注社会信用立法的法学界来说,整体性的理解,尤其有助于其超越表层议题,在"数据宪制"的高度上把握社会信用立法的意义和方向。

自由主义叙事:"法治分散"

"法治"一说,在这里宽泛代指以国家权力为依据的正式制度。如前一章中所述,狭义的"信用"(credit)是更广义的声誉机制[1]的一种形态,而广义的信用与声誉(reputation)机制并无不同。国家建设社会信用体系的基本制度逻辑之一,是通过增强各类声誉机制的作用,减少市场与社会领域中的信息不对称,以压缩机会主义行为空间,使国家在不过多增加直接干预和正式制度供给的前提下,借助市场和社会主体更为有效地分散决策,实现更优治理——用分散化的治理,替代传统意义上集中供给的"法治"。

---

[1] Hassan Masum, Mark Tovey, and Yi-Cheng Zhang, "Introduction: Building the Reputation Society," in Hassan Masum and Mark Tovey eds., *The Reputation Society: How Online Opinions Are Reshaping the Offline World*, The MIT Press, 2012, p. xv.

作为声誉机制的信用

"信用"或"征信"在经济领域有特定含义,指基于资产状况和交易历史等经济信息,对个人或企业的履约情况和未来履约能力进行评价、预测,其功能在于消除信息不对称、降低交易成本、控制信贷风险、扩大信贷规模、优化资源配置等。如前所述,正是在 1980 年代金融市场化起步的过程中,中国启动了现代信用制度建设。但直到 2018 年,央行才根据《征信业管理条例》颁发了第一张个人征信业务牌照,从而补上了完善金融信用市场建设的一块重要拼图。[①]

前文提到,有论者认为当前的社会信用体系建设,已远远超出"信用"的传统专业内涵,由此导致本领域在话语和实践两个层面近年面临诸多困惑乃至混乱。故而,还是应"在信用言信用",将精力集中于完善金融领域的信用市场建设。但这种要求将金融信用与社会信用加以切割、对"信用"作狭义理解和界定的主张,除了与中国社会信用体系建设的实践脱节之外,在理论上也显得不够通透。

实际上,金融信用机制背后,有更具一般性的经济社会学理论基础:所谓"信用",无非是理性行动者为选择交易对象和交易策略而可能运用到的各类信息机制的集中呈现,这类信息机制也即是本编讨论的声誉机制,其从古至今普遍存在,只是形式和功用随客观物质技术条件的改变而演进。在小规模熟人社会,个体的信用保存在邻里乡亲的印象中,借助家长里短在人际和代际传递;而重复博弈和不同程度的交易组织化使得商人群体可在相对更大的规模上建立信用,降低交易成本。[②] 而狭义的金融"信用",只是上述广义"声誉"机制的一种现代形式,甚至其产生之初

[①] 《央行批准首张个人征信牌照》,载人民网,http://money.people.com.cn/GB/n1/2018/0226/c42877-29834251.html,最后访问日期:2023 年 7 月 2 日。"百行征信"时至今日尚未实质运行其征信业务。

[②] See e. g. Stewart Macaulay, "Non-Contractual Relations in Business: A Preliminary Study," *American Sociology Review*, Vol. 28, 1963, pp. 55-67; Robert C. Ellickson, *Order Without Law: How Neighbors Settle Disputes*, Harvard University Press, 1991; Lisa Bernstein, "Opting Out of the Legal System: Extralegal Contractual Relations in the Diamond Industry," *Journal of Legal Studies*, Vol. 21, 1992, pp. 115-157.

与邻里规范中的声誉机制也没太大区别:19 世纪北美的放贷者,起初只能靠"走邻访友"了解潜在借款人的还款能力和可靠度,但随着放贷逐渐成为一些人的稳定营生,对市场机会敏锐者便开始系统整理原本零散收集的信息,并收取费用为他人提供信息查询服务,再进而将信息处理的操作专业化、规模化,直至形成大型跨地域征信机构和信用报告、评分体制。①

因此,金融信用和更宽泛领域的声誉机制之间,并没有不可逾越的界限。而信息技术革命的影响体现在两方面。一方面,银行和金融机构之外出现了能够大规模、系统化处理声誉信息的市场主体,这在当代以各类商业互联网平台为代表。另一方面,尽管"现代"的金融信用评价逐渐脱离了看似"漫无边际"的家长里短,转向自变量范围相对有限的结构化模型,但大数据的兴起却使得金融信用本身回归到了"万事普遍联系"的传统。具体而言,信贷信用评价模型在当代再度放开了自变量范围,广泛使用替代性征信数据,将社交关系网络等因素纳入考量——此即英文语境中所谓"社会/社交信用"(social credit)的原意。②

由此可知,社会信用体系建设从金融扩展到其他各领域,以背后制度逻辑共通为依据。决策者的基本判断是,当代"社会信用缺失"或"信任缺乏",是由于在市场改革、城市化、社会结构从熟人社会向陌生人社会转变的大背景下,基于原有社会关系结构的信用信息机制不再有效,信用环境遭到瓦解③,机会主义行为的空间由此急剧扩张。而如果社会信用体系建设能促进声誉信息的大量生产、广泛传播和普遍利用,社会各领域中的机会主义行为——欠款赖账、假冒伪劣、学术不端——就都会面临更多限制,社会治理效果因此便会大幅提升。

---

① 美国相关历史,See Jonathan Weinberg, "'Know Everything That Can Be Known About Everybody': The Birth of the Credit Report," *Villanova Law Review*, Vol. 63, 2018, pp. 431-475; Josh Lauer, *Creditworthy: A History of Consumer Surveillance and Financial Identity in America*, Columbia University Press, 2017.

② Nizan Geslevich Packin & Yafit Lev-Aretz, "On Social Credit and the Right to be Unnetworked," *Columbia Business Law Review*, Vol. 2016, 2016, pp. 343-345.

③ 参见翟学伟:《从社会流动看中国信任结构的变迁》,载《探索与争鸣》2019 年第 6 期。

理性决策与分散化治理

需要尤其注意的是,社会信用体系建设寻求大规模重塑市场和社会领域中的声誉机制,不仅因其有助于抑制机会主义行为,而且更因其实现此种社会控制效果的方式,与基于直接行为干预的传统法律监管有重要不同。

声誉机制改善治理的核心逻辑,是使理性主体在分散的交易场景中能够有效决策,选择可靠的交易对象,规避高风险的对象;而分散的理性决策本身对故意违约、欺诈和其他形式的机会主义行为构成约束,这种约束独立于法律的直接干预效果。

正因如此,运用声誉机制实现公共治理的主张,具有自由主义甚至放任主义(libertarianism)的底色,即强调市场和社会中的自发秩序具有现实和潜在有效性。在信息技术进步、信息成本降低的预设下,最乐观的预期,是公共治理将转向"更少规制,更多声誉"(less regulation, more reputation)的形态——国家或政府集中供给的直接规制完全可以限缩,让位于各领域中自发生成的声誉机制,由此系统性地降低管理成本,提高管理效率。① 而国家和政府的主要职能,将被重新定位,即支持分散运转的声誉机制有效发挥治理作用:一方面,国家和政府需要通过信息公开和数据开放的方式,补贴声誉生产②;另一方面,法律还需要对尝试操控或破坏声誉机制运转的行为——例如"水军"、作弊等——给予打击,避免声誉机制本身失灵。③

这种自由主义叙事,在社会信用体系建设的规划和实施过程中得到了相当鲜明的呈现。很显然,金融市场化以及"互联网+"的题中之义,就

---

① Lior Jacob Strahilevitz, "Less Regulation, More Reputation," in Hassan Masum and Mark Tovey eds., *The Reputation Society: How Online Opinions Are Reshaping the Offline World*, The MIT Press, 2012, p.72.

② See Lior Jacob Strahilevitz, "'How's My Driving?' For Everyone (and Everything?)," *New York University Law Review*, Vol. 81, 2006, p.1711.

③ See Eric Goldman, "Regulating Reputation," in Hassan Masum and Mark Tovey eds., *The Reputation Society: How Online Opinions Are Reshaping the Offline World*, The MIT Press, 2012, pp. 51-52.

是借助信用机制帮助金融市场主体更好地自主管理风险,由此扩大信贷规模,提高资源配置效率。而在金融信贷领域之外,社会信用体系的设计和实施,同样能够体现这种通过增强信息供给优化决策的声誉逻辑。事实上,《规划纲要》在一开始就明白指出,"建立健全社会信用体系……是减少政府对经济的行政干预……的迫切要求。"而在高层发布的一系列后续文件中①,政府也明确将社会信用体系建设与转变治理模式、"放管服"联系起来。

与此相关,中央和地方发布的各类规划文件中,反复要求支持各领域中信用信息收集和评价机制的建立,特别是鼓励各类第三方信用服务机构的发展②,寄望基于声誉机制的自律秩序能更多出现。而政府大力建设公共信用信息基础设施,在各领域中牵头建立和公开发布的黑红名单,并探索运行公共信用评价机制,一定程度上,是以相关信息有助于公共机构外的其他决策主体分散决策作为出发点。③ 如果分散的声誉制约足够有力,政府的监管负担就可以减轻许多。

"法治分散"的实施局限

如果在单线上推向极致,"法治分散"的前景的确应是,随着数据技术的不断进步,公共治理将实现更高效率的多元化甚至去中心化。然而,"更少规制、更多声誉"的前景,在实践中并不明朗。互联网金融在喧嚣数年后,诸多问题的暴露将"大数据风控"的泡沫戳破,清晰地显现出市场化声誉机制在商业逻辑和技术能力方面的局限,并在一定程度上动摇

---

① 包括国家发展改革委办公厅《关于充分发挥信用服务机构作用加快推进社会信用体系建设的通知》(2018年,以下简称"2018年《通知》"),国务院办公厅《关于加快推进社会信用体系建设构建以信用为基础的新型监管机制的指导意见》(2019年,以下简称"2019年《指导意见》")。

② 国家发展改革委办公厅《关于充分发挥信用服务机构作用加快推进社会信用体系建设的通知》(2018年)。

③ 例如,国家发展改革委2018年《通知》中明确提出,应"根据需要授权信用服务机构参与红黑名单的认定……信用服务机构根据行业信用建设的需要收集各有关部门(单位)认定的红黑名单,经核实后与自身服务过程中形成的有关名单进行整合并向社会发布……"。

了决策者对市场化声誉供给的信任。而社会信用体系刚一铺开,虽然即刻推动了信用服务市场的成长,但时间还不长,业内就已有对泥沙俱下的抱怨,呼吁政府加强清理。①

不仅如此,尽管自由主义理论常将国家集中供给的行为约束与借助声誉分散实现的行为规制描述为可相互替代,但现实中,这种替代可能只是一厢情愿。尤其是,在一些本身因监管、执法不足而出现秩序缺失的领域中,如果国家指望借助自律式的分散治理填补规制空白,这种希望更有可能落空。一个典型的例子是,很多地方和部门多年来运用信用机制的一个常见做法,是要求包括交易、考试、公务行为等在内的各领域中的相对人,签署需向社会公开的"诚信责任书"。在理论上,"诚信责任书"机制可使承诺主体在"失信"时承受声誉损失。而且,行为心理学研究甚至支持,此类签署承诺书的行为本身就有降低机会主义行为倾向的作用。②但是,这一机制在实践中并不成功③,而这还是清晰表明,未必任何形式的分散治理,都足以填补有效集中执法的缺口。

当然,决策者不会天真地全盘拥抱自由主义或放任理论。甚至,借助信息化实现公共治理分散化的自由主义愿景,本身也未必符合决策者的期待:截至目前,政府真正投入大量资源建设的信用信息基础设施,其主要服务对象是政府决策者自身。而由于数据合理共用、共享机制持续匮乏,开放并可被多方有效利用的公共数据资源池尚待建成④,这意味着通过政府数据开放补贴市场和社会各领域信用机制建立的工作,只能在有

---

① 据报道,甚至已有"信用认证"公司被法院列为失信被执行人。参见《挖一挖信用领域的三朵奇葩》,载微信公众号"尚公金融观察",https://mp.weixin.qq.com/s/bT-WRlUbEjfarc2Rd4p_cGg,最后访问日期:2023 年 7 月 3 日;《信用监督:市场乱象"挖一挖信用领域的虚假信用公司"》,载社会公共信用信息公示系统,http://www.creditsoso.org/content.asp? Id = 4222,最后访问日期:2023 年 7 月 3 日。
② 其机制是有可能激活诚信行为的内在奖励。See e. g. Nina Mazar & Dan Ariely, "Dishonesty in Everyday Life and Its Policy Implications," Journal of Public Policy and Marketing, Vol. 25, 2006, pp. 8-10.
③ 唐清利:《社会信用体系建设中的自律异化与合作治理》,载《中国法学》2012 年第 5 期。
④ 参见胡凌:《论地方立法中公共数据开放的法律性质》,载《地方立法研究》2019 年第 3 期。

限程度上展开。

但除了现实困难之外,"法治分散"这一制度逻辑的展开,在理论层面也并非毫无疑义。正如下一节所示,法治分散可能只是有关"声誉社会"的一种预期,却未必是技术进步导致信息成本总体降低的必然后果。

国家主义叙事:"德治集中"

社会信用体系建设的另一种制度逻辑,是国家有可能借助信息化延伸管控范畴,使权力运行更为直接地进入那些传统上被认为落到国家干预范畴之外、归于非正式规范调整的领域。

本章用"德治"一语,宽泛指代基于社会规范的秩序和治理,并将上述制度逻辑简称为"德治集中"。"德治集中"表面看来是"法治分散"的反题,也更符合外部观察者的思维定式——后者更倾向于认定,中国推动社会信用体系建设的最重要思路,是管控扩张的国家主义。[1]

社会规范与"德治集中"

客观而言,从未有任何社会真正实现过社会控制一元化。集中供给的正式规范(如法律)与分散生成、作用的非正式规范(如道德、习俗等)共存的多元秩序是常态,而不同社会在比较意义上的区别,只体现于正式规范与非正式规范的共存和互动关系的形态。例如,传统农耕社会有时被认为是非正式规范发挥基础性社会治理功能的语境,即所谓"皇权不下县"——但这不意味着彼时国家集中的权威不存在,只是其发挥作用的场域有限定而已。而现当代所谓"行政国"(administrative state)中,国家管制权随着国家能力的提升不断扩张范围,同时伴随着个体化隐私观念的建构,大幅挤压了基于社会有机联结的非正式规范发挥主导治理作用的空间。

---

[1] Yu-Jie Chen, Ching-Fu Lin & Han-Wei Liu, "'Rule of Trust': The Power and Perils of China's Social Credit Megaproject," *Columbia Journal of Asian Law*, Vol. 32, 2018, pp. 1-36.

基于这一思路,外部观察者常将其关注社会信用体系建设的重点,放在国家如何借助大规模信息收集和系统化行为评价,介入原本主要依赖社会规范调整的日常道德和伦理生活领域,从而实现对社会更为广泛和强力的管控。① 在一定程度上,决策者自身的表述,的确可为上述观察和理解提供依据。例如在中共中央、国务院 2016 年发布的《关于进一步把社会主义核心价值观融入法治建设的指导意见》中,就有要"把一些道德规范转化为法律规范"的明确提法。国家权力的这种扩张,以及传统视野中"国家—社会"界限的突破或重划,引起争议和评论,并不令人意外。且不论外部评论本身是否偏颇,由于"信用"一词在中文里本就富含道德意味,决策者也一直都强调社会信用体系建设的道德正当性,毫无遮掩地将"信用""诚信"乃至"德治"等概念熔为一炉②,因此社会信用体系的确被国家用作介入道德规范场域的重要路径。

在实施层面,社会信用体系建设体现"德治集中"逻辑的具体政策措施,以各地曾在前些年广泛铺开的"文明行为立法"工作为代表。③ 政府出台正式文件,向本地居民提出有关"尊重公序良俗""注重家教家风""文明出行"等各类行为要求,并非全新做法。但在早先,除了将较严重的失范行为纳入成本高昂的传统行政处罚范畴外,国家对文明行为规范

---

① See e. g. id. ; Martin Chorzempa, Paul Triolo & Samm Sacks, "China's Social Credit System: A Mark of Progress or a Threat to Privacy?," *Peterson Institute for International Economics*, https://www.piie.com/system/files/documents/pb18-14.pdf (last visited 2023/6/29).

② 例如,《规划纲要》("……以树立诚信文化理念、弘扬诚信传统美德为内在要求");《国务院关于建立完善守信联合激励和失信联合惩戒制度加快推进社会诚信建设的指导意见》(2016 年)("将有关部门和社会组织实施信用分类监管确定的信用状况良好的行政相对人、诚信道德模范、优秀青年志愿者……")。十九届四中全会通过的《中共中央关于坚持和完善中国特色社会主义制度推进国家治理体系和治理能力现代化若干重大问题的决定》中,也将诚信建设作为"以社会主义核心价值观引领文化建设制度"的内容。参与过地方信用立法工作的人士与此有关的思路,参见罗培新:《遏制公权与保护私益:社会信用立法论略》,载《政法论坛》2018 年第 6 期;崔凯:《上海社会信用立法:促进与路径》,载《地方立法研究》2019 年第 4 卷第 2 期。

③ 一个梳理,参见蔡金荣:《文明行为立法的可能与限度——以六部地方性法规文本为中心》,载《北方法学》2018 年第 3 期。

约束力的支撑，只能以落地效果并不理想的宣传教育为主。① 而稍晚近的一波以"文明行为促进条例"为主要形式的地方立法活动，则明显寄望将社会信用机制——如将文明行为和不文明行为记入"信用记录"、对其适用联合奖惩②——作为有助于落实这些行为要求的撬动力和抓手。此外，一些城市开发了地方信用分，其评分规则中包含诸如鼓励无偿献血一类社会规范，而地方政府将使用公共交通享受优惠、公共图书借阅享受便利等公共服务待遇，与信用分联系在一起③，这无疑也体现了以公共资源支撑社会规范效力的逻辑。

不仅如此，以芝麻信用为代表的商业信用机构也曾尝试寻求与政府合作，使其开发的信用产品——例如信用评价、信用分数等——可被用于有关公共资源配置的决策。④ 特别是在市场化信用有可能遵循"社交信用"逻辑的意义上，政府如在公共决策过程中对市场化信用加以参考甚至采纳，在原理上，也可助力政府规制的延伸。

"德治集中"与"规范失灵"

近年来，对于数据技术的广泛运用可能导致的技术、资本与政治权力高度结合的社会前景，中西学界均表达了日渐加深的忧虑。⑤ 抽象而言，对所谓"监控资本主义"（surveillance capitalism）的批判当然值得重视。

---

① 例如中央文明办、原国家旅游局、外交部等《关于深入宣传和践行〈中国公民出国（境）旅游文明行为指南〉和〈中国公民国内旅游文明行为公约〉的通知》（2006年）。

② 例如《兰州市文明行为促进办法》（2018年）第20条、30条的规定（文明行为记入信用记录并予以信用奖励）；《石家庄公共文明行为条例》（2019年）第15条的规定（严重不文明行为予以"大数据新媒体提醒"并"纳入政府相关征信系统"）。

③ 例如，《福州发布〈市民信用生活指南〉依托信用分享受差异化服务》，载海峡网，http://www.hxnews.com/news/fj/fz/201806/11/1542333.shtml，最后访问日期：2023年6月29日；新华社：《让诚信满蕴芬芳——苏州打造"桂花分"个人信用评价体系》，载中华人民共和国中央政府网，https://www.gov.cn/xinwen/2018-08/15/content_5314140.htm，最后访问日期：2023年7月3日。

④ 例如，《芝麻信用分600以上可以免押金借书了！》，载搜狐网，https://www.sohu.com/a/191704017_402387，最后访问日期：2023年7月3日。

⑤ See e.g. Shoshana Zuboff, *The Age of Surveillance Capitalism*: *The Fight for a Human Future at the New Frontier of Power*, Public Affairs, 2019.

但国家将集中的赏罚权力资源,注入看似外在于国家权威的社会规范系统,既不是当代才有,也不限于所谓的"现代威权国家"。儒家所谓"以德入法、出礼入刑",反映的便是将两类秩序资源在治理实践中结合运用的思路。而即便在自由主义范式之下,法律起源的一种常见理论解释原本就是,社会之所以对于国家集中供给秩序存在需求,是因为自发的社会规范"失灵"——特别是,实体内容可欲的道德规范,可能因社群强制机制的缺失或崩坏,而缺乏行为约束力,因此国家介入的意义,是用公共机关集中掌握的赏罚资源替代、或至少补充分散的规范系统中明显不足的激励机制。①

据此,尽管类似随地吐痰、在旅游景点乱写乱画、遛狗不拴绳或不随手捡拾粪便等行为,看似都是日常小节,本可交由"公德"——非正式规范——调整,但如果基于种种原因,当代陌生人社会一方面承认此类规范内容可欲,另一方面又没有能力以分散、自发形式实现其执行,那么政府将此类规范纳入运用自身强制力执行的范畴,往往就具有合理性乃至正当性。不仅如此,社会规范失灵还可能与社群网络结构剧烈变动导致规范信息模糊、社会行动协调失去焦点有关。② 甚至,有些时候,有约束力的社会规范,反而是国家基于公共利益理由寻求规制的对象,例如强迫过度饮酒的社交规范等。③ 在这些情形中,法律以不同形式和机制介入社会规范调整领域的情况,同样常见,并有适当的理论依据。④

因此,虽然"德治集中"在极端意义上看似对应着"国家"全面侵入"社会"这一现代法治的反题,但从发展的视角来看,它更多是现代法治扩展的逻辑延伸——国家治理技术的改进,无疑为正式秩序的扩展提供了新的契机。

---

① Robert Cooter, "A Normative Failure Theory of Law," *Cornell Law Review*, Vol. 82, 1997, pp. 976-977.

② 参见翟学伟:《从社会流动看中国信任结构的变迁》,载《探索与争鸣》2019 年第 6 期。

③ 参见戴昕:《"守法作为借口":通过社会规范的法律干预》,载《法制与社会发展》2017 年第 6 期。

④ 参见戴昕:《重新发现社会规范:中国网络法的一个经济社会学视角》,载《学术月刊》2019 年第 2 期。

"德治"真能"集中"吗?

虽然在理论上可行,但"德治集中"以数据技术的进展和突破为前提。然而,如前所述,后者同样是"法治分散"这一制度逻辑具备展开可能的客观依据。由于社会信用体系建设在当代的基本属性是数据化公共治理,因此不难发现,技术发展到底会推动权力集中还是分散,是此处蕴含的最基本张力。

显然,技术本身对于上述张力的演进前景并不具有决定性。从外部视角来看,政治意志似乎使得"德治集中"必然实现。但如转换到制度设计和运行的内部实践视角,可以看到,当前决策者和行动者在依循"德治集中"逻辑开展工作时,已遭遇若干原本基于理论分析即可预见的实施难题,且缺乏有效的解决方案。

第一,如果以社会规范失灵作为其将分散化秩序纳入集中治理的依据,那么国家需要能够有效地识别、判断规范失灵在哪些语境中真切存在、值得正式秩序介入。① 而在现实中,"该不该管",往往很难把握。例如,据一则曾引起广泛争议的报道,山东某教师因体罚学生而被当地教体局纳入"信用黑名单",这被批评为信用惩戒滥用的典型事例。② 有关教育者训诫学生合理限度的规范,到底是应更多上升为国家集中制定并执行的制度,还是应更多留给教育者分散掌握,长期以来多有争论。③ 即使不涉及刻意的权力滥用,政府在类似干预合理性存疑的领域中,如果试图借助新设信用惩戒扩展直接干预,都可预见将面临实施阻力。

第二,即使在国家能够有效识别社会规范失灵的语境中,经由社会信用体系介入干预,在技术层面也存在较高难度。抽象来看,信用规制的设计和使用与法律规则的订立和执行没有本质区别,前者仍是通过具体规

---

① 参见戴昕:《重新发现社会规范:中国网络法的一个经济社会学视角》,载《学术月刊》2019 年第 2 期。

② 史洪举:《滥用黑名单无益于信用社会建设》,载求是网,http://www.qstheory.cn/llwx/2019-07/14/c_1124750505.htm,最后访问日期:2023 年 7 月 3 日。另据了解,该事件中的黑名单为教育系统内部设立,仅影响教师晋升、评奖等,并无外部适用。

③ See e.g. Julie Underwood, J.D., Ph.D., "The 30th Anniversary of Goss v. Lopez," *Education Law Reporter*, Vol. 198, 2005, pp. 801-802.

则,将作为被规制对象的行为,与正向或反向的激励措施加以特定的联结。但实现合理有效的联结,对信用规制制定者提出的技术要求非常之高——这里的"技术"不只是数据科技,更是治理技艺。

例如,即便假设铺张滥办酒席和不尊老爱幼等问题,都已无法指望仅凭社会规范合理调控、确应引入公共资源强化激励,那么信用制度设计者又应如何确定,前者和后者各自对应什么样的公共性奖惩?如果对于滥办酒席的村民,应取消其获得扶贫款的资格,那么不尊老爱幼的个体面临的信用惩戒,是应比之更严厉、还是相对更温和?事实上,此类治理领域之所以传统上落在国家正式秩序之外,其重要原因之一,在于正式秩序很难提供这些领域在行为规范评价与执行方面需要的灵活性与细致性。尽管有关大数据和人工智能的愿景,是使法律具有更为灵活和精细的"个性化"形态①,但社会信用体系目前所能利用到的技术方案,尚无法支持这种愿景。

第三,还需注意,国家介入社会规范的预设之一,是分散的规范评价在与国家集中供给的奖惩激励结合后,能够稳定形成统一的秩序。但社会规范的一个特点是其韧性,而国家集中甚至垄断规范评价的意图,常有可能引发对抗式回应。在这个意义上,正式秩序可以尝试不断扩张进入非正式秩序的管辖领域,但这不意味着非正式秩序会自然从原有领域退出。甚至,在一些领域,正式秩序的介入,还可能导致一些对抗性的非正式秩序被强化,例如法律将特定行为界定为违法或失信后,反而可能激发特定群体更多追求此类行为的意愿,因为其遵循的规范或许恰恰要求对正式权威逆反。②

---

① See e. g. Omri Ben-Shahar & Ariel Porat, "Personalizing Negligence Law," *New York University Law Review*, Vol. 91, 2016, pp. 1-53; Anthony J. Casey, Anthony Niblett, "The Death of Rules and Standards," *Indiana Law Journal*, Vol. 92, 2017, pp1402-1447; Ariel Porat & Lior Jacob Strahilevitz, "Personalizing Default Rules and Disclosure with Big Data," *Michigan Law Review*, Vol. 112, 2014, pp. 1417-1478.

② Cass R. Sunstein, "On the Expressive Function of Law," *University of Pennsylvania Law Review*, Vol. 144, 1996, pp. 2050-2051.

发展和现代化叙事:"规制强化"

在宣传层面,法治分散和德治集中是社会信用体系建设引发最多关注、遐想和争论的两种制度逻辑。但无论站在支持还是批评的价值立场,论者都应认识到,仅以"法治分散"或"德治集中"解读这项工程,都会失于简化、理想化及由此导致的片面化。现实中,中国政府推动社会信用体系建设的宗旨和路径,还有更为"朴实"的一面。参照《规划纲要》及之后一系列政策文件中的表述,社会信用体系建设是中国政府在特定发展阶段,寻求解决一些长期制度困扰的规制改革尝试。把握这一点,就可看到,当前许多有关社会信用体系的期盼和忧惧与实践之间存在疏离。

违法还是"失信"

"信用"一说本身容易让人产生认知偏差;现实中,社会信用体系建设的政策重心既非局限于金融信贷,也并未谋求全面侵入正式秩序此前未曾染指的道德空间。所谓"失信"行为——无论是"老赖"恶意不履行生效判决义务、烟民在禁烟令覆盖的公共场所吸烟、工厂超标排污屡禁不止、药企生产假疫苗危害公共健康、乃至教师和学生抄袭舞弊——之所以进入社会信用体系调整的对象范围,说到底都不是因为相关主体在"人性""品格""节操"上不靠谱,而是因为这些行为已构成了对某项既有法律、法规或其他正式制度规范的违反,但既有规制又被政府以及公众认为并不得力。

换言之,虽然社会信用体系建设是晚近政策动向,并具有结合新技术、体现新思路(尤其是"法治分散"和"德治集中")的特点,但其试图回应的却是中国公共治理领域的长期性难题——特别是"有法不依""执法不严""违法不究"等所谓发展中国家"法治不彰"的病症,以及其背后的现代化公共治理能力缺陷。这些发展层面的问题,或许对于西方社会而言已获解决。又或许,至少在一些领域,中国人眼中政府责无旁贷、必须做好的某些治理工作,在西方被政府通过政治机制消化在其职责之外,因此也无需像中国政府这样要尝试各种能想到的方式加以应对。

理解社会信用体系建设所依据的"规制强化"的逻辑,有助于为其除魅,使观察者和研究者将注意力更多地投入研究相关领域中真实而非想象的问题。截至目前,不少地方的社会信用立法均将"社会信用"定义为个体或组织"在社会活动中履行法定义务或者遵守约定义务的状态"。① 这一界定也说明,制度实践者在理解社会信用体系建设工作的内涵时,主要依循的其实是"规制强化"的逻辑,即以额外制度激励补强既有法律约束。

"一处失信,处处受限"

谋求实现"规制强化"的具体方案,在政策语言中被概括为"一处失信、处处受限"。② 这一说法有形象、直观的传播优势。针对拒不履行生效判决、交易欺诈、假冒伪劣、违规排污等行为,现有的正式制度之所以被认为未能实现有效约束,主要可归结于规制者在现有体制下能调动的信息和激励资源均有不足:规制者或者无法有效通过监控及时、准确地发现违法违规行为,以之为依据启动规制措施,或者因缺乏足够的法定权威(如处罚权)或物质资源(如人力、财力),无法对规制对象提供充足的正向或负向激励——或者两类不足同时存在。

而信用监管机制,是直接对应上述症结开出的药方:"红黑名单"——及其背后的公共信用信息平台和数据库建设、数据归集和数据共享机制建设——旨在为规制机关识别既有和潜在违法违规行为和行为人提供更为充分的信息基础③;"联合奖惩"——将更早的综合行政执法机制进一步扩大、系统化——则旨在促进政府各部门相关执法和激励资源的汇总、共享乃至重新配置,缓解单个部门监管执法没有"牙齿"、无法对

---

① 《上海市社会信用条例》第 2 条。
② 例如,参见国务院《关于深化泛珠三角区域合作的指导意见》(2016 年);国家发展改革委办公厅、人民银行办公厅《关于对失信主体加强信用监管的通知》(2018 年)等。
③ "红黑名单是社会信用体系建设的基础抓手"。连维良:《创造性地做好新形势下的社会信用建设工作》,载搜狐网,https://www.sohu.com/a/275182571_774283,最后访问日期:2023 年 7 月 3 日。

规制对象产生足够合规激励的问题。①

由此来看,"一处失信,处处受限"的逻辑起点,正在于很多领域曾存在"一处违法,毫无受限",或"一处违法,一处受限/罚,无关痛痒"的情况。这促使规制者诉诸不同于此前的技术和制度安排,以求扩展特定规制者能够运用的信息和激励资源。

这样的制度逻辑不但直观,也并无多大新意或"中国特色"。任何制度行动者在面临类似问题时,基于常情常理,都能想到这种招数。最极端的例子如,在英国普通法和美国法历史上,"褫权令状"(writ of outlawry)制度就曾以剥夺个体一切法律权利和保护作为后果,威胁个体不得逃避司法审判②——抽象来看,这与社会信用体系下"老赖"被禁止高消费、限制从事金融行业或受聘政府公职等失信被执行人信用惩戒制度确有神似。甚至,在国际经贸领域,这种策略也为国家所常用。例如,美国政府在 2019 年年中曾威胁大幅增加关税,迫使墨西哥在边境加强非法移民控制③,这种做法背后其实也是相近的思路:依靠国土安全/移民系统掌握的资源,不足以对墨西哥提供足够改变后者政策行为的激励,因此把经贸和外交部门掌握的权力资源也挪过来,补强美国在移民问题上对墨西哥的压力。

从"强化"到"优化"

提及美国对关税手段的滥用,自然是为了提示,"规制强化"的逻辑虽不难说通,却并非没问题。而自黑红名单和联合奖惩一类措施在各领域、各地域被广泛尝试运用以来,对这些措施的确一直不乏争议和批评。截至目前,法学界、特别是行政法学界,多从规范角度出发,指出社会信用体系为强化规制而对政府的信息和执法机制所作的重新安排,可能违背

---

① "联合奖惩是社会信用体系建设的核心手段"。同上。

② Jane Y. Chong, "Targeting the Twenty-First-Century Outlaw," *Yale Law Journal*, Vol. 122, 2012, pp. 743-753. 感谢 Lawrence Solum 教授提示这个类比。

③ Roberta Rampton, Diego Oré, "Trump Calls Off Tariffs After Mexico Vows to Tighten Borders," https://www.reuters.com/article/us-usa-trade-mexico-talks-idUSKCN1T8196(last visited 2023/7/3)。

有关正当政府行为的一些规则、原则和理念。① 特别是,在形式合法性层面,一些学者主张信用惩戒在性质上属于行政处罚,但不是所有设立黑名单和联合奖惩机制的政府部门都有相应权限。② 这种纯粹处于形式层面的意见容易理解。另一些批评则试图进入实质正当性层面。例如,有观点认为,将已因其违法违规行为而受过实体处罚的个人或组织再次列入黑名单,并使其基于联合奖惩机制而面临进一步的不利后果,违反了"一事不再罚"的原则。③ 类似地,还有学者认为,信用惩戒将不同领域的违法行为和惩戒手段联结到一起,很可能给个体带来过度的负面后果,因此违反公法中强调的反对不当联结原则和比例原则等。④

触及实质正当性的批评,通常会比纯粹的形式合法性批评引起更多重视和思考。但实质论证难度更大,把道理说透甚至想透都不容易。⑤ 例如,就信用惩戒而言,其实质逻辑原本就是对理论上已遭受过一次处罚的行为再次施加不利后果,因此自然会涉及"一事二罚"甚至"一事多罚"。⑥ 但在实质层面,假定某项规制制度——无论环保还是市场秩序规

---

① 参见沈岿:《社会信用体系建设的法治之道》,载《中国法学》2019 年第 5 期;王瑞雪:《政府规制中的信用工具研究》,载《中国法学》2017 年第 4 期;罗培新:《遏制公权与保护私益:社会信用立法论略》,载《政法论坛》2018 年第 6 期。

② 同上,罗培新文;李振宁:《信用惩戒的特性及对地方立法的启示》,载《中共南京市委党校学报》2018 年第 2 期。

③ 参见王伟:《失信惩戒的类型化规制研究——兼论社会信用法的规则设计》,载《中州学刊》2019 年第 5 期。

④ 沈岿:《社会信用体系建设的法治之道》,载《中国法学》2019 年第 5 期;王瑞雪:《政府规制中的信用工具研究》,载《中国法学》2017 年第 4 期;沈岿:《社会信用惩戒的禁止不当联结》,载《暨南学报(哲学社会科学版)》2021 年第 11 期。

⑤ 例如笔者此前详细讨论,诉诸比例原则的论证往往在实质论证层面有缺陷。参见戴昕、张永健:《比例原则还是成本收益分析?法学方法的批判性重构》,载《中外法学》2018 年第 6 期。

⑥ 法学界的回应是强调信用惩戒不是针对"同一个行为"或"基于同一个事实或依据"做出,或者信用惩戒本身不属于"处罚",因此就不存在一事二"罚"。但这其实还是通过操纵定义预设答案的形式化思路。参见王伟:《失信惩戒的类型化规制研究——兼论社会信用法的规则设计》,载《中州学刊》2019 年第 5 期;李振宁:《信用惩戒的特性及对地方立法的启示》,载《中共南京市委党校学报》2018 年第 2 期。法律界之外的人士相对而言较少受这种形式主义思路的束缚,坦言信用惩戒在实质上就是"二次惩戒"。参见韩家平:《关于加快社会信用立法的思考与建议》,载《征信》2019 年第 5 期。

制——以特定规制效果为目标,政府施加的负面后果在形式上分几次落在规制对象身上其实并不重要,因为这和作为激励的惩罚,在总量上是不足还是"过度",是两个不同的问题。举例来说,假使社会有共识,认为高铁霸座行为应获得有效控制,而现行制度下行为人到站后对其施以200元罚款不足以产生有意义的行为激励,那么在已有一次处罚的基础上,再基于信用机制增加负面后果,就并不仅因此前一次处罚的存在而必然"过度"——换言之,是否"过度"不是纯粹基于抽象原则的判断,而应是具体语境中考虑成本收益方能得出的结论。

又如,当前另一种常见批评是信用监管对失信惩戒的使用过于"泛滥"、守信奖励则太为少见①;而相比于惩戒,奖励似乎被认为无论在合法性和合理性方面都更有优势,也"更符合信用的本质"。② 但暂不论行政处罚权限等形式合法性问题,如论者的思路能超越"惩戒"和"奖励"的表层对立,就应该看到,除非要考虑行为心理学上的所谓"表述效应"(framing effect)③,否则"惩戒"和"奖励"在其对行为产生激励效果的意义上并无区别:只对一些人实施惩戒的制度,可以看作是在对另一些人予以奖励;只对一些人给予奖励的制度,也可以看作是对另一些人做出了惩戒——无非"朝三暮四"罢了。而无论采取"惩戒"和"奖励"的形式,信用制度将特定后果与个体信用评价联结,都要求国家为追求特定行为激励效果而投入公共资源。

从类似上述关注实质的视角出发,我们也更能准确地把握"一处失信,处处受限"的问题所在。信用惩戒——或更一般而言,信用激励——

---

① 还有国外研究者借助数据爬取和文本分析寻求对这一情况加以确认。Severin Engelmann et al., "Clear Sanctions, Vague Rewards: How China's Social Credit System Currently Defines 'Good' and 'Bad' Behavior," https://www.cybertrust.in.tum.de/fileadmin/w00bzf/www/papers/2019-FAT-Engelmann-Chen.pdf(last visited 2023/6/29)。

② 这种思路甚至影响到了决策者。参见《发改委:个人信用分可以结合守信激励 但不能用于惩戒》,载信用中国,https://www.creditchina.gov.cn/gerenxinyong/gerenxinyongliebiao/201907/t20190719_162509.html,最后访问日期:2023年6月29日。

③ 表述效应描述的是人们在进行选择决策时虽然基于理性原则本应只关注不同选项的实质意义,但现实中却会被选项的呈现形式(尤其是被表述成"获得"还是"失去")所误导。Chris Guthrie, Jeffrey J. Rachlinski & Andrew J. Wistrich, "Inside the Judicial Mind," *Cornell Law Review*, Vol. 86, 2001, pp. 794-796.

是否"合理"、有无"过度",应考察其实现的行为规制收益,是否足以证立其社会成本,甚至是否符合成本收益最优。例如,理论上,各类信用惩戒均应追求边际成本与边际收益相等,以寻求最优信用惩戒规模,并且不同信用惩戒措施的组合,还应保证有效边际威慑。因此,能够产生理想行为激励效果的联合奖惩机制,需要科学、审慎的设计,而实践中的联合奖惩"拍脑袋"较多,其激励强度自然难免有时过度、有时却又不足。

而从成本收益优化的视角来看,更为微妙的是,政府本应借助信用机制预期收获的,与其说是更"强"的规制,不如说是更"优"的规制:由于公共规制资源在任何给定的时点注定是有限的,因此提高监管效率并非要在总体上增强对所有监管对象的行为激励力度,而是实现稀缺监管资源的最优配置。

事实上,2019 年《指导意见》和 2022 年《高质量发展意见》都表明,在经历一个阶段的摸索之后,决策者已更为明确地寄望社会信用体系建设优化监管资源配置:根据相关文件要求,尤其在事前和事中环节,市场主体的信用状况将成为政府区分监管待遇的依据,信用状况良好的主体将不再是许可审批和经营过程检查的重点,而政府的注意力也可主要放在信用不佳的主体身上。

相比于"规制强化","规制优化"的思路更具合理性,但落实的难度却大得多,也将会是未来持续建设工作的重中之重。毕竟,对具体工作部门来说,运用联合奖惩"强化"现有规制效力是相对容易理解、执行的。但"优化"却务必是系统意义上的。如果将各部门监管执法资源结合起来,达到的并不是系统总体的优化配置,即将"好钢用在刀刃上"[①],而只是基于"临时救火"的需要,将执法资源在不同部门之间平移,"拆东墙补西墙",最终难免捉襟见肘,也容易引发部门间相互推诿。

因此,如果以联合奖惩为核心内容的信用激励措施无法以科学设计为基础,始终处于盲目和即兴而为的状态,那么其不但确实可能被滥用,

---

[①] "力求在'矛盾的焦点'上砍得精准、恰当"。崔凯:《上海社会信用立法:促进与路径》,载《地方立法研究》2019 年第 2 期。

且更无法在提升社会总体治理的意义上带来净的社会收益。①

张力与演进：从"黑名单"到"智慧城市"

透过"法治分散""德治集中"和"规制强化"这三种制度逻辑结合形成的棱镜，观察、分析社会信用体系建设截至目前已有的探索，应有助于人们透过其纷繁表象把握实质。而从 2014 年《规划纲要》到 2022 年《高质量发展意见》，一系列政策文件表明，决策者持续寄望将社会信用体系建设成为全面提升经济社会治理水平的基础设施。

在最初"搭台唱戏"式的分散实施架构中，"社会信用体系"这一旗号的作用，是作为国家提供的一个行动聚焦点（focal point），引导各级政府、企业和社会主体将资源投入与改善治理效果相关的技术能力建设和机制创新探索之中。"八仙过海"式的实践，使社会信用体系涵盖了形式和内容看来各不相同的"信用机制"。这种一度过于杂多的后果不应令人感到意外，甚至没有超出原初的政策意图。

但在 2019 年之后，基于包括社会反馈在内的多种考虑因素，决策层已开始着手调整，试图借助更为集中的顶层设计和制度化要求，提升各领域、各地方信用治理机制和政策手段的规范性，并将工作更多聚焦于发挥已建成信用设施的实效，即实质贡献于营商乃至整体市场环境质量的改善。

本章此前三节中，从不同制度逻辑切入，我已经指出过这一庞大政策工程在开展时蕴含的丰富时空张力。在社会信用体系建设借助更多顶层设计和集中实施，转向规范化和法治化运营的下一个阶段，可以预见，这

---

① 时至今日，尚未有政府部门提供过令人信服的证据，系统性地验证任何信用机制产生的实际规制效果，更不消说在成本收益优化的层面上证明其合理性。相关部门提供截至目前披露的数据主要是受到信用惩戒或特定限制的主体数量等。此外，在对失信被执行人进行联合惩戒的语境中，也有关于选择主动履行义务的失信被执行人数量的披露。但如果没有基于特定的研究设计，寻求在系统性的层面检验因果关系，相关信用激励措施的制度效果是无法真正获得验证的。

种张力会持续并更鲜明地获得呈现。在这一背景下,借助更具整体性的理论视角,学界和实务界都需要就未来的推进策略形成更清晰的方向性思路。

空间并行与交织

除了笼统地认为其相互"结合"外,如何理解"法治分散""德治集中"和"规制强化"这三条制度逻辑之间的关系?一定程度上,可以认为三者各自对应于不同语境中政府将基于声誉原理的信用机制运用于提升治理能力的努力。由此,三者共同拼合出社会信用体系建设的整体图景。

首先,在突出强调市场化改革的时代背景和行业领域中,依靠声誉机制降低信息成本,提高分散化治理效果,持续构成政府启动并推进社会信用体系建设的重要依据。尽管如前文提示,政府主导并大量投入的社会信用体系建设,不大可能仅以自由放任思路为终极导向,但"规制更少、声誉/信用更多",和在"放管服"的基础上建设更高水平的过程监管、动态监管和精准监管能力,是完全契合的。

其次,在非正式规范的稳定性和约束力面临现代化冲击的社会陌生化和城市化进程下,政府有意借助自身的执行资源,为那些符合社会公共治理需要的道德和伦理生活规范提供支持,并由此将"德治"纳入正式制度范畴。不过,这一逻辑虽在理论推演层面具有可行性,但现实中难于落地,甚至常沦为表面化的宣教。

最后,当行政国家面临复杂社会不断提升的治理要求时,需要借助信息技术能力建设和政府组织与运行体制方面的重新安排,实现各级权威部门规制能力的增强。这可以被视为在公共治理系统的内部,借助声誉机制的逻辑,寻求调整甚至优化有限的治理资源。而这构成了政府——尤其是领域主管机关和地方政府——在最初阶段推进社会信用体系建设的最直接动力。但是,受制于合理机制设计欠缺,相关工作即使在一定程度上能实现强化规制的效果,却未必符合成本收益优化的要求。

不过,需要注意的是,三种制度逻辑并非只在并行不悖的空间中各自展开,相互之间也有交织甚至纠缠。如前所述,"法治分散"的依据,是信息成本显著降低的前提下,基于各类社会规范的非正式制度,可以在社会治理领域对正式制度实现大幅度替代。但基于相同的技术前提,正式与非正式制度也完全可能以另一种形式——"德治集中"——融合。类似地,"规制强化"寻求通过内部资源的重新整合提高执法强度乃至效率,但这也可以是——尽管不必然是——"德治集中"得以落地的先声。

不同制度逻辑之间的潜在交织,意味着在设计、实施任何一项社会信用相关政策项目时,决策者的目标和思路也可能过度发散,而这是导致信用建设在最初阶段实施路径杂乱、实践者往往不能把握重点的一个重要原因。例如在推动市场化信用或声誉机制广泛建立的过程中,政府可能会过于急切地对这些声誉机制的评价规则、应用场景和治理效果等提出直接、具体要求,从而向"法治分散"的场景,引入"德治集中"和"规制强化"的逻辑。① 但这未必有利于市场自主创新,而社会信用体系也可能因此无法充分借力于市场创新克服相关设计难题。又如,政府在寻求借助信用机制强化对既有法律法规执行的过程中,可能过多强调违法违规行为的道德失范属性,不必要地为执法行动添加道德强制色彩。② 但这种"德治集中"的修辞甚至思路,反而会转移治理者与批评者本应更多放在如何合理、切实地推动"规制强化"上的注意力。

历时性展开

除了上述平面化的领域区隔外,三条制度逻辑在展开时,还有更重要的时间维度。现实中决策者和行动者掌握的物质技术与治理技艺,并不足以支撑三条逻辑同步充分展开。相比于"法治分散",落实"德治集中"所需要的监控技术和评价技术,在现阶段尚不为多数治理者所掌握——更不用说最热心于尝试"德治集中"的基层治理者。批评者往往从监控技术全面应用甚至泛滥的未来视角出发,担忧"德治集中"将消灭个体隐私和自决空间。但至少在初始阶段,相关制度实践的重点其实是"法治分

---

① 例如政府公布各类红黑名单,本可作为以公共信用信息开放为形式的对市场用信单位的补贴;但现实中政府经常在公布红黑名单时,指定市场主体以联合奖惩的方式对相关信息作特定使用,而这种具体指令未必考虑到被指定主体自身对相关信息的具体和实际需要。

② 前文提及的有关"文明行为"的立法和执法活动是突出代表。

散"——为信用市场化补课,以及"规制强化"——实现此前缺失的基本市场与社会秩序。

在整体上把握社会信用体系建设内涵的这种历时性,就可以看到,其已完成的工作总体上处于较为粗放、粗糙的初级阶段,不妨用如今已经开始逐渐离开话语场域中心的"黑名单"一说简洁指代。在"黑名单"阶段,社会信用体系建设的最明显成效,应是统一社会信用代码的全面覆盖和公共信用信息基础设施架构("三库一平台")在各级政府广泛建成。① 但除此之外,这一阶段中,市场化声誉机制的发展并不如预期迅速;借助信用将道德规范纳入国家直接管控范围的努力很难切实推进;曾经一度满天飞的"黑名单"和"联合奖惩",对于提升政府执法效力和效率是否一用就灵,也明显存疑。而如前所述,也正是由于"黑名单"阶段出现的一些实施层面的问题甚至乱象,决策层首先做出的应对,是通过将相关信用机制的设计和实施权力向上集中,以提升规范性和合法性。例如,国家发展改革委自2021年开始,集中编制出台《全国信用信息基础目录》和《全国失信惩戒措施基础清单》,其用意便是控制各地政府在自身辖区内定义信用、开展惩戒的决策权力。

基于权力限制的规范化当然有重要价值,但必须看到,此类措施更多是回应性的,意在解燃眉之急,避免乱象过度,但仅此并不足以支撑政策有效推进。换言之,法律人孜孜以求的"法治化",提供的仅仅是前提和约束条件,而在此之上,社会信用体系建设又要向何种方向持续演进?

在我看来,社会信用体系建设的理想愿景,其实被简称为"智慧城市"。这并非指当前各地实践中普遍仍以政务信息化为主要内涵的所谓智慧城市,而更接近富有未来主义气息的各类商业或政府白皮书中描绘的高度智能化、精细化的社会治理模式。② 在"智慧城市"中,"法治分散"将为"德治集中"铺路,而高效的公共治理则有望以个性化甚至动态调整的正式制度为基础,从而真正在优化的意义上实现"规制强化"。甚至,

---

① 参见韩家平:《关于加快社会信用立法的思考与建议》,载《征信》2019年第5期。
② 例如,国家发展改革委《关于促进我国智慧城市健康发展的指导意见》(2014年);《河北雄安新区规划纲要》第八章第四节,http://baijiahao.baidu.com/s?id=1598396948450162789&wfr=spider&for=pc,最后访问日期:2023年6月29日。

在这种终极的智慧城市中,今天还颇受争议的信用分数——乃至"信用"本身——都将不再具有独立的意义,而最多只是数字化、自动化公共决策和治理的一个历史叫法而已。这一愿景当然有重要的效率内涵,同时也无疑正引发争议。但在忧心终局之前,更切实的工作无疑是先从三种制度逻辑切入,理解从近景到愿景是否有可行路径。

有侧重推进

负责具体政策项目的实践者,需更清晰地在时空两个维度把握自身所处的政策语境,在三种制度逻辑之间进行辨析,有侧重、有选择地实施推进。总体来看,首先,在寻求推进"法治分散"的语境中,政府应看到这一逻辑展开在现阶段所面临的突出困境,仍是数据基础不足。在前期已整合、建成一定规模公共数据资源的基础上,下一阶段的重点,是建立合理有效的公共数据利用机制——无论是借助公共信用数据平台、数据交易所还是其他机制。这是政府补贴、推动市场和社会声誉机制发展的最有效手段。

其次,在寻求推进"德治集中"的语境中,应看到这一逻辑在展开时面临的主要困难,在于政策设计者缺乏对社会规范作用机制的充分、准确理解,也尚未掌握借助信用评价甚至评分等机制系统性改善道德和伦理实践的技术能力,且无法简单借鉴和改用商业评分模型。① 因此,在当前和下一个阶段,如果在这一向度的工作上仍有期待,则只有扎实、有针对性地选取特定规范失灵问题着力,才有产生实效的可能。但政府如以"德治集中"为追求,哪怕只试图在局部见效,也必须做好为此持续而非临时性投入公共执法资源的准备。

最后,在寻求推进"规制强化"的语境中,应看到既有的黑红名单、联合奖惩等相关措施,之所以在分散化的实施结构中有泛滥趋势,说到底还是因为相关实践没有真正理解,表面的"强化"不是目的,"优化"才应是真正的准则。因此,未来各地方的实践者,应以更系统化的方式,对相关

---

① 例如苏州"桂花分"的评分模型,尽管采用了芝麻信用分的五个维度的评分模型,但"桂花分"中的"品德指标"维度显然很难借鉴商业评分的方式。见桂花分,载信用苏州,http://credit.suzhou.com.cn/guihuafen,最后访问日期:2023 年 6 月 29 日。

措施开展实效验证乃至成本收益衡量。在此基础上,实践者应有意识地对无效、过度的信用监管和规制措施,持续实现清理,以期借助信用机制真正改善有限执法资源的配置效率。

而在历时性维度上,"黑名单"与"智慧城市"之间的最大鸿沟在于"智慧"。无论"法治分散""德治集中"还是"规制强化",所有制度逻辑的核心,都寄望信息数据技术的发展和有效运用,可以促生比传统法律和行政管理更为合理、灵活且高效的新型行为激励机制。但从社会信用体系建设截至目前的已有进展来看,除了技术开发和应用自身的局限之外,分散实施的制度结构对有效的机制设计创新也构成阻碍。不仅如此,包括其可能的社会风险在内,推动数据化公共治理对国家治理格局提出的一些结构性挑战,如今也更为明显。社会信用体系建设的有效推进,在未来需要对应的宏观制度安排。

作为"数据宪制"的社会信用立法

社会信用立法很早就被列入官方的立法议程,但一直难有实质性推进,甚至其必要性也曾经并持续受到质疑。[①] 不过,在我看来,质疑立法有无必要的观点本身,可能恰好反映出质疑者对社会信用体系建设的制度逻辑缺乏整体理解,并由此将一阶问题(社会信用体系调整、规范哪些对象)和二阶问题(如何规范社会信用体系自身的设计和运行)混为一谈——而后者其实应是立法需求产生的主要论域。例如,有论者认为,建设社会信用体系应更多依靠市场与社会规范,而不是靠"法律"。[②] 这显然是只看到社会信用体系建设的"法治分散"逻辑,没有理解决策者借助正式制度力量寻求"德治集中",也没有在经验层面觉察出实际工作的重心是"规制强化"。又如,有论者认为社会信用问题无需立法,因为各类

[①] 参见韩家平:《关于加快社会信用立法的思考与建议》,载《征信》2019年第5期;罗培新:《遏制公权与保护私益:社会信用立法论略》,载《政法论坛》2018年第6期。

[②] 唐清利:《社会信用体系建设中的自律异化与合作治理》,载《中国法学》2012年第5期。

所谓"失信行为"本身都是既有法律法规调整的对象,关键还在于改善法律法规的执行落实。① 这看来是未能想通,社会信用体系恰恰是政府改善现有法律法规执行状况的最新尝试——而此前尝试过的其他路径,都被视为至少不完全成功。

在 2022 年末,国家发展改革委发布了《社会信用体系建设法》草案的第一个征求意见稿。虽然就推进立法工作而言,这是有重要意义的一个步骤,但从草案本身的内容及各方反馈来看,立法在宏观思路、制度结构和规范细节等方面,仍然有很大的调整空间。

本章提出的整体视角,旨在帮助学界和实务界思考、讨论社会信用立法问题时,能够更好地就重要问题形成聚焦。实际上,经过多年分散实施,各地方、各领域社会信用体系建设的探索已在不同程度上面临瓶颈,制度建构的压力正明显上传,统一立法无从回避。近年来,省市层面的社会信用立法已大面积铺开并完成。而全国性的社会信用立法,确实值得更多审慎,因为承担的核心规范建构任务具有重要制度意义——甚至宪制意义。特别是,在宏观层面,全国性的立法需要致力于理顺一些结构性问题。

建立政府数据处理行为的基础规范

学界和实务界的关切,一直以来较多集中在个人信息保护和数据安全保障类议题上。② 这些议题无疑十分重要。无论"法治分散""德治集中"还是"规制强化",社会信用体系的制度逻辑在不同场景中展开时,均以政府对信用信息的收集、存储和使用等处理行为为基本内容。如前所述,在地方社会信用立法及其对应的实践中,"社会信用"常被宽泛界定为"遵守约定和法定义务的状态",这意味着信用信息触及绝大多数种类

---

① 参见,何玲、孟佳惠:《社会信用建设需抓住应用这一核心环节——2019 中国信用 4.16 高峰论坛综述》,https://mp.weixin.qq.com/s/V_eKP-IFKG3M2Osoq71iIA,最后访问日期:2023 年 7 月 3 日。早期的类似观点,参见若地:《"社会诚信体系建设研讨会"综述》,载《社会科学研究》2004 年第 1 期。

② 参见张勇:《个人信用信息法益及刑法保护:以互联网征信为视角》,载《东方法学》2019 年第 1 期。

的公民个人信息及企业经营信息,关涉作为私权主体的个人与组织的重要利益。

对信息主体提供基础性数据隐私和安全保障,是现代政府从事大规模数据处理的必要对价。个人信息保护相关规范的创设,在近年成为热点,而《民法典》以及《个人信息保护法》《数据安全法》等重磅相关法律的出台,则基本实现了在中国建成个人信息保护核心法律架构的工作。《个人信息保护法》等采取的是欧盟的统一立法、一体保护模式,并未像美国《隐私法案》那样,建立针对政府数据处理行为的专门制度规范。而尽管《个人信息保护法》对公共机关处理个人信息行为的适用性被原则上确认,但其适用应采取何种具体路径,是否需要与商业和社会信息处理者的场景有所区别等问题,仍然在学理和实践层面引起困惑,并形成争议。

但值得注意的是,实际上,早在《个人信息保护法》颁布之前,就政府公共机构处理数据行为率先提出有针对性数据隐私保护要求的,恰恰是以《上海市社会信用条例》等为代表的地方社会信用立法。① 尽管未必是决策者的明确意图,但在此后的许多年中,地方社会信用立法事实上填补着中国数据隐私法制体系的一个重要缺口。如果立法者能对此有清晰意识,则应顺势而为,将政府数据处理行为立法进一步明确地纳入全国性社会信用立法的议程范畴之中。实际上,前者本来也应是后者的题中之义:如果社会信用体系建设按照预想发展,信用信息数据的范围,几乎会覆盖绝大多数公共数据,而社会信用体系语境中的政府数据处理行为,在未来也就将是政府数据处理行为的最主要内容。

建立市场与社会声誉机制的框架规范

基于"法治分散"的逻辑,社会信用体系鼓励、支持多样的信用服务在市场中建立、运行,而此类主体在过去和将来都未必以"征信"名义或形式出现,往往会落在《征信业管理条例》的狭窄规制范畴之外。这些声誉机制将对商业交易和社会生活带来多重影响,由此催生新的规范需求。特别是,尽管不宜在操作层面直接干预不同信用评价主体的评价活动,但

---

① 例如《上海市社会信用条例》第二章及第四章。

法律完全可以、也应当在反映社会基本共识的前提下,限制特定评价结论的适用场景和范围。

而基于"德治集中"的逻辑,政府在公共治理过程中,会运用第三方生产的信用或声誉信息,以之作为配置各类公共资源的依据;由此产生的后果,也需要对应设置合理的问责机制。例如,假设政府在决策时加以参考的市场化信用信息本身存在质量缺陷,由此导致有争议的决策结果(如较多讨论的"算法歧视"①等),那么此类情形中,有关数据质量保障的事前义务和事后责任,应如何在使用数据的政府公共决策者和提供信息的声誉机制运营者之间配置?

由上可知,社会信用立法将具有"算法之法"的属性。② 目前的地方信用立法以政府的"征信""用信"行为规则为主。但无论是"法治分散"还是"德治集中",社会信用体系建设都以公共机关与市场和社会领域各类声誉机制之间的互动为内涵,包括前者对后者的建立与运行予以补贴、保护、支持乃至收编。全国性的社会信用立法,应致力于为各类公共与非公共声誉机制的运行,提供框架性规范。

探索公共数据连通、开放利用的机制

社会信用体系建设三条制度逻辑的展开,都以开放、连通的数据基础设施为前提。"法治分散"的启动和运转,需要政府向市场主体和社会机构充分开放公共信用数据。"德治集中"要求政府广泛吸纳、运用来自外部的信用数据。"规制强化"则要求政府内部各机构实现政务数据系统打通和数据共用。

尽管"数据开放"的重要性和正当性,在当代语境中通常被假定为理所当然,但实现合理的数据开放体制,所需要的远不只技术能力建设。③

---

① See Anupam Chander et al., "The Racist Algorithm?," *Michigan Law Review*, Vol. 115, 2017, pp. 1023-1045; Solon Barocas & Andrew Selbst, "Big Data´s Disparate Impact," *California Law Review*, Vol. 104, 2016, pp. 671-732.
② 参见郑戈:《算法的法律与法律的算法》,载《中国法律评论》2018 年第 2 期。
③ 胡凌:《论地方立法中公共数据开放的法律性质》,载《地方立法研究》2019 年第 3 期。

人们时常关注不足的是,与推动、落实数据开放和连通相关的组织行为因素,也不是一声令下就能够迎刃而解。事实上,岂止中国常年受困于所谓"数据孤岛",西方政府在推行政府数据打通时,也照样面临机构间的集体行动困难。① 而当政府与外部主体之间寻求数据共享时,则无疑更会受制于严重的权责不明:如果无法设计出合理有效的机制,分配数据收集和数据使用的成果和责任②,公共和私人主体的一方或双方,就可能缺乏充分的动力参与共享数据资源池的建设。

　　第五章中曾提到,近年来,地方政府正积极寻求借助包括数据交易所在内的各类机制,推动公共数据开放。而在国家层面,早先的《政府信息公开条例》所包含的以保障公民知情权和监督权为目标的信息公开规则,显然并非支撑更加能动的公共数据综合利用行为的制度框架。③ 2021 年颁布的《数据安全法》,虽然在条文中明确表述"国家……鼓励数据依法合理有效利用……促进以数据为关键要素的数字经济发展",但鉴于该法总体的安全侧重,这一笼统的条文也显然不足以成为推动公共数据这一重要生产要素实现更高效配置的"基础制度"。社会信用立法当然也不必然需要直接设计数据——特别是公共信用信息数据——共享和利用的具体机制。④ 但由于各类公共信用机制未来将是政府数据资源重建和开发的主战场,社会信用立法应在这一领域中,首先尝试建立权限充分的领导协调体制,以确保数据资源的充分利用,不过分受阻于官僚体制内外的高交易成本。⑤

---

①　Richard E. Levy & Robert L. Glicksman, "Agency-Specific Precedents," *Texas Law Review*, Vol. 89, 2011, pp. 511-512.

②　胡凌:《论地方立法中公共数据开放的法律性质》,载《地方立法研究》2019 年第 3 期。

③　同上。

④　具体机制设计的方案,如范佳佳:《中国政府数据开放许可协议(CLOD)研究》,载《中国行政管理》2019 年第 1 期。

⑤　对此问题更早已有类似观点,见谭浩俊:《社会信用体系为何需要依靠顶层设计》,https://mp.weixin.qq.com/s/RPVUQF7k1DznyaoxzBH1lg,最后访问日期:2023 年 7 月 2 日。

新型治理权力的宪制结构安置

社会信用体系寻求用新的技术和制度安排，回应既存体制未能有效回应的治理问题。这一建构新型公共治理模式的过程，也是新的权力获得生产的过程。形式上，信用机制被定位为只是行政权以及司法权行使的新型手段。但鉴于信用与重要社会经济后果的联系日益紧密，界定何为失信、裁定如何惩处失信的权力，更像是叠加在界定何为违法、裁量如何惩处违法这类传统规制权力之上的一层新型治权。无论是列入失信名单、联合惩戒等措施被争议是否属于行政处罚[1]，还是围绕信用修复出现广泛的相机寻租现象[2]，都印证了新型权力——可以暂称"信用治理权"[3]——事实上出现，并已向既有权力格局中引入不稳定因素。[4]

那么，这种以制定信用评价和使用规则、开展信用评价、建设运营信用信息基础设施、实施信用激励等为主要内容的"信用治理权"，在国家权力结构中，应被置于什么位置？其与行政机关在既定宪制下享有的规制权力，应合而为一，还是应相互分立？这一权力在中央和地方之间又应如何分配？务实地来看，全国性的社会信用立法，无疑是回答上述问题的最适当语境。而这也使得社会信用立法具有宪制意义。

除需关照各类与节制权力滥用相关的传统考量外，社会信用立法在界定、安置信用权时，应尤其注意，整体性设计与规划的困难，是社会信用体系建设在当前和今后推进时最难克服的。什么样的权力机关和治理机构——不论既有还是新设——具有比较机构能力优势（comparative institutional competence），可将社会信用体系从"黑名单"泛滥的粗糙现实带向"智慧城市"的精致愿景？须知，这样的机关和机构，不但需承担系统设

---

[1] 参见王伟：《失信惩戒的类型化规制研究——兼论社会信用法的规则设计》，载《中州学刊》2019年第5期。

[2] 张观海：《信用修复中介乱象丛生，目前可承担修复培训机构仅13家》，https://new.qq.com/omn/20190716/20190716A0I2JK00，最后访问日期：2023年7月3日。

[3] 不同于民法学界正讨论是否可通过立法确认的作为新型民事人格权（right）的"信用权"。例如，参见韩强：《人格权确认与构造的法律依据》，载《中国法学》2015年第3期。

[4] 罗培新曾转述，有学者担忧"社会信用法将演变成第二行政法"；罗培新：《遏制公权与保护私益：社会信用立法论略》，载《政法论坛》2018年第6期。

计、运行监控和功效验证等任务,还需负担与信用权力行使有关的公共问责后果。无论是"法治分散""德治集中"还是"规制强化",社会信用体系沿任何一条逻辑推进的前景,都将极大地取决于上述权力、责任和资源的配置安排。

小　结

社会信用体系建设被权威决策者明确视为增强治理能力、升级治理模式的基础路径。尽管实践开展时间尚不算长,但一直都远远走在理论前头。由于相关实施工作的组织和开展方式高度分散,清晰、完整、即时地掌握社会信用体系建设动态,难度甚高。研究者因此仍需持续加大经验研究的投入,并尤其在提出规范评论和政策建议之前,尽可能从更多维度了解、理解社会信用体系建设的工作内涵。在下一阶段,研究者仍应努力尝试从实务部门获得更系统化的数据,以有效评估社会信用体系在局部和整体意义上的效果。

结合以上基于声誉逻辑建构的理解社会信用体系建设的整体性理论视角,本章在结尾处希望提示,这一领域中,研究者和实践者都应放弃对"词"的过度较真甚至纠缠,将更多精力投入有关"物"的研究与思考之中。一些批评者自很早便开始抱怨,社会信用体系是个"箩筐",概念不清,什么都往里装,所以实践中的乱象才会层出不穷。[1] 实践中问题不断确实不假,但将此归咎于"社会信用体系"在概念层次范畴过宽,却肯定是文不对题。在已然铺开的制度实践面前,"信用""诚信"或"社会信用"到底应该是什么意思,或应该包含哪些内容,早已不再重要;真正重要的,是各类被"社会信用体系"一说聚拢起来的有关新型治理的制度探索,是什么、为什么、会怎样——以此为基础,我们方能有效思考其后果需要何

---

[1] 陈果静:《个人征信边界须厘清》,载经济日报,http://paper.ce.cn/jjrb/html/2019-05/10/content_390787.htm,最后访问日期:2023年6月29日;宰飞:《"信用"不是一个筐,别啥都往里装》,载上观新闻,https://www.jfdaily.com/news/detail?id=162976,最后访问日期:2023年6月29日。

种制度回应。

  实际,有关"箩筐"的抱怨,反映出的仍是理论研究者的形式主义思维惯性,即预设理论是用干净的概念去规定现实,而没有意识到,真正重要的理论工作,是在看上去千头万绪的杂多之中,梳理出来自现实经验的线索和逻辑。在实践意义上,社会信用体系其实本就是一个要被装进多种制度措施的"箩筐"。从务实的角度,东西既然已盛进去,再批评"箩筐"本身是一个"箩筐",实际意义不大。此时需追问的,是"箩筐"装下东西后,能否做得更结实,扛着能不能走下去。有关社会治理创新的研究,只有超越说法之争,直指"事理",才能以后者为基础,有效演绎"法理"。①

---

  ① 陈柏峰:《事理、法理与社科法学》,载《武汉大学学报(哲学社会科学版)》2017年第70卷第1期。

后　记

　　无论在专业还是公共领域，人们认知、议论"信息隐私"乃至"信息法治"的最主要角度，通常都是信息处理活动应受到的约束和限制。本书中的许多章节同样从这个角度切入并展开，讨论了法律如何通过对信息处理活动设限，为个体与群体利益（无论是个人隐私、组织秘密还是国家安全）提供保护，维系社会为正常运转所必须保证的信息安全。

　　但在全书结尾，或许有必要再次提示，仅从限制信息处理行为的角度思考信息隐私议题，是远远不够的。在书中，我已努力尝试去呈现人们对保护和安全的需求与其对信息价值创造的期待之间存在的张力。但即使仅就安全需求而言，其满足不仅要靠限制信息处理，也同样需要借助对信息处理活动的保障甚至扶持。

　　2022年12月13日0时，在我国新冠疫情防控转段的大背景下，伴随国人近三年之久的"通信行程卡"服务正式下线。① 为此，法律界及公共舆论界一片雀跃。② 在那个时点，经历疫情持续带来的麻烦、辛苦乃至伤害，人们的怨念最终都集中指向以行程卡、健康码等数字化防疫应用所代表的"信息过载"之上，这无疑是最可理解、也很值得共情的心理。但这种情绪本身也反映出人类记忆的短暂：细想之下，疫情之初，我们每个人恐慌和焦虑的指向，显然并非信息过载，而是信息极度匮乏。在那时，我

---

① 《12月13日0时起，"通信行程卡"服务正式下线》，载央视网，https://news.cctv.com/2022/12/12/ARTIeI2F3oQldcqE9dsdizXI221212.shtml，最后访问日期：2023年7月3日。

② 《行程卡下线，疫情期间民众牺牲的隐私权利该被尊重了》，https://mp.weixin.qq.com/s/GNoEO0m9RvTnTBmNVUSTyQ，最后访问日期：2023年7月3日；《行程卡下线是个人信息保护的必要之举》，https://pinglun.youth.cn/wzt/202212/t20221215_14197110.htm，最后访问日期：2023年7月3日。

们不知道外部传播的是什么病毒,不知道这种病毒的传播能力和致病能力到底如何,不知道染病后会对健康造成什么影响,而健康的影响又会进一步在个体和群体生活的其他方面导致何种后果……

尽管人们平时也常声称因缺乏信息而感到不安全,但在以突发疫情为代表的危机语境中,信息匮乏甚至茫然无知导致的无助和恐惧,让人体会尤其深切。而此时,哪怕是最反感"监控"——或者说,公共机关开展的大规模信息处理——的现代人,也能比较清醒地看到硬币的另一面①:能力强大的公共信息处理体制,不但对政府有效施策十分必要,而且也是个体理性选择和决策的刚需。换言之,在疫情防控期间,期望克服决策信息匮乏问题的,不只是官僚机构意义上的"政府",而且是整个社会——或者说,我们每一个人。直观来看,上报、测温、测核酸、扫码、刷脸等,都是政府和管理部门对老百姓提出的信息要求,服务于政策研判、制定和实施。但实际上,我们很多人在此前的防控阶段,也自觉或不自觉养成了查疫情数据、看新闻发布会、关注宏观防控形势、了解总体防控政策的认知习惯。甚至不少时候,我们还会觉得,仅了解总体疫情形势都不够,无论关于自己还是他人,知道得更多一些才好,并且越多越好。

人们对信息的需求并不能凭空就被满足。在疫情防控转段之前,人们需要的防疫信息,主要是公共信息生产体制的成果——而我们每个人则都被要求共同参与其中。三年里,要说有哪个公共信息生产工具给每个人都留下了深刻印象、甚至对每个人的生活都造成过重要影响,无疑当首推核酸检测——尽管对大部分地方而言,常规性、高频率的全员核酸检测是到 2022 年年中以后才真正铺开的。公允地说,直至 2022 年暑期结束之前,核酸检测产生的信息对于宏观和微观层面的决策而言,都具有重要价值。宏观上,借助抽样乃至全员核酸检测,公共卫生部门能够快速了解病毒社区传播的范围和速度,并在社区传播范围规模较小、传播处于较早阶段时,决策如何调度有限的医疗和防疫资源,在何种范围内施行尽可能精准的管控措施。而在微观层面,自国内疫情 2020 年 4 月得到初步控

---

① 《花费超 10 亿,武汉全员核酸检测!网友提议全国推广,专家却直说:不需要》,https://mp.weixin.qq.com/s/_ea6iEK0m48dwFjqU6B91Q,最后访问日期:2023 年 7 月 3 日。

| 后　记 |

制后的近两年中,我们大多数人正是基于公共场所需查验高风险人员(后逐渐扩大到所有人)核酸检测结果信息的制度性要求,才相信重启人员流动的安全性,并相对放心地走进工作单位、餐饮娱乐场所,甚至在室内摘下口罩。而进入基于全员核酸检测动态清零的阶段后,很多普通人每天会同时依据个人检测结果和统计检测结果,不断调整有关外部环境和自身行为安全风险的评估。

而2022年年末防疫政策大幅调整后,人们的信息行为则更是意味深长。在大约11月下旬到1月中旬的两个月间,所有人都在想办法抢购抗原试剂,并不断给自己和家人进行测试;没症状时要测,刚出现症状时要测,退烧后要测,止咳后还要再测……直观来看,这些操作当然都是为了获得信息——关于自己,关于自己关心的其他人。但实际上,医学和公共卫生专家也早就广而告之,抗原试剂的灵敏度远远不如核酸,而对大多数人来说,被新冠乃至其他病毒感染,无非对症医治,发烧吃退烧药,咳嗽吃止咳药——换言之,在当时情况下,个人有没有信息确认自己感染的是新冠病毒,其实已没那么重要。可是,大家对获得相关信息依然兴味盎然,很多人(包括我自己)往往会一测再测,哪怕症状已经非常明显,或持续没有症状,似乎也一定得测出个"两道杠"才能踏实。

这种信息行为是非理性的吗?如果仅从工具理性的角度看待,那么人们投入大量成本获取那些对其选择和决策而言并无处理必要的信息,确实莫名其妙。但仔细想想,不难理解,信息带给人们的安全感,不仅来自信息内容,还来自其对信息生产过程的参与。正是在搜罗、打听、琢磨、分享、交换信息的行为和活动中,人们能真切地感受到自我和社群的存在;即使瞎折腾一通,"忙了个寂寞",这样的过程还是能够填充空虚、减少不安。

换言之,信息行为的心理或情绪慰藉价值,同样是真实存在的。而将人们同时借助信息内容和信息行为获取安全感的需求综合在一起,我们就更能理解,为什么在复杂性和不确定性日益增加的现代社会中,信息公开、透明、开放的呼声始终享有极高的合法性,甚至会被公众几乎不假思索地拥护——即使大多数人有效处理信息的能力其实非常有限。

如此看来,信息不仅是安全风险的来源,也是安全和安全感的来源,而这使得信息相关法律议题真正堪称玩味无穷。我们需要维护自身的隐私，但又渴求他人在最大限度上透明；寻求在流动中获得自己需要的信息，又担心信息的流动为自身招致风险。因此，与信息相关的困难争议和纠纷，通常都具有非常明显的科斯式的损害相互性特征：一些人对信息流动的追求，通常会导致另一些人对信息流动限制的需求被克制——或者反过来也成立。而如果两方追求的都是更多的安全感，那么，给定包括技术在内的各类客观条件不变，"既要又要"就是不可能的。法律或制度能做的，只是决断，即决定到底站在谁那一边，满足其安全需求，并拒绝支持、甚至压制与之冲突的他方的安全需求。

本书中，我尝试识别、展示、剖析了当代社会中基于信息处理活动产生的大量需要决断的相互妨碍甚至冲突。但读者恐怕已经发现，大多数时候，我并未提供决断。这当然不意味着我本人对识别出的冲突毫无立场，只意味着我不觉得自己的立场或结论对读者有多重要。学术写作不是自我表白，作者真正该做的工作是帮助读者更好地认识自我、理解世界。相比于营造教条般简单和清晰的幻境，借助一定的理论结构，为读者呈现世界的纷繁与矛盾，或许更有助于让其鼓足勇气，面对甚至拥抱我们无法摆脱的不确定性。

致　　谢

　　本书主要章节的大部分内容，此前曾作为期刊论文发表，但在成书过程中也获得一定程度的改订和更新。第一章基于《公众人物的隐私保护：一个框架性理论重述》（《现代法学》2017 年第 2 期）。第二章基于《"看破不说破"：一种基础隐私规范》（《学术月刊》2021 年第 4 期）。第三章基于《数据隐私问题的维度扩展与议题转换：法律经济学视角》（《交大法学》2019 年第 1 期）。第四章和第五章基于《数据界权的关系进路》（《中外法学》2021 年第 6 期）以及《作为法律技术的安全港规则：原理与前景》（《法学家》2023 年第 2 期）的部分内容。第六章基于《声誉如何修复》（《中国法律评论》2021 年第 1 期）。第七章基于《理解社会信用体系建设的整体视角——法治分散、德治集中与规制强化》（《中外法学》2019 年第 6 期）。感谢相关刊物的编辑老师们对我的研究工作和文字作品的认可，以及他们为相关稿件能够在如今的学术发表环境下得以刊发而付出的辛苦努力。

　　同时，上述论文所基于的研究，曾受到国家社科基金重大项目"社会信用体系的法律保障机制研究"（21&ZD199）、国家社科基金一般项目"非正式规范的法律规制"（16BFX015）及 2017 年度教育部哲学社会科学研究重大课题攻关项目"大数据时代个人信息保护边界与策略研究"（17JZD031）、高校基本科研业务资助、青岛市工程设计院委托项目"信用服务及数据管理法律风险研究"、上海数据交易所委托项目"数据交易所制度竞争力建设与政策保障问题研究"等来源的经费资助。感谢国家，感谢相关资助单位。

　　作为本书内容基础的研究工作，大致是在 2015 年至 2021 年之间完成的。在 2020 年 2 月调动到北京大学之前，我一直在中国海洋大学法学院任教。这期间，海大及法学院的领导、同事以及学生们共同为我营造了极为宽松的教学科研环境，并提供了包括办公场地、科研经费和研究协助等大力支持。那些年里，因家庭和单位分处两地，每周旅途往返都要消耗我不少精力。如果没有同事和学生们的理解与帮助，很难想象相关研究与写作如何能够完成。对此，我始终心怀感激。

来到母校北京大学后，学校和法学院提供了极其优越的工作条件，这使我平常轻易不敢反省，因为稍微多琢磨一下，就会觉得个人的能力和贡献与自己平日里享受到的完全无法匹配。这本书照理应是一两年前就整理成稿的，但拖拉到现在，说理由也不算没有理由，可若真说出来，恐怕就都只是借口。——感谢这座校园，或许只因为能在漂流十四载后有幸再度安身其中，我就已经不好意思为任何怠惰找什么借口。

就与本书相关的研究和写作，许多师友同行为我提供了极为有益的建议、意见和批评。但一一点名太危险：列得很全怕显得是到处攀附巴结，万一漏了谁，又好像是心里有个差序格局。所以，不如还是像喝酒时想不出祝酒词那样处理——意思都在(酒)里头了！但学生好像还不那么怕得罪，就大致列下名字：感谢为本书相关研究提供过直接协助工作的当年和现在的学生，包括王博阳、毛春晓、赵青、孙策、武剑飞、杨子超、闫申、张群、贾慧民、郭晨旋、杨沛馨、黄思晗、桑松杨、于承洛、韩旭、乌日偲、孙华蔚、李若彤、张鼎、葛松、顾劼宁、杨天宇、张熠、马欣佚等，以及所有在我进入大学任教的十年中帮助、启发过我的同学们。

还要特别感谢北京大学出版社王晶老师的督促。每每都是因为担心她催稿，我才会下决心先把手边其他事放放，琢磨下整理完善书稿的事情。

最后，感谢家人的亲情和包容。文科做研究，再怎么包装"团队"，也摆不脱个体户的底色；如果非要"有组织科研"，我觉得家庭应该算是支持研究工作的核心"组织"。

戴　昕

2023 年 8 月 1 日

于陈明楼四层